RICK HANSON

Der achtsame Weg zu erfüllten Beziehungen

50 einfache Lektionen, um das liebevolle Miteinander zu fördern und Konflikte zu lösen

Aus dem amerikanischen Englisch übersetzt von Ulrike Kretschmer

This edition published by arrangement with Harmony Books, an imprint of Random House, a division of Penguin Random House LLC.

Die amerikanische Originalausgabe erschien 2023 unter dem Titel »Making Great Relationships«.

Penguin Random House Verlagsgruppe FSC® N001967

1. Auflage

Projektleitung: Sven Beier
Satz: Uhl + Massopust, Aalen
Umschlaggestaltung: Geviert, Grafik & Typografie unter Verwendung der Originalgestaltung von Kathleen Lynch/Black Kat Design
Umschlagmotiv: © shutterstock/captureandcompose
Druck und Bindung: CPI books GmbH, Leck
Printed in the EU
ISBN: 978-3-424-15456-6

Für meine Freunde und Kollegen,
für alle, mit denen ich je zusammengearbeitet habe,
für all jene, von denen ich gelernt habe,
und für all diejenigen, die Mitgefühl empfinden

INHALT

Teil 3

Friedliches Miteinander

Teil 4

Für sich selbst eintreten

Teil 5

Klug sprechen

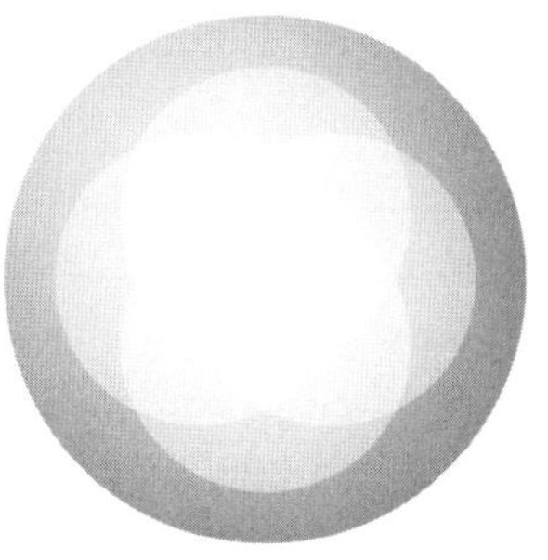

Einführung

Die meisten unserer Freuden und Sorgen entspringen unseren Verbindungen zu anderen Menschen. So ziemlich jeder träumt von stimmigen, erfüllenden zwischenmenschlichen Beziehungen. Doch wie diese Wirklichkeit werden lassen, zu Hause und bei der Arbeit, mit Freunden, Verwandten, Menschen, die wir mögen – und vielleicht auch einigen, die wir nicht mögen? Wie mit Konflikten umgehen, Missverständnisse ausräumen, die Beziehung zum Partner oder zur Partnerin vertiefen, friedlich mit anderen zusammenleben und die Liebe schenken, die wir im Herzen tragen?

Viele Menschen haben das Gefühl, in ihren Beziehungen festzustecken, ja sogar gefangen zu sein. In einer Beziehung zu einem schwierigen Kollegen vielleicht, zu einer nervigen Mitbewohnerin, einem Partner, der sich weigert, seinen Teil zur Hausarbeit beizutragen, einer entfremdeten Verwandten, einem übermäßig kritischen Chef oder einer Ehefrau, mit der man sich auseinandergelebt hat. Hoffnungslose Fälle, so scheint es.

Doch hier die gute Nachricht: Tausende wissenschaftliche Studien zeigen, dass Beziehungen nichts Vorgegebenes sind – sie werden *gemacht.* Was uns wiederum die Chance gibt, sie auch *besser* machen zu können. Und die folgende Geschichte verrät uns, wie:

> Als man eine ältere Frau fragte, was sie in ihrem Leben getan hatte, um jetzt so glücklich und weise, so geliebt und respektiert zu sein, antwortete sie: »Ich wusste, dass in meinem Herzen zwei Wölfe hausen: der Wolf der Liebe und der Wolf des Hasses. Und ich wusste, dass es darauf ankommt, welchen von beiden ich jeden Tag füttere.«

Vielleicht kennen Sie die Geschichte in einer anderen, aber ähnlichen Version bereits. Sie schenkt so viel Hoffnung! Mit Ihren Gedanken und Worten können Sie Tag für Tag ganz allmählich ein Gefühl des Selbstwerts, des Mitgefühls und der Zuversicht in Ihrem Inneren aufbauen und dabei gleichzeitig zu einem gelasseneren, geduldigeren und zielführenderen Umgang mit anderen finden.

Als Psychologe, Ehemann und Vater – und jemand, der als Kind schüchtern und unbeholfen war und als Erwachsener so seine Probleme mit der einen oder anderen Beziehung hatte – habe ich gelernt, was dazu führt, dass es in Beziehungen nicht gut läuft, und was man tun kann, damit es besser läuft. In diesem Buch finden Sie 50 einfache und doch ausgesprochen wirkungsvolle Wege zu einer effektiven Kommunikation in jeder Art von Umgebung; Sie erfahren, wie Sie für sich selbst eintreten, Ihren tiefsten Gefühlen Ausdruck verleihen, sich aus einem Streit, in dem es keinen Sieger geben kann, heraushalten, sagen, was Sie wollen, und das auch bekommen, Beziehungen den Umständen anpassen, anderen und sich selbst vergeben, Dinge weniger persönlich nehmen und sich wirklich geliebt fühlen können sowie vieles mehr. Dieses Buch ist das Destillat jahrelanger Erfahrung und enthält alles, was ich denjenigen mit auf den Weg geben möchte, die wissen wollen, wie man zu guten, ja sogar großartigen zwischenmenschlichen Beziehungen gelangt.

Es dauert normalerweise, bis man die Welt um sich herum verändert hat – da geht es schon viel schneller, etwas in seinem Inneren zu verändern. Sie können die in Ihrer Macht liegenden Schritte unternehmen, um alte Wunden zu heilen, in Ihren Beziehungen Unterstützung und Zufriedenheit zu finden und diese Beziehungen sogar besser zu machen. Die in diesem Buch beschriebenen Schritte sind die Grundlagen einer *jeden* Beziehung, die sich in jedem Umfeld anwenden lassen. Ich habe mich auf ihren jeweiligen Kern konzentriert, in kurzen Kapiteln, die schnell große Bereiche abdecken. Dabei bin ich mit meinen Lektionen aus dem echten Leben, die ich meiner jahrzehntelangen psychotherapeutischen Arbeit mit Paaren und Familien verdanke, manchmal recht unverblümt und direkt. Da ich von meinem Standpunkt aus schreibe – vom Standpunkt eines weißen, beruflich mit den Themen befassten, älteren Mannes –, werden wichtige andere Blickwinkel und Aspekte unweigerlich fehlen. Bitte passen Sie das, was ich sage, an Ihre eigenen Bedürfnisse und Situationen an.

In Teil 1 und 2 bilden wir das entscheidende Fundament, um Sie sich selbst zu unterstützen und anderen mit Herzenswärme begegnen zu können. In Teil 3 und 4 legen wir den Grundstein für einen positiven Umgang mit Konflikten und schwierigen Mitmenschen. In Teil 5 widmen wir uns im Detail der effektiven Kommunikation sowie der Frage, was zu tun ist, wenn es einmal heftiger zur Sache geht. Und in Teil 6 dehnen wir unsere Beziehungen auf die Gemeinschaft, alles Lebendige und unsere wunderschöne Welt im Ganzen aus.

Dabei steht jedes Kapitel als abgeschlossene Übung für sich. Zwar bauen die Kapitel aufeinander auf, doch ist es auch völlig in Ordnung, wenn Sie sich jeweils das aussuchen, was für Sie im Augenblick am nützlichsten ist. Hin und wieder erwähne ich wissenschaftliche Erkenntnisse, die entsprechende Literatur dazu finden Sie in meinen Büchern »Denken wie ein Buddha« und »Achtsam wie ein Buddha« sowie online. Stoßen Sie auf etwas, über das ich andernorts schon gesprochen habe, können Sie es hier entweder ein wenig vertiefen oder überspringen. Im begrenzten Umfang dieses Buchs musste ich wichtige Themen wie Finanzen, Sex, Kindererziehung, Cyber-Mobbing, Mobbing am Arbeitsplatz und die Beeinträchtigung unserer Beziehungen durch Sexismus, Rassismus sowie andere Arten von Vorurteilen auslassen. Ich bemühe mich stets um eine geschlechtergerechte

Sprache; benutze ich doch einmal nur die maskuline Form, geschieht dies rein aus Gründen der besseren Lesbarkeit des Textes. Jeder einzelne Tag hält Gelegenheiten für uns bereit zu lernen, zu heilen und zu wachsen. Wir versuchen es einfach immer weiter. Manche Kapitel kommen Ihnen vielleicht etwas ambitioniert oder anspruchsvoll vor, etwa Kapitel 43 (»Sagen, was man will«) oder Kapitel 24 (»Vor der eigenen Tür kehren«). Es geht darum, dass Sie sich in eine positive Richtung entwickeln, dabei aber nicht das Gefühl haben, perfekt sein zu müssen.

Auf den folgenden Seiten finden Sie ganz spezifische Dinge, die Sie entweder für sich im Geist oder im Umgang mit Ihren Mitmenschen ausführen können. Der Einfachheit halber habe ich die meisten dieser Dinge als Anweisung formuliert – der Sie natürlich nicht folgen *müssen.* Funktioniert etwas für Sie nicht, können Sie es getrost weglassen. Manche Dinge werden Ihnen einfach und offensichtlich vorkommen, andere erfordern etwas mehr Mühe und eine längere Beschäftigung. Wie gesagt: Tun Sie, was Ihnen guttut, und ignorieren Sie den Rest.

Sie können dieses Buch allein lesen oder mit jemandem zusammen, um dann gemeinsam an Ihrer Beziehung zu arbeiten. Dennoch kann das Buch weder den Therapeuten noch eine andere professionelle Behandlung physischer oder psychischer Probleme ersetzen. Ich habe versucht, so zu schreiben, als würde ich mit einem Freund über eine Beziehung und die darin auftretenden Probleme sprechen und ihm sofort umsetzbare Lösungsvorschläge anbieten. Ich hoffe sehr, dass Sie ebenso wie die Menschen um Sie herum von diesen Vorschlägen profitieren.

TEIL 1

Freundlich zu sich selbst sein

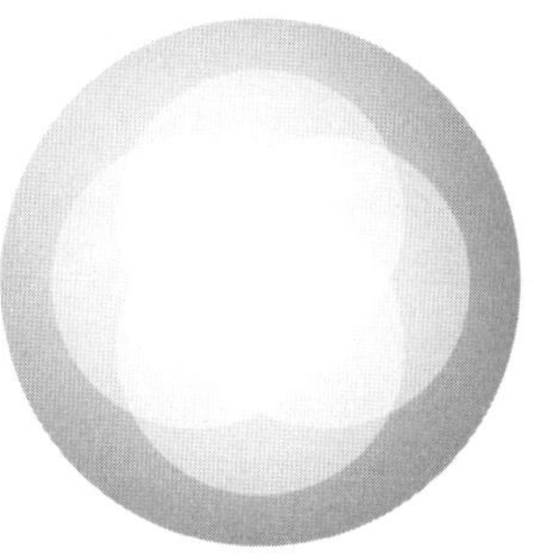

1

Loyalität sich selbst gegenüber

Vor einigen Jahren machten mein Freund Norman und ich eine Klettertour am Fairway Dome im Yosemite-Nationalpark. Ich war gerade als Erster ein steiles Stück Fels hinaufgeklettert und hatte Fixpunkte an einem schmalen Felsband angebracht, um Norman bei seinem Aufstieg zu sichern. Plötzlich rutschte er von einem Tritt ab und fiel mit weit ausgestreckten Armen und einem schockierten Ausdruck auf dem Gesicht nach hinten. Sein Gewicht riss mich nach unten, doch die Fixpunkte hielten, und so konnte ich Normans Sturz abbremsen. Er sah mit einem verwirrten Grinsen zu mir hinauf, rammte die Hände in eine Felsspalte und kletterte weiter.

Er wusste, dass ich seinen Sturz auffangen würde, ebenso wie ich wusste, dass er dasselbe für mich tun würde. Wir waren einander gegenüber *loyal,* wenn auch normalerweise auf eine weniger dramatische Art und Weise. Wir hielten Ausschau nach Gefahren, hörten einander interessiert zu, freuten uns über die Erfolge des anderen und fühlten bei Verlusten mit. Norman passte auf mich auf, und ich passte auf Norman auf.

Die meisten sind bestimmten anderen Menschen gegenüber loyal. Doch wie viele sind *sich selbst* gegenüber loyal? Wie oft bringen Sie sich selbst dieselbe Art von Ermutigung, Unterstützung und Respekt entgegen, die Sie anderen entgegenbringen?

Meiner Erfahrung nach haben sehr viele Menschen Schwierigkeiten, sich selbst gegenüber loyal zu sein, zumindest in manchen Bereichen. Sie können sich vielleicht bei der Arbeit für sich selbst starkmachen, haben aber in ihren privaten Beziehungen das Gefühl, nicht das Recht zu haben, zu sich selbst zu stehen. Als Therapeuten sind mir häufig Menschen begegnet, die aus verständlichen Gründen unglücklich waren, etwa aufgrund ihrer Lebensgeschichte oder ihrer derzeitigen Beziehungen. Trotzdem spielten sie herunter, wie sie sich fühlten, oder sie taten es als unwichtig ab, als sei ihnen das Gefühl peinlich oder als seien sie selbst daran schuld. Sie zuckten angesichts des eigenen Schmerzes gewissermaßen nur mit den Schultern. Sie erzählten mir, was sie dachten, dagegen tun zu müssen, machten aber keinerlei Anstalten, es auch tatsächlich umzusetzen. Um uns trotz Trägheit und Angst vorwärtszubewegen, müssen wir unserem eigenen Wohlergehen gegenüber absolut loyal sein.

Loyalität sich selbst gegenüber ist wie Loyalität einem anderen gegenüber. Man sieht das Gute in diesem Menschen, ist ein treuer Verbündeter, der mitfühlt und unterstützt. Wenden wir diese Haltung auf uns selbst an, bildet sie die Grundlage jeder guten Tat, die wir für uns selbst tun. Das ist wie bei einer Zündflamme: Brennt sie nicht, ist es egal, wie viel »Gas« – sprich die Dinge, die Ihre Beziehungen besser machen können und denen wir uns in diesem Buch widmen wollen – strömt. Wenn sie aber brennt, ist alles möglich. Wenn Sie sich selbst gegenüber loyal sind, ist Ihnen, wie die Dichterin Mary Oliver es ausdrückte, Ihr eines wildes und kostbares Leben wichtig.

Loyalität sich selbst gegenüber bedeutet alles andere, als egoistisch zu sein. Wenn Sie erkennen, was wirklich am besten für Sie ist, dann wissen Sie, dass Sie geben müssen, um zu nehmen, dass Sie andere ebenso sehr um Ihretwillen in Ihrem Herzen tragen müssen wie um derentwillen. Kluge Loyalität ist scharfsichtig, nicht blind. Um sich selbst zu helfen, müssen Sie verstehen, was Sie nächstes Mal besser machen könnten. (Ganz im Geiste von Suzuki Roshis Kommentar gegenüber einer Gruppe von Zen-Schülerinnen und -Schülern: »Ihr seid vollkommen, so, wie ihr seid … und könntet hier und da kleine Verbesserungen vertragen.«) Kluge Loyalität gegenüber sich selbst sieht das große Ganze und schaut voraus – indem sie sich beispielsweise nicht in einen Streit verwickeln lässt, in dem es keinen Sieger geben kann.

Es ist ein wunderbares Gefühl, wenn andere Menschen uns gegenüber loyal sind – und genauso fühlt es sich an, wenn wir uns selbst gegenüber loyal sind. Stellen Sie sich vor, was sich in Ihren Beziehungen alles zum Besseren ändern könnte, wenn Sie sich stets für Ihre ureigensten, wahren Interessen einsetzten, wenn Sie sich in Konflikten selbst emotional unterstützten, wenn Sie jeden einzelnen Tag den Wert Ihres eigenen Lebens ganz deutlich spürten.

Der Weg dorthin

Ein guter Ausgangspunkt ist es, sich zu vergegenwärtigen, wie es sich anfühlt, einem Menschen gegenüber loyal zu sein, der Ihnen am Herzen liegt. Was empfinden Sie? Vielleicht warmherzige Unterstützung und unverbrüchliche Beständigkeit, während Ihnen gleichzeitig das innere Wesen dieses Menschen mit all seiner Verletzlichkeit und Kostbarkeit bewusst ist. Wie fühlt es sich an, jemandem gegenüber loyal zu sein?

Wenden Sie diese Haltung nun auf sich selbst an. Vielleicht stellen Sie sich vor, dass der Mensch, an den Sie eben gedacht haben, und Sie selbst vor sich sitzen; sagen Sie dann erst zu diesem Menschen und dann zu sich selbst: *Ich bin dir gegenüber loyal … Ich setze mich für dich ein … Ich denke darüber nach, was am besten für dich ist … Dein Leben ist wirklich wichtig …* Wie fühlt es sich an, diese Dinge zu sagen? Fällt es Ihnen leichter, bestimmte Dinge zu dem anderen Menschen zu sagen statt zu *sich selbst?*

Sprechen Sie nun das Folgende laut aus und achten Sie dabei darauf, wie sich das für Sie anfühlt: *Ich bin nicht gegen andere, ich bin nur für mich selbst … Meine Bedürfnisse und Wünsche sind wichtig … Ich bin entschlossen, das zu tun, was gut für mich ist, auch wenn ich Angst davor habe …* Vielleicht spezifizieren Sie die Aussagen noch, etwa so: *Ich setze mich bei der Arbeit für mich ein … In dieser Familie sind meine Bedürfnisse und Wünsche wichtig … Ich werde mit meiner Freundin über diesen Streit sprechen, auch wenn ich Angst davor habe …* Achten Sie auf Ihre Intuition, welche emotional bewegenden und wichtigen Dinge auftauchen wollen.

Mit Blockaden umgehen

Bei dieser Übung erkunden Sie einige Tiefen Ihres Geistes. Nehmen Sie wahr, was Sie dort finden. Sind sie zögerlich? Haben Sie das Gefühl, sich nicht auf Ihre eigene Seite stellen zu dürfen oder diese Art von Unterstützung nicht verdient zu haben? Die Loyalität sich selbst gegenüber ist oft blockiert, vor allem durch folgende Faktoren:

- Die Überzeugung, die Loyalität sich selbst gegenüber sei irgendwie »gegen die Spielregeln«, egoistisch, ungerecht oder schlicht falsch
- Scham, das Gefühl, Freundlichkeit und Unterstützung – auch von sich selbst – nicht verdient zu haben
- Das Gefühl der Sinnlosigkeit, Hoffnungslosigkeit und Hilflosigkeit: »Warum sich die Mühe machen, es funktioniert ja doch nicht«
- Geringschätzung, Gleichgültigkeit, sogar Grausamkeit gegenüber Teilen des eigenen Selbst

Auf den kommenden Seiten werden wir uns viele Möglichkeiten ansehen, derlei Hindernisse zu überwinden. Es ist schon sehr hilfreich, sich ihrer nur bewusst zu sein. Sie können ihnen Neugier entgegenbringen, ohne sich mit ihnen zu *identifizieren.* Sie können herausfinden, woher die Blockaden kommen, beispielsweise von Ihrer Erziehung oder davon, wie andere Sie behandelt haben. Weil wir so soziale Wesen sind, machen wir uns Dinge von Natur aus zu eigen und behandeln uns selbst, wie andere uns behandelt haben, insbesondere in der Kindheit.

Sie können die Überzeugungen hinter den Blockaden infrage stellen, etwa folgendermaßen: *Stimmt das wirklich? Wie oft geschieht das tatsächlich? Wenn ich es richtig finde, anderen gegenüber loyal zu sein, und andere es richtig finden, mir gegenüber loyal zu sein, warum wäre es dann falsch, mir selbst gegenüber loyal zu sein?* Sie können sich selbst die Wahrheit sagen, beispielsweise: *Gegen den Tyrannen in der Schule konnte ich nichts ausrichten, aber heute bin ich* nicht *mehr hilflos und kann für mich selbst eintreten … Dafür, was mein Onkel getan hat, sollte er sich schämen, nicht ich; ich bin nicht gebrochen, beschmutzt oder nicht liebenswert.*

Sie können sich von einer Blockade distanzieren, Sie können aufhören, ihr zuzustimmen und sie zu verstärken, Sie können sie verblassen lassen, Sie können sie loslassen. Stellen Sie sich vor, dass die Blockade weit weg von Ihrem Wesenskern existiert. Sagen Sie ihr, dass sie keine Macht mehr über Sie hat, verabschieden Sie sich von ihr.

Die Loyalität sich selbst gegenüber stärken

Erinnern Sie sich an die Zeiten, in denen Sie um Ihrer selbst willen stark waren, vielleicht als Sie eine schreckliche Situation oder Beziehung durchgestanden haben. Versuchen Sie, dieses Gefühl der Stärke wieder in sich heraufzubeschwören, um es in Ihrem Inneren zu verankern. Erinnern Sie sich an Ihren Blick damals, an den Ausdruck auf Ihrem Gesicht? Würdigen Sie die Gelegenheiten, zu denen Sie sich selbst gegenüber loyal waren, und machen Sie sich den Nutzen, den Sie daraus gezogen haben, bewusst, beispielsweise dass Ihnen diese Loyalität sich selbst gegenüber dabei geholfen hat, Ihrer Mutter oder Ihrem Vater etwas Wichtiges zu sagen.

Rufen Sie jetzt das Gefühl in Ihnen wach, sich selbst gegenüber loyal zu sein. Erkunden Sie es, wenn Sie es erleben, auch wie es sich in Ihrem Körper anfühlt. Nehmen Sie wahr, was bedeutungsvoll oder wichtig für Sie ist, wenn Sie sich auf Ihre Seite stellen. Genießen Sie es! Öffnen Sie sich dem Gefühl, einfach Sie selbst zu sein, und lassen Sie es Ihr ganzes Wesen durchdringen.
Sie können sich auch schwören, sich selbst nie im Stich zu lassen. Sich selbst immer treu zu bleiben. Sie stellen sich nicht über die anderen, Sie stellen sich aber auch nicht unter sie. Bei jedem einzelnen Schritt auf der langen Straße des Lebens können Sie sich selbst respektieren, sich selbst beistehen und für sich selbst eintreten.

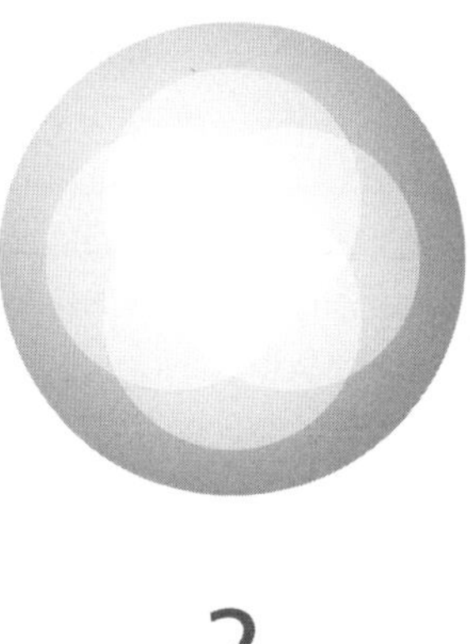

2

Sein lassen, loslassen, hineinlassen

Stress ist normal. Verärgert, verletzt oder besorgt zu sein ist normal. Die Kindheit wirft einen langen Schatten, es ist absolut normal, dass Verluste und Wunden aus der Vergangenheit uns auch heute noch beeinflussen. Das Leben ist eine holprige Fahrt, und die Welt kann uns manchmal ganz schön Angst machen. Unsere Mitmenschen können uns enttäuschen, sie können sich uns gegenüber gleichgültig, feindselig oder noch schlimmer verhalten. Und verständlicherweise reagieren wir auf all das. Geformt und verstärkt werden diese Reaktionen durch den Negativitätsbias des Gehirns, auch Negativitätseffekt oder Negativitätsdominanz genannt: Auf schlechte Erfahrungen wirkt das Gehirn wie ein Klettband, auf gute wie Teflon.

Was also tun?

Eine Option besteht darin, nichts zu tun und sich einfach triggern oder überrollen zu lassen oder zu Eis zu erstarren. Das habe auch ich zugelassen – oft. Ich war schon so wütend auf jemanden, dass ich mit schrecklichen Worten nur so um mich geworfen habe, und so verletzt, dass ich mich wie gelähmt fühlte. Abgesehen von diesen heftigen Augenblicken können wir auch noch sehr viel Zeit damit verbringen, uns Sorgen zu machen, alte Wortwechsel wieder aufzuwärmen oder Groll wiederzukäuen. Und in der Zwischenzeit kann unsere Stimmung generell ängstlich, gereizt oder trübsinnig werden. Wir haben das Gefühl, im Gedankenkarussell festzustecken.

Die andere Option besteht darin, mit unseren Gedanken, Gefühlen, Wünschen und Taten zu *üben.* Dazu müssen wir uns von ihnen distanzieren, statt uns von ihnen überwältigen zu lassen; nur so können wir sie Zentimeter für Zentimeter in eine bessere Richtung stupsen.

Ich bin in einem liebevollen und integren Elternhaus aufgewachsen, war zu der Zeit, als ich mich an die Uni aufmachte, aber trotzdem unglücklich und verstört. Da half nur eins: an mir arbeiten – üben! Im Laufe der Jahre fand ich Hilfe in der klinischen Psychologie, in kontemplativen Weisheitslehren und in der Neurowissenschaft. So ziemlich alles, was ich über das Üben mit dem Geist gelernt habe, passt in die folgenden drei Kategorien: im gegenwärtigen Erleben präsent sein, Schädliches und Schmerzhaftes minimieren und Hilfreiches sowie Freudvolles maximieren.

Stellen Sie sich Ihren Geist als Garten vor: Sie können ihn sich ansehen, Sie können Unkraut zupfen und Sie können etwas anpflanzen. Mit anderen Worten: sein lassen, loslassen, hineinlassen.

Ohne den Geist zu trainieren, sind wir den emotionalen Stürmen in unserem Inneren hilflos ausgeliefert. Üben wir jedoch, haben wir eine *Wahl,* und der Pfad des Heilens und Glücklichwerdens tut sich vor uns auf.

Der Weg dorthin

Sein lassen

Zunächst einmal können Sie ganz bei Ihrem Erleben *sein,* Sie können sich ihm öffnen und es beobachten und mit Güte annehmen, was immer Sie finden. Als ob Sie sich im Kino Ihres Geistes den Film aus der 20. Reihe ansehen würden, statt ganz vorn vor der Leinwand zu sitzen. Und während Sie bei Ihrem Erleben sind, könnte sich dieses verändern – das Gefühl des Ärgers beispielsweise könnte verblassen. Aber Sie versuchen nicht, es direkt zu beeinflussen.

Nehmen wir einmal an, jemand hätte Sie kritisiert. Identifizieren Sie nun Ihre verschiedenen Reaktionen, vielleicht indem Sie sie schlicht aufzählen: *erschrocken … verärgert … Das ist ungerecht! … verletzt … möchte am liebsten zurückblaffen.* Studien zeigen, dass allein das Benennen des »Treibguts« im Bewusstseinsstrom dabei hilft, die »Alarmglocke« im Gehirn, die Amygdala, zu beruhigen.

Vielleicht nehmen Sie verschiedene Aspekte Ihres Erlebens wahr, etwa einen Krampf im Magen oder Argumente, warum Sie recht haben und derjenige, der Sie kritisiert hat, nicht. Unter den oberflächlicheren Reaktionen wie Wut könnten sich leisere Gefühle wie Traurigkeit befinden, die aus tieferen, in der Kindheit verletzten Schichten Ihres Innersten stammen könnten. Vielleicht erkennen Sie, dass Sie von vergangenen, möglicherweise sogar traumatischen Ereignissen oder gegenwärtigen Faktoren wie finanziellen Sorgen oder anhaltenden Vorurteilen beeinflusst werden.

Auf der Fähigkeit, mit dem Erleben sein zu können, bauen alle anderen Übungen auf. Manchmal ist das alles, was wir tun können: Vielleicht haben Sie einen Schock erlitten, oder jedes Mal, wenn Sie an einen geliebten Menschen denken, den Sie verloren haben, spült eine Welle des Schmerzes und der Trauer über Sie hinweg. Während Sie heilen und wachsen, ruhen Sie zunehmend mehr in dem Gefühl des grundlegenden Wohlbefindens, wenn diese Erfahrungen durch Ihr Bewusstsein ziehen.

Das ist jedoch nicht die einzige Möglichkeit zu üben. Manchmal müssen wir auch mit dem Erleben *arbeiten.* Schmerzhafte oder schädliche Gedanken, Gefühle, Gewohnheiten und Sehnsüchte gründen in neuralen Strukturen und Prozessen, die sich im Allgemeinen nicht verändern, wenn wir uns nicht aktiv darum bemühen. Dabei wird alles, was Sie gern in sich kultivieren möchten – von sozialen Kompetenzen bis zu dem generellen Gefühl

des Selbstwerts, der Ruhe und der Zufriedenheit –, durch die bewusste Anstrengung, bestimmte physische Veränderungen im Gehirn herbeizuführen, verstärkt.
Ebenso wie ein Vogel zwei Flügel zum Fliegen braucht, braucht auch das Üben mit dem Geist sowohl das *Mit-dem-Geist-Sein* als auch das *Mit-dem-Geist-Arbeiten.*

Loslassen

Nehmen wir an, Sie sind nun schon ein paar Atemzüge, ein paar Minuten oder sogar ein paar Tage bei Ihrem Erleben und jetzt bereit, damit zu arbeiten. Vielleicht werden Sie von altem Schmerz überflutet und wollen sich davon lösen, zumindest für den Augenblick; oder eine nur allzu vertraute Reaktion wurde ausgelöst, und es bringt Ihnen nichts mehr, sie weiter zu erkunden.
Deshalb wechseln Sie nun zum Loslassen. Das heißt nicht, dass Sie Ihre Gedanken und Gefühlen verdrängen, Sie *geben* Sie nur sanft *frei.*
Bleiben wir bei dem Beispiel, dass Sie von jemandem kritisiert wurden. Dann könnten Sie:

- Ganz bewusst den Krampf in Ihrem Magen lösen, indem Sie in Ihren Bauch atmen und ihn weich und locker machen.
- Einige Ihrer Gedanken anfechten, etwa mit den folgenden Fragen: *Was an der Kritik ist schlicht nicht wahr, weshalb ich mir darüber auch keine weiteren Gedanken machen muss? … Ist etwas an der Kritik wahr, und kann ich diese Erkenntnis für mich nutzen? … Den Gedanken, die behaupten, ich sei dumm, ein Versager oder nicht liebenswert, möchte ich sagen: »Stimmt nicht! Ich bin in verschiedenster Hinsicht durchaus klug und erfolgreich und ich bin auf jeden Fall liebenswert!«*
- Sich gewahr werden, wie Ihre Gefühle nach außen und wegfließen. Versuchen Sie, diesen Gefühlen angemessen Luft zu machen (also mit der Absicht des Loslassens, nicht des Noch-mehr-in-Rage-Geratens), indem Sie beispielsweise einen Brief schreiben,

den Sie nicht abschicken, oder indem Sie einfach für eine Weile Ihre Tränen fließen lassen. Stellen Sie sich vor, wie bestimmte Emotionen – das Verletztsein etwa oder die Wut – mit jedem Ausatmen mehr aus Ihrem Körper weichen.

- Sich die Wünsche oder Pläne bewusst machen, die wahrscheinlich nicht gut für Sie oder andere sind, etwa eine Überreaktion, die Sie später bereuen werden. Benennen Sie auch die Gründe, warum sie nicht gut sind.
- Sich von der übermäßigen Beschäftigung mit der Vergangenheit lösen und sich auf die Gegenwart konzentrieren. Stellen Sie sich vor, Sie hielten Ihre Reaktionen wie Steine in der Hand, die Sie dann öffnen, um die Steine loszulassen.

Sie müssen natürlich nicht all diese Übungen ausführen! Vielleicht hilft Ihnen nur eine, und Sie finden Ihren eigenen Weg, loszulassen und zu einem leichteren, klareren Geist zu gelangen.

Hineinlassen

Nun konzentrieren Sie sich auf das Nützliche und Freudvolle und verstärken dieses. Im Garten Ihres Geistes pflanzen Sie dort, wo vorher Unkraut war, jetzt schöne Blumen.
Wenn Sie beispielsweise kritisiert wurden, könnten Sie:

- Sich aufrichten, wenn Sie sich etwas zusammengekrümmt haben, um sich zu schützen.
- Zwei oder drei aufmunternde Sätze zu sich selbst sagen, etwa: *Jeder macht mal Fehler, das ist nicht das Ende der Welt … Ich mache jeden Tag vieles richtig … Ich wollte doch nur helfen …* Wiederholen Sie diese Sätze und unterstützen Sie sich dabei, auch an sie zu *glauben*.
- Sanft positive Gefühle einladen, vor allem solche, die dem entgegenwirken, wie Sie sich momentan fühlen. Da wir uns durch Kritik häufig herabgesetzt und abgewiesen wahrnehmen, könnten Sie sich jetzt daran erinnern, wie es sich anfühlt, mit Menschen zusammen zu sein, von denen Sie wertgeschätzt werden.

- Sich positive Absichten und Pläne für die kommenden Tage bewusst machen. Vielleicht können Sie aus der Kritik etwas lernen, und sei es nur, sich von Menschen zu distanzieren, die Sie nicht gut behandeln.

Während Sie das tun, bleiben Sie einen Atemzug oder länger dabei; spüren Sie nach, wie es sich in Ihrem Körper anfühlt, und machen Sie sich bewusst, was Sie dabei als freudvoll oder bedeutsam empfinden. Dadurch wird das Erlebte anhaltende Spuren in Ihrem Gehirn hinterlassen. Ohne diese Veränderungen in Ihrem Nervensystem mag sich das Erlebte im Augenblick vielleicht gut anfühlen, Sie können aber nicht aus ihm *lernen.* Es findet keine Heilung statt, Sie sind hinterher nicht kompetenter, resilienter oder zufriedener. Doch neben dem Erleben können Sie am Erlebten auch *wachsen.*

Und wenn Sie wissen, dass es Ihnen helfen würde, bestimmte *innere Ressourcen* zu entwickeln, etwa mehr Selbstvertrauen im Umgang mit anderen Menschen, können Sie auch diese Ressource in sich hineinlassen, sie zu einem Teil von sich werden lassen. (Mehr zu dieser Form der praktischen Neurowissenschaft finden Sie in meinem Buch »Denken wie ein Buddha« in dem Kapitel »Gutes anbauen«.)

Im Garten des Geistes

Empfinden wir etwas als belastend oder schmerzhaft, findet oft eine natürliche Abfolge von sein lassen über loslassen bis hineinlassen statt. Ist die Empfindung jedoch besonders erschütternd, wie beim Rühren an einem alten Trauma etwa, kann es helfen, sich zuerst auf die Kraft aus der Ruhe oder das Gefühl des Geliebtwerdens zu konzentrieren; damit können Sie dann bei der Erfahrung bleiben, wenn sich das richtig für Sie anfühlt. Sie könnten sich beispielsweise vorstellen, jemand, der Ihnen wichtig ist, sei bei Ihnen, während Sie sich Ihrem Schmerz stellen, und dieser Jemand fühlte mit Ihnen mit, unterstützte Sie und ermutigte Sie.

Beim Üben mit dem Geist erfahren Sie viel Interessantes und Nützliches über sich selbst. Sie werden im Umgang mit anderen gelassener und effektiver sein, können in Konflikten mehr in Ihrer Mitte bleiben und erholen sich schneller von Ärgernissen. Es fällt Ihnen leichter, Ihr Herz offen zu halten, auch dann, wenn Sie für sich selbst eintreten müssen. Dinge aus der Vergangenheit werden keinen so großen Einfluss mehr auf Sie ausüben. Sie werden besser gegen die unvermeidlichen Belastungen und Ungerechtigkeiten unserer nur allzu unvollkommenen Welt gewappnet sein. Da Sie wissen, wie man Verantwortung für den eigenen Geist übernimmt und mit ihm übt, können Sie, wenn es angemessen ist, andere mit mehr Recht um dasselbe bitten.

Normalerweise gehen wir beim Üben langsam und in kleinen Schritten vor, weshalb es auch unter sehr schwierigen Umständen absolut praktikabel ist. Tatsächlich ist das Üben umso wertvoller, je härter die Zeiten werden. Selbst wenn die äußeren Umstände schlimm sind, können Sie in Ihrem Inneren immer noch jeden Tag ein wenig mehr heilen und wachsen. Atemzug für Atemzug, Synapse für Synapse können Sie ganz allmählich ein resilientes Wohlbefinden entwickeln, das in Ihr Nervensystem einprogrammiert ist.

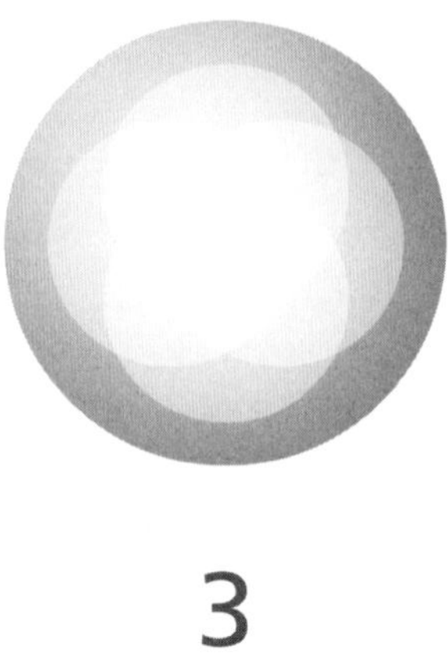

3

In stiller Kraft ruhen

Wenn ich auf 40 Jahre Ehe, das Großziehen zweier Kinder und alle möglichen Arten von Beziehungen zu Freunden, der Familie, Kollegen und anderen zurückblicke, wird mir klar, dass es zu den meisten meiner schmerzhaften Erfahrungen und den meisten meiner zwischenmenschlichen Fehler in Situationen kam, in denen ich gestresst und verunsichert war.

Wie ist das bei Ihnen? Können Sie dasselbe auch von sich sagen? Wir sind gestresst und verunsichert, wenn wir das Gefühl haben, dass ein wichtiges Bedürfnis unerfüllt bleibt. Aufgrund unserer biologischen Gegebenheiten hat jeder Mensch, grob gesprochen, das fundamentale Bedürfnis nach *Sicherheit, Zufriedenheit* und *Verbundenheit.* Haben wir das Gefühl, dieses Bedürfnis würde befriedigt, kommt der Körper von ganz allein zur Ruhe und bringt wichtige Reparatur- und Regenerationsprozesse in Gang. Das geht meist mit einem eher unterschwellig bewussten Gefühl der Ruhe, Dankbarkeit und Güte in unserem Geist einher. Diesen überaus gesunden Ruhezustand nenne ich den Grünen Bereich. Sind wir darin verankert, können wir bei körperlichem oder emotionalem Schmerz sein, ohne von ihm überwältigt zu werden. Wir

können uns Beziehungsproblemen von einem Standpunkt des Selbstvertrauens und des Mitgefühls aus widmen – auch wenn wir uns behaupten müssen.
Haben wir hingegen das Gefühl, ein wichtiges Bedürfnis würde nicht befriedigt, verfällt der Körper in die Stressreaktion von Kampf, Flucht oder Totstellen. Das wiederum geht je nach besagtem Bedürfnis ebenfalls mit geistigen Vorgängen einher.

- Wir empfinden Angst, Wut oder Hilflosigkeit (wenn wir uns körperlich oder emotional nicht sicher fühlen).
- Wir sind frustriert, enttäuscht oder gelangweilt, fühlen uns getrieben oder entwickeln Abhängigkeiten (wenn die Befriedigung des Bedürfnisses außerhalb unserer Reichweite liegt).
- Wir sind verletzt, neidisch, verbittert oder feindselig, empfinden Scham oder leiden unter dem Gefühl der Unzulänglichkeit (wenn wir uns nicht auf eine positive Art und Weise mit anderen verbunden fühlen).

Das ist der Rote Bereich. Manchmal wirkt er sich nur subtil aus, etwa dann, wenn wir uns in der Arbeit über jemanden ärgern. Manchmal sind die Auswirkungen aber auch heftiger, etwa dann, wenn wir uns mitten in einem Ehekrach befinden. Allerdings beeinträchtigen wiederholte Erfahrungen im Roten Bereich, auch wenn sie nicht weiter wichtig scheinen, sowohl unsere körperliche als auch unsere geistige Gesundheit. So weist beispielsweise Dr. Vivek Murthy, ein Sanitätsinspekteur der Vereinigten Staaten, darauf hin, dass chronische Einsamkeit die durchschnittliche Lebensdauer um etwa den gleichen Zeitraum verkürzt wie das Rauchen einer halben Schachtel Zigaretten am Tag.

Der Weg dorthin

Wenn Sie mehr Zeit im Grünen Bereich und weniger im Roten verbringen wollen, habe ich ein ganz einfaches Rezept für Sie:

1. Entwickeln und nutzen Sie Ihr Selbstwertgefühl, Ihre Entschlossenheit und soziale Kompetenzen; so erfüllen Sie Ihre Bedürfnisse effektiver, ohne dabei in den Roten Bereich gehen zu müssen.
2. Haben Sie das Gefühl, ein Bedürfnis sei *in der Gegenwart* ausreichend erfüllt – etwa wenn eine Beziehung zwar nicht perfekt ist, Sie sich aber trotzdem ganz gut verbunden und wahrgenommen fühlen –, können Sie einen Augenblick innehalten und die Erfahrung in sich aufnehmen. So entsteht Stück für Stück ein grundlegendes Gefühl von Friedlichkeit, Zufriedenheit und Liebe.

In diesem Buch geht es um den oben genannten Punkt 1, also psychische Ressourcen in Beziehungen zu entwickeln und zu nutzen; hin und wieder bitte ich Sie aber auch, sich Punkt 2 zu widmen. Sicherlich ebenfalls hilfreich ist es, die Bedingungen um sich herum und im eigenen Körper zu verbessern. Das wird allerdings mehr Zeit in Anspruch nehmen. Und in der Zwischenzeit können Sie sich um Ihre Einstellung sowie Ihre Fähigkeiten kümmern, die zu besseren Beziehungen führen. Lassen Sie uns mit dem Grundstein der stillen Kraft beginnen.

In die Mitte kommen

In mancher Hinsicht ähneln unsere Mitmenschen dem Wind: Mal sind sie warm und sanft, dann wieder kalt und stürmisch. Deshalb ist es hilfreich, sich tief verwurzelt zu fühlen, wie ein mächtiger Baum, der dem stärksten Wind trotzen kann, ohne von ihm umgeworfen zu werden. In unserem Körper ist es das *parasympathische Nervensystem* (PNS), das dieses Gefühl der Ruhe und des Zentriertseins fördert. Atmen Sie einige Male ein und aus, wobei Sie die Ausatmung soweit es geht ausdehnen. Wie fühlt sich das an? Was Sie da spüren, ist Ihr PNS, denn es ist an der Ausatmung sowie am Verlangsamen der Herzfrequenz beteiligt. Sie können auch Ihren Körper durchgehen und systematisch verschiedene Körperteile entspannen – auch daran ist das PNS beteiligt. Wiederholen wir diese Übung häufiger, so zeigen Studien, wird der Entspannungsimpuls (*Relaxation Response*) mit der Zeit zu einer (sehr guten) Angewohnheit; sie verändert sogar die Genexpression im Gehirn, um uns widerstandsfähiger zu machen.

Wenn Sie merken, dass Sie in den Roten Bereich kommen, führen Sie die oben beschriebenen Atemzüge aus und steigern damit die parasympathische Aktivität, womit Sie gleichzeitig das *sympathische Nervensystem* (SNS) drosseln. Letzteres springt an, wenn wir Stress haben. Die beiden Teile des autonomen oder vegetativen Nervensystems funktionieren wie eine Wippe: Geht eines nach oben, drückt es das andere nach unten.

Verbinden Sie sich beim Atmen mit den Empfindungen im Inneren Ihres Körpers: wie die Luft ein- und ausströmt, wie sich die Lunge weitet und wieder zusammenzieht. So fühlen Sie sich im eigenen Körper verankert und im Inneren stabil – selbst wenn um Sie herum ein Sturm aufzieht.

Es geht Ihnen gut, jetzt, in diesem Augenblick

Ein Großteil der Informationen an Ihr Gehirn kommt aus dem Inneren Ihres Körpers. Wenn Sie nicht gerade starken physischen oder emotionalen Schmerz empfinden, sind diese Signale wie die Rufe des Nachtwächters, wenn es nirgends brennt: »Alles in Ordnung, alles in Ordnung!« Es gibt genug Luft zum Atmen, Ihr Herz schlägt, Ihre Organe arbeiten, Ihr Kopf funktioniert, Ihr Bewusstsein verrichtet seinen Dienst. Die Dinge sind vielleicht alles andere als perfekt, aber im Grunde geht es Ihnen gut. Wie auch immer die Vergangenheit ausgesehen hat und die Zukunft aussehen mag: *Jetzt, in diesem Augenblick*, geht es Ihnen gut.

Und es ist ungeheuer hilfreich, sich das bewusst zu machen!

Das Wissen, dass es uns im Grunde gut geht, schenkt uns Sicherheit und beruhigt uns, es ist ein rasch wirkendes Gegenmittel für die Angst. Trifft es – wie meistens – zu, können wir in diesem Gefühl, dass *in der Gegenwart* grundlegend alles in Ordnung ist, unseren Halt finden. Am Rande mögen sich immer noch Kummer, Schmerz und wichtige Probleme tummeln, doch im Kern unseres Wesens geht es uns gut. Dies zu erkennen und es wirklich zu fühlen bedeutet nicht, Gefahren zu ignorieren oder selbstge-

fällig zu werden. Es macht uns stärker, wenn wir gegen jene vorgehen müssen, die uns oder anderen schaden.
Versuchen Sie es: Nehmen Sie über einen ganzen Atemzug hinweg die *Tatsache* wahr, dass es Ihnen im Grunde Ihres Herzens gut geht. Spüren Sie die Beruhigung, die mit dieser Wahrnehmung einhergeht, wie sich Unbehagen oder Spannungen lösen. Schweift Ihr Geist dabei in die Vergangenheit oder Zukunft ab, ist das ganz normal; kehren Sie nur immer wieder in die Gegenwart zurück und nehmen Sie wahr, dass es Ihnen gut geht, jetzt und jetzt und jetzt.

Das Wissen um die eigene Stärke

Viele Menschen wissen gar nicht, wie stark sie wirklich sind. Stark in ihrer Entschlossenheit, in ihrer Zielgerichtetheit, in ihrem Herzen. Man muss nicht wie ein Bodybuilder aussehen, um Kraft, Geduld und Durchhaltevermögen zu haben.
Nehmen Sie sich einen Augenblick Zeit und verbinden Sie sich mit dem Gefühl Ihrer inneren Stärke. Nehmen Sie die natürliche Lebendigkeit des Atmens, des anhaltenden Am-Leben-Seins Ihres Körpers wahr. Erinnern Sie sich an eine Episode, in der Sie sich stark gefühlt haben, vielleicht während eines Aufenthalts in der Wildnis, beim Handwerken oder Halten einer Yoga-Pose. Erinnern Sie sich daran, wie Sie vielleicht einmal zur Seite gestoßen wurden, dann aber sofort wieder im Gleichgewicht waren – darin liegt echte Stärke. Spüren Sie das jetzt in Ihrem Körper nach und machen Sie sich bewusst, was sich daran gut anfühlt.
Wenn Sie möchten, können Sie mit dem Gefühl der Stärke in Verbindung bleiben, während Sie sich gleichzeitig eine schwierige Beziehung vergegenwärtigen. Stellen Sie sich vor, Ihr Gegenüber spräche sehr energisch, kritisierte Sie vielleicht oder sagte Ihnen, was Sie tun sollen; Sie aber fühlen sich tief im Inneren einfach weiter stark. Kehren Sie immer wieder zu diesem Gefühl der Stärke zurück und intensivieren Sie es. Sie können nervös oder unsicher oder traurig sein – und trotzdem das tief verwurzelte Gefühl Ihrer eigenen Stärke empfinden. Allein das wird Ihnen dabei helfen, ruhig und zentriert zu bleiben, wenn die Welt auf Rot schaltet.

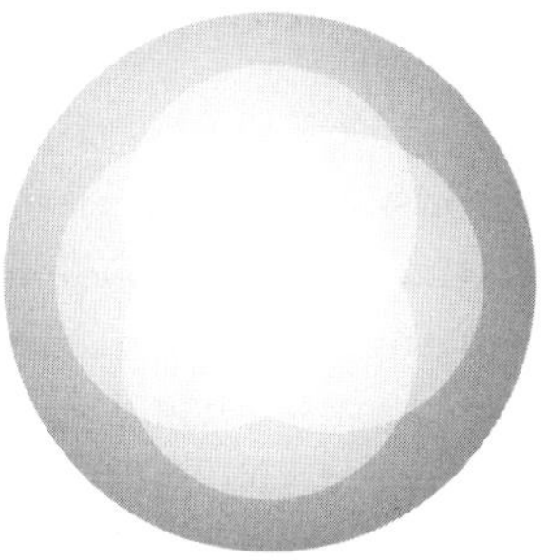

4

Sich umsorgt fühlen

Wir wissen alle, wie es sich anfühlt, sich um andere zu kümmern – um eine Freundin vielleicht, den Partner oder ein Haustier. Es vermittelt uns ein Gefühl der warmherzigen Verbundenheit, das Gefühl, etwas Gutes fließe von uns zu dem Gegenüber. Ebenso wichtig ist es jedoch, das Gefühl zu haben, dass sich andere auch um *uns* kümmern, dass wir dazugehören und wahrgenommen, wertgeschätzt, gemocht oder geliebt werden.

Der Wunsch, sich umsorgt zu fühlen, kann uns etwas … peinlich sein. Dabei ist er absolut normal und fußt in unserer Biologie als ausgesprochen soziale Wesen. Ab den ersten Säugetieren vor 200 Millionen Jahren entwickelten sich unsere Vorfahren größtenteils dadurch weiter, dass sie immer besser darin wurden, sich umeinander zu kümmern. Unsere heutige Spezies gibt es seit rund 300 000 Jahren, die sie meist in kleinen Jäger-und-Sammler-Verbänden von 40 bis 50 Individuen verbrachte; die Verbannung aus einem solchen Verband kam einem Todesurteil gleich – den anderen wichtig zu sein war für das Überleben entscheidend. Diejenigen, die wenig Wert darauf legten, sich umsorgt zu fühlen, hatten auch weniger Chancen, ihre Gene weiterzugeben. Kein

Wunder also, dass das in uns heute gewissermaßen einprogrammiert ist!

Mittlerweile ist es kaum eine Frage von Leben und Tod mehr, ob wir verstanden und geschätzt werden. Dennoch zeigen Studien, dass das Gefühl, umsorgt zu sein, Stress reduziert und positive Emotionen verstärkt, dass es uns anspornt und widerstandsfähiger macht. Leider haben viele Menschen Vernachlässigung, Abweisung, Bloßstellung oder Misshandlung erlebt – meist in der Kindheit, wenn wir besonders verletzlich sind. Und selbst wenn frühere Erlebnisse nicht direkt eine *Wunde* hinterlassen haben (Anwesenheit von Schlechtem), so ist doch häufig ein erheblicher *Mangel* zu spüren, so fehlt doch häufig etwas Wichtiges (Abwesenheit von Gutem). Es ist für uns alle unabdingbar, dass wir uns gewollt, anerkannt und eben umsorgt fühlen. Eine solche *soziale Versorgung* nährt unser Herz ebenso wie gutes Essen den Körper nährt. Dazu ein Beispiel: Ich wurde in der Schule zwar nicht gemobbt oder verprügelt, war aber schüchtern und neu, sodass sich kaum soziale Kontakte entwickelten. Ich hatte das Gefühl, mein Herz bestünde aus einem einzigen riesigen Loch.

Sich umsorgt zu fühlen ist wichtig, um alten Schmerz zu lindern und den Alltag gut bewältigen zu können. Für mich war es ein entscheidender Teil meiner Heilung. Ganz gleich wie Ihre Vergangenheit ausgesehen hat und ganz gleich wie hart und einsam Ihr Leben heute sein mag – Sie können immer Möglichkeiten finden, sich wahrhaft umsorgt zu fühlen und Schritt für Schritt die Löcher in Ihrem Herzen zu füllen.

Der Weg dorthin

Fangen wir mit dem schwierigen Teil an: Sich dem Gefühl, umsorgt zu sein, zu öffnen kann frühere Gefühle, *nicht* umsorgt zu sein, heraufbeschwören. Vielleicht waren Ihre Eltern oder Ihr Partner distanziert oder sehr kritisch. Scheinbar kleine Augenblicke, in denen man sich ausgeschlossen, im Stich gelassen oder herabgesetzt vorkommt, hinterlassen oft schmerzhafte Spuren.

Versuchen Sie, diese Gefühle sein zu lassen, akzeptieren Sie sie und bewahren Sie sie im weiten Raum Ihres Bewusstseins auf, wo Sie sich nicht von ihnen überwältigt fühlen.

Atmen Sie dann tief ein und aus und wenden Sie sich der anderen Seite der Wahrheit zu: den Augenblicken, in denen Sie sich in der Vergangenheit durchaus umsorgt gefühlt haben und sich heute umsorgt fühlen. Denn sie gibt es wirklich – im Leben eines jeden Menschen! Es gibt eine ganze Bandbreite des Umsorgtseins, von kaum merklich bis sehr intensiv, von dazugehörig, wahrgenommen oder wertgeschätzt bis gemocht oder sogar geliebt zu sein. Das Gefühl ist vielleicht nicht perfekt oder beständig, weshalb man leicht in Versuchung geraten kann, es für nicht ausreichend zu erachten. Für ein hungriges Herz jedoch ist es echte Nahrung.

Die emotionale Datenbank

Nehmen Sie es wahr, wenn man sich *tatsächlich* um Sie kümmert. Meist sind das kurze Momente, wenn sich jemand in Ihrer Gegenwart Ihnen gegenüber aufrichtig rücksichtsvoll, freundlich oder besorgt verhält. Doch wie kurz der Augenblick auch immer sein mag – er ist real, und Sie können aus diesen Momenten das *Gefühl* des Umsorgtseins aufbauen. Halten Sie inne und bleiben Sie bei dieser Erfahrung: Wie fühlt es sich an dazuzugehören? Wahrgenommen oder wertgeschätzt zu werden? Was spüren Sie dabei in Ihrem Körper? Wie fühlt es sich an, gemocht zu werden? Geliebt zu werden?

Vielleicht entsteht dabei auch die Angst, enttäuscht oder sogar verraten zu werden, je nachdem, was Sie früher erlebt haben. Denn es ist schon sehr traurig: Wir sehnen uns danach, umsorgt zu sein, schieben das Gefühl aus Angst, wieder verletzt zu werden, aber häufig von uns weg. Wenn auch Sie diese ganz normalen Zweifel und Ängste haben, machen Sie sich noch einmal die Momente bewusst, in denen man sich *tatsächlich* um Sie kümmert.

Versuchen Sie, beständige Quellen des Umsorgtwerdens auszumachen. Vergegenwärtigen Sie sich beispielsweise eine Gruppe, zu der Sie gern dazugehören, jemanden, der Sie bei der Arbeit respektiert, mitfühlende Freunde und Familienmitglieder oder ein Haustier, das Sie sehr liebhaben. Sie sind dankbar für Sie, sie mögen Sie, sie wollen nur das Beste für Sie. Nehmen Sie einen oder zwei tiefe Atemzüge und versuchen Sie, sich für dieses Gefühl zu öffnen.

Sie können sich auch an vergangene Fürsorge erinnern: die Oma, die Kekse für Sie gebacken hat, Mannschaftskameraden, Lehrerinnen und Lehrer, Ihre Eltern, Mentoren, Menschen, die das Gute in Ihnen gesehen, Ihnen Türen geöffnet und Sie auf Ihrem Weg gesegnet haben. Einige dieser Menschen sind vielleicht nicht mehr Teil Ihres Lebens, und vielleicht sind Sie deswegen traurig. Dennoch: Wenn Sie sich daran erinnern, wie sich diese Menschen in der Vergangenheit um Sie gekümmert haben, können Sie sich auch in der Gegenwart umsorgt fühlen.

Vergegenwärtigen Sie sich, wie es sich anfühlt, umsorgt zu sein. Bleiben Sie bei diesem Gefühl, öffnen Sie sich in Ihrem Körper für diese Empfindung, nehmen Sie wahr, was sich daran gut anfühlt. Lassen Sie diese warmen, guten Gefühle wie Balsam alte Wunden heilen, schenken Sie tieferen Schichten Ihres Selbst ein wenig dessen, was Sie vermisst haben, als Sie noch ein Kind waren. Rufen Sie sich vor dem Einschlafen das Gefühl des Umsorgtseins ins Gedächtnis und ruhen Sie in diesem Gefühl, während es sich seinen Weg in Ihre Atmung, Ihren Körper, Ihre Träume bahnt. Damit zahlen Sie gewissermaßen auf Ihr emotionales Konto ein. Wird es dann wieder einmal stürmisch im Leben und zeigen sich Ihre Mitmenschen ahnungslos oder kalt, können Sie Emotionen von diesem Konto abrufen: das Gefühl, in der *Vergangenheit* umsorgt gewesen und in der *Gegenwart* umsorgt zu sein, was auch immer sonst geschieht.

Ihr »Fürsorgekomitee«

Jeder Mensch hat verschiedene Unterpersönlichkeiten, Blickwinkel, »Stimmen« oder »Energien« in seinem Inneren – dieses Thema nehmen wir im nächsten Kapitel genauer unter die Lupe. Ein Teil von mir beispielsweise stellt sich abends den Wecker, um am nächsten Morgen früh aufzustehen und zu meditieren, während ein anderer Teil von mir morgens dann blinzelt, den Wecker ausschaltet, *Nein, heute nicht* denkt und weiterschläft.

Einige dieser Teile ziehen uns runter: *Das war ein Riesenfehler. Du kriegst es einfach nicht gebacken. Wer soll jemanden wie dich schon lieben.* Andere Teile hingegen bauen uns auf und schenken uns Mitgefühl und Güte. Einige Teile machen hin und wieder gemeinsam Front gegen uns, andere verbünden sich miteinander, um uns zu unterstützen. Leider fühlt sich Ersteres für viele Menschen häufig wie Godzilla und Letzteres wie Bambi an.

Es hilft, den inneren Angreifer als das zu erkennen, was er ist: Er mag gute Absichten haben, übertreibt aber maßlos. Versuchen Sie, sich von ihm zu distanzieren, sich nicht mit ihm zu identifizieren. Vielleicht hat er ja etwas Nützliches zu sagen; falls nicht, richten Sie Ihre Aufmerksamkeit auf etwas anderes. Streiten Sie nicht mit ihm wie mit einem nervigen Online-Troll, sondern konzentrieren Sie sich stattdessen darauf, Ihren inneren Helfer zu stärken.

Das geht sehr gut mit einer Art »Fürsorgekomitee«, das Sie in Ihrem Inneren für sich einrichten und das Ihnen auf verschiedene Weise helfen kann. Zu meinem Komitee gehören die Menschen, die mich lieben, gute Freunde, strenge, aber gütige Lehrer und spirituelle Meister. Da ich gern etwas albern bin, gehören dem Komitee auch Obi-Wan Kenobi, Gandalf und die gute Fee aus *Dornröschen* an. Wenn Sie mit Menschen zusammen sind, denen wirklich etwas an Ihnen liegt – die Ihnen zuhören, gute Ratschläge geben, Sie anfeuern –, halten Sie einen Augenblick inne und nehmen Sie dieses Gefühl ganz in sich auf; so festigen Sie nach und nach die neurale Grundlage Ihres inneren Helfers. Vielleicht fertigen Sie auch eine Liste oder Zeichnung von Ihrem persönlichen Fürsorgekomitee an.

Verbinden Sie sich mit diesen unterstützenden Teilen Ihres Ich, wann immer Sie sich verletzt oder einsam fühlen. Stellen Sie sich vor, wie Sie ihnen zuhören und emotionale Hilfe sowie weisen Rat von ihnen bekommen, wie von einem guten Freund. Sie können sich auch vorstellen, wie Ihr Fürsorgekomitee gegen Ihren inneren Angreifer für Sie eintritt, oder Sie können einen Dialog zwischen den beiden schreiben – eine sehr wirkungsvolle Übung. Spüren Sie, wie Ihr Fürsorgekomitee die jungen, weichen, verletzlichen Teile Ihres Selbst schützt und nährt, denn diese Teile besitzen wir alle.

Während Sie das Gefühl des Umsorgtseins auf verschiedene Weisen stärken, werden Sie sich Ihrerseits anderen gegenüber von ganz allein immer fürsorglicher verhalten. Es ist interessanterweise also auch gut für *andere,* wenn Sie sich umsorgt fühlen.

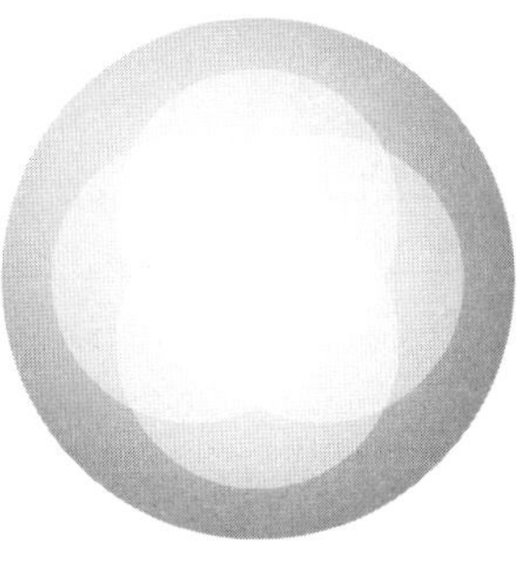

5

Selbstakzeptanz

Wenn Sie je Gelegenheit hatten, Zeit mit einem Säugling oder Kleinkind zu verbringen, hatten Sie auch Gelegenheit, sich selbst zu sehen – wie Sie vor langer Zeit waren. Wir kommen als Ganzes auf die Welt, mit der vollen Bandbreite an Emotionen und Wünschen. Wie eine riesige Villa, in der alle Türen zu allen Zimmern offenstehen.

Und dann … kommt das Leben. Mit all seinen Situationen und Menschen, seinen Freuden und Schmerzen. Und vielleicht schließt sich dabei eine Tür nach der anderen und verbirgt, was sich dahinter befindet. Im Alter von 15 Monaten (in diesem Alter habe ich die Kinder in meiner Doktorarbeit studiert) weisen die kleinen Menschen klare Unterschiede auf. Einige sind noch immer offen und psychologisch gut integriert. Andere verdrängen bereits bestimmte Gefühle und sind innerlich gespalten – wie ich es war. Meine frühesten Erinnerungen ab einem Alter von etwa zwei Jahren sind von Vorsicht gegenüber anderen Menschen geprägt. Im Laufe der Jahre verlor ich den Zugang zu vielen Gefühlen, insbesondere zu den weicheren, verletzlicheren. Ich sehnte mich danach, anderen nahe zu sein, hatte aber

Angst davor, was sie wohl sahen, wenn ich mein Visier herunterklappte.
Unterdrücken oder leugnen wir Teile unserer selbst, kann es leicht dazu kommen, dass wir uns selbst nicht mehr mögen, dass wir das Gefühl bekommen, hässliche, schwache, beschämende oder nicht liebenswerte Seiten zu haben. Es mag uns schwierig erscheinen, das alles unter Kontrolle zu halten. Und am Ende machen wir uns anderen gegenüber klein, um sie von dem fernzuhalten, was wir an uns selbst nicht akzeptieren können.

Der Weg dorthin

Zweifelsohne enthalten manche Zimmer in der Villa des Geistes intensive Dinge und Impulse, die reguliert werden müssen. Doch selbst in die Türen zu diesen Zimmern können wir ein Fenster einbauen, sodass wir zumindest hineinsehen können. Sie können klug und angemessen entscheiden, was Sie anderen gegenüber von sich selbst enthüllen möchten, und gleichzeitig *sich selbst gegenüber* vollständig offen sein. Das fördert Ihr Selbstvertrauen und Ihr Selbstwertgefühl. Sie werden sich wohler fühlen, wenn Sie in Gegenwart anderer ganz Sie selbst sind – offener, verletzlicher, authentischer – und keine soziale Fassade mehr aufbauen, sich selbst keinen Maulkorb mehr anlegen oder sich Gedanken darüber machen müssen, wie andere über Sie urteilen und ob Sie ihre Anerkennung bekommen oder nicht.

Akzeptieren Sie Ihre Erfahrungen

In Kapitel 2 ging es um das schlichte Sein mit allem, was durch unser Bewusstsein zieht. Mit dieser Haltung Ihrem eigenen Geist gegenüber können Sie sich allen fünf Hauptaspekten unserer Erfahrungen öffnen:

- Gedanken – Überzeugungen, Interpretationen, Blickwinkel, Vorstellungen, Erinnerungen

- Wahrnehmungen – was wir tasten, sehen, hören, schmecken und riechen können
- Emotionen – Gefühle, Einstellungen
- Wünsche – Begierden, Bedürfnisse, Sehnsüchte, Träume, Werte, Absichten, Pläne
- Taten – Körperhaltungen, Gesichtsausdrücke, Gesten, Verhaltensweisen

Fragen Sie sich selbst: *Wie verbunden bin ich mit den oben genannten Aspekten? Gibt es Erfahrungen, die ich ignoriere, verdränge, fürchte oder leugne – etwa Wut oder bestimmte Erinnerungen aus der Kindheit?* Ich persönlich hatte das Gefühl, vom Hals abwärts taub ins Erwachsenenalter einzutreten. Ich war mir meiner Gedanken bewusst, der Rest meines Innenlebens aber war Sperrgebiet, in das ich mir erst Schritt für Schritt Zutritt verschaffen musste. Dabei halfen mir einfache Übungen wie die unten beschriebenen. Ich kann Sie nur dazu ermutigen, sie auch einmal auszuprobieren:

1. Wann immer Sie möchten – sowohl wenn Sie entspannt sind als auch wenn etwas (oder jemand!) Sie ärgert –, können Sie innehalten, einige Male tief ein- und ausatmen und sich das grundlegende Gefühl der stillen Kraft und des Umsorgtseins vergegenwärtigen.
2. Fragen Sie sich: Was erlebe ich gerade? Treten Sie einen Schritt zurück und beobachten Sie Ihre Gedanken … die Empfindungen in Ihrem ganzen Körper … Ihre Emotionen, sowohl die leisen wie Traurigkeit als auch die lauten wie Wut … Ihre Wünsche, vom sanften Sehnen bis zum heftigen Begehren … und Taten, die in Haltung, Mimik und Bewegungen zum Ausdruck kommen. Bleiben Sie in der Gegenwart und ruhen Sie in der Wahrnehmung Ihrer Erfahrungen, ohne von ihnen mitgerissen zu werden.
3. Seien Sie sich gewahr, ob Sie gegen irgendetwas Widerstand leisten, eine Spannung aufbauen oder es verdrängen – und versuchen Sie, das loszulassen. Versuchen Sie, sich weich zu machen, sich dem gegenüber zu öffnen, was in Ihrem Bewusstsein präsent ist; lassen Sie es fließen, wie es will. Öffnen Sie sich weiter dem ge-

genüber, was vielleicht tiefer, jünger, schwerer und belastender, verletzlicher ist.

Droht etwas, Sie zu überwältigen, lassen Sie davon ab und vergegenwärtigen Sie sich erneut das Gefühl der offenherzigen, stillen Kraft. Versuchen Sie dann, zu dem, was Sie zu überwältigen drohte, zurückzukehren. Es ist völlig in Ordnung, von einem Aspekt Ihrer Erfahrung zum nächsten zu wandern. Vielleicht hilft es Ihnen, wenn Sie die Dinge kurz für sich benennen: *bin verletzt … Anspannung im Bauch … Groll … Rachegelüste … fühle mich von anderen im Stich gelassen … Kindheitserinnerungen …* Versuchen Sie, Ihre Erfahrungen so, wie sie sind, zu akzeptieren, ohne sie als gut oder schlecht, richtig oder falsch zu bewerten. Vielleicht sind sie schmerzhaft, vielleicht sind sie schön, doch auf jeden Fall sind sie da, sie sind menschlich und geschehen aufgrund verschiedener Ursachen und Umstände, die sich größtenteils über Sie hinaus bis auf andere Menschen, andere Zeiten, andere Orte erstrecken. Vielleicht sagen Sie leise zu sich selbst: *Ich akzeptiere, dass ich mich ________ fühle. Ich akzeptiere, dass ich ________ will. Ich akzeptiere, dass Gedanken an ________ entstehen.* Oder Sie folgen der Psychologin und Achtsamkeitslehrerin Tara Brach und sagen zu sich selbst: *Auch das gehört zu mir.*
Nehmen Sie wahr, wie es sich anfühlt, die eigenen Erfahrungen zu akzeptieren. Vielleicht spüren Sie, wie sich Leichtigkeit und Friedlichkeit ausbreiten, wie Sie wieder in Ihrer Mitte ankommen und sich ganz fühlen. Bringen Sie sich selbst Wertschätzung dafür entgegen, dass Sie den Mut und die Kraft hatten, sich allem gegenüber, was sich in Ihrem Bewusstsein zeigen wollte, zu öffnen.

Akzeptieren Sie die Teile Ihrer selbst

Unser Gehirn ist eine der komplexesten Körperstrukturen, die die Wissenschaft kennt. Im Inneren unseres Kopfes befinden sich rund 85 Milliarden Neuronen – Nervenzellen –, die von weiteren 100 Milliarden Helferzellen unterstützt werden; all diese

Zellen verteilen sich auf verschiedene Hirnregionen wie den präfrontalen Cortex, die Amygdala und das Tegmentum, um verschiedene Funktionen ausüben zu können. Die durchschnittliche Nervenzelle stellt mehrere Tausend Verbindungen zu anderen Nervenzellen her und bildet mit diesen so ein riesiges Netzwerk mit mehreren Hundert Billionen Synapsen, von denen jede einzelne einem kleinen Mikroprozessor ähnelt. Kein Wunder also, dass der Neurowissenschaftler Charles Sherrington das Gehirn einen »verzauberten Webstuhl« nannte, webt es doch beständig am »Teppich« unseres Bewusstseins.

Und da unser Gehirn aus vielen Teilen besteht, bestehen auch *wir* aus vielen Teilen. Einige davon sind angespannt und ängstlich, andere lockerer und mutiger. Einige mögen Ordnung, andere sehnen sich nach Chaos. Einige Teile plaudern gern, andere kommunizieren lieber über Bilder und Gefühle. Manche fühlen sich erwachsen an, andere wie ein kleines Kind. Einige wollen etwas Bestimmtes essen/trinken/rauchen, kritisch herummaulen oder an altem Groll festhalten, während andere mit einer tiefen inneren Weisheit aufwarten. Einige Teile wollen anderen Menschen nah sein, andere wollen sich zurückziehen.

Die Teile, die gelobt und belohnt werden, drängen nach vorn, sie sind auch die Teile, die wir normalerweise der Welt präsentieren. Die Teile, die uns als Kind in Schwierigkeiten gebracht haben, verschwinden meist im Schatten, vielleicht mit einem Gefühl der Scham … oder wachsenden Wut. Reagieren wir über, liegt das in der Regel daran, dass wir in anderen etwas sehen, das wir in uns *selbst* verachten und verbannt haben.

Diese innere Komplexität haben schon viele erkannt, von Shakespeare (»Sein oder nicht sein«) über Freud (»Es, Ich und Über-Ich«) bis zu Richard Schwartz mit seiner Theorie des inneren Familiensystems. Der Dichter Walt Whitman drückte es so aus: »Ich enthalte Vielheiten.« Das ist absolut *normal* – und die Erkenntnis, dass es sich dabei nicht um ein persönliches Problem handelt, ist ein Riesenschritt auf dem Weg zu größerer Selbstakzeptanz. (Extreme Erscheinungsformen dieses Phänomens, etwa nicht zu lösende innere Konflikte, die Selbstfragmentierung oder eine Dissoziative Identitätsstörung erfordern professionelle Hilfe, die im Umfang dieses Buchs nicht geleistet werden kann.) Und jeder Teil in Ihrem Inneren versucht, Ihnen zu helfen, wenn auch vielleicht auf eine fehlgeleitete Art und Weise. Sie können Ihr Ich-Gefühl auf *alles* in sich ausdehnen; so bauen Sie mit inneren Konflikten verbundene Spannungen ab, nutzen die Gaben jedes einzelnen Ihrer Teile, erleichtern sich die Beziehungen zu anderen und gelangen zu dem friedvollen Gefühl der inneren Ganzheit. Lassen Sie uns das mit den folgenden drei Übungen näher erkunden.

Machen Sie sich einige Ihrer vielen Teile anhand einer Liste, einer Zeichnung oder in Ihrer Vorstellung bewusst.
Geben Sie jedem Teil einen Namen, der aus einem einzelnen Wort oder einem ganzen Ausdruck bestehen kann. Ich beispielsweise könnte einige meiner Teile so benennen: aufmüpfiges Kind, kontrollierender Vater, Waldmensch, Mönch, verbissener Arbeiter, zorniger Krieger, verspielter Clown, trauriger Zeuge der Welt, Ermutiger und verletzter Einsiedler. Sie dürfen ruhig kreativ sein und sich Ihren inneren Baum der Weisheit, Ihre innere Athene, Ihre innere Schlange, Ihren inneren Gauner oder Ihren inneren Rockstar vorstellen. Versuchen Sie, die wunderschönen, wichtigen, wertvollen Teile in Ihrem Inneren auszumachen – Qualitäten, Absichten, Neigungen, Eingebungen, Fähigkeiten –, die Teile, die Sie vielleicht beiseitegeschoben, verdrängt oder geleugnet haben. Erkennen Sie die Teile in Ihrem Inneren an, die Sie anderen mehr zeigen wollen. Worum auch immer es sich handelt – es gehört alles zu Ihnen!
Stellen Sie sich als Nächstes vor, diese Teile von Ihnen säßen alle ganz ruhig in einem Kreis zusammen, vielleicht um einen großen runden Tisch. Vergegenwärtigen Sie sich den Kern Ihres Wesens, das Zentrum Ihres Bewusstseins, Gutherzigkeit, Weisheit und Entschlusskraft – Ihr »Ich«. Wenden Sie sich dann von diesem Kern aus an jeden Ihrer Teile und sagen Sie ihm stumm vielleicht Folgendes: *[Name des betreffenden Teils], ich erkenne dich an. Du bist ein Teil von mir. Du versuchst, mir auf deine Weise zu*

helfen. Ich schließe dich mit ein. Ich akzeptiere dich. Ich danke dir. Achten Sie auf Ihre Reaktionen bei den einzelnen Teilen, insbesondere bei jenen, die Sie verdrängt haben. Versuchen Sie, jeden Teil von sich so zu akzeptieren, wie er ist. Akzeptieren Sie, dass Sie als Ganzes tatsächlich diesen Teil beinhalten, auch wenn er reguliert werden muss. Denken Sie daran, dass Sie einen Teil von sich selbst akzeptieren können, ohne sich von ihm überwältigen lassen zu müssen.

Führen Sie Dialoge mit einigen Ihrer Teile.
Stellen Sie sich vor, Sie sprächen als Kern Ihres Wesens mit einem Ihrer Teile. Sie versuchen nicht, ihn zu überzeugen oder zu verändern, Sie lassen ihn schlicht zu Wort kommen. Hier ein Beispiel, wie ein solcher Dialog aussehen könnte, in diesem Fall mit dem Teil »freigeistiges Kind«:

WESENSKERN »ICH«: Hallo, freigeistiges Kind. Ich würde gerne mit dir reden. Möchtest du auch mit mir reden?
FREIGEISTIGES KIND: Gut! Aber sei nicht langweilig!
WESENSKERN: Okay, ich versuche, nicht langweilig zu sein. Wollen wir spielen?
KIND: Au ja!
WESENSKERN: Was wollen wir denn spielen?
KIND: Ich renne gern rum und habe Spaß. Ich will nicht die ganze Zeit arbeiten.
WESENSKERN: Bist du traurig oder sauer, weil ich so viel arbeite?
KIND: Ja, beides!
WESENSKERN: Danke, dass du mir das gesagt hast. Willst du mir noch etwas anderes sagen?
KIND: Nö, im Moment nicht. Mir wird langweilig.
WESENSKERN: Gut, dann hören wir jetzt damit auf. Danke, dass du mit mir geredet hast.

Vergessen Sie nicht, dass Ihr Wesenskern keinem Ihrer Teile zustimmen oder tun muss, was der betreffende Teil will. Kehren

Sie immer wieder zu dem Gefühl der stillen Kraft zurück. Versuchen Sie, den Einstellungen und Wünschen der verschiedenen Teile Ihres Inneren gegenüber offen zu sein. Interessanterweise beruhigen sich Ihre inneren Teile umso mehr, je mehr sie sprechen dürfen; je mehr Sie ihnen eine Stimme geben, desto mehr verbinden sie sich untereinander und desto ausgeglichener werden sie.

Wenn Sie möchten, können Sie die Vorstellung Ihrer inneren Teile auf einen bestimmten Konflikt oder eine generell schwierige Beziehung anwenden.
Nehmen wir an, Sie hätten sich gerade mit Ihrem Partner gestritten, nachdem dieser Sie kritisiert hat. Dann könnten Sie sich folgende Fragen stellen (mögliche Antworten finden Sie in Klammern):

> *Welche Teile von mir sind durch den Streit aufgerüttelt worden?* [der Teil, der sich verletzt fühlt; der wütende Teil; der Teil, der sich geliebt fühlen will]
>
> *Gut, lassen wir jeden dieser Teile zu Wort kommen. Was habt ihr zu sagen?* [Teil, der sich verletzt fühlt: Ich bin sehr traurig. Wütender Teil: Das ist ungerecht! Ich will hier weg! Teil, der sich geliebt fühlen will: Ich will, dass man sich um mich kümmert. Ich will nicht verletzt und weggestoßen werden.]
>
> *Muss ich einem dieser Teile mehr zuhören? Muss ich einem dieser Teile in dieser Beziehung mehr Ausdruck verleihen?* [ja, dem Teil, der sich geliebt fühlen will]
>
> *Und muss ich auf einen dieser Teile besonders achtgeben, dass er mich nicht überwältigt?* [ja, auf den wütenden Teil]
>
> *Hmm. Wie fühle ich mich jetzt, da ich jedem der Teile Raum gegeben habe?* [wahrscheinlich ruhiger und vollständiger]

> *Wenn ich keinen außer Acht lasse, was soll ich dann tun? Wie geht es von hier aus am besten weiter?* [dem Partner sagen, dass ich hören will, was er zu sagen hat, aber ohne den wütenden Ton und die Vorwürfe]

Mit Übungen wie diesen werden Sie sich nicht mehr so hin und her gerissen fühlen durch widerstreitende »Stimmen« und Reaktionen in Ihrem Inneren. Und das wiederum wird Ihnen dabei helfen, im Umgang mit anderen offener und authentischer zu sein. Sie werden sich nicht mehr so leicht mit einzelnen Teilen identifizieren oder sich von ihnen überwältigen lassen, sondern sich mehr als *Ganzes* fühlen.

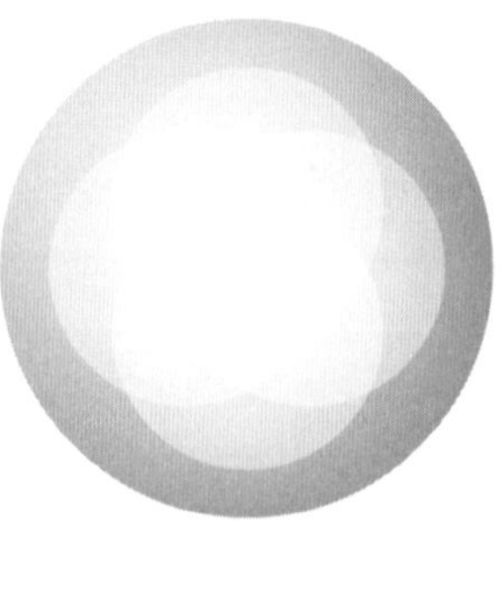

6

Bedürfnisse respektieren

Der Mensch ist alles andere als ein unabhängiges Wesen. Für sein körperliches Überleben, um Glück und Liebe zu erfahren und all das zu erreichen, was er erreichen möchte, braucht er viele, viele Dinge. In jedem einzelnen Augenblick hängt unser Leben von Sauerstoff, den Pflanzen, die ihn »ausatmen«, der Sonne, die die Fotosynthese ermöglicht, sowie den anderen Sternen ab, die vor Milliarden Jahren explodierten und dabei die Sauerstoffatome schufen, die wir mit unserem nächsten Atemzug in uns aufnehmen. Und vom Augenblick unserer Empfängnis an brauchen wir auch andere Menschen. Sie und ich sind ebenso wie alle anderen zerbrechlich, zart, verletzlich und angreifbar, und wir alle hungern nach Liebe. Wenn wir diese allgemeingültige Tatsache akzeptieren, sind wir nicht so hart zu uns selbst – und anderen.

Viele Menschen haben ein Problem damit, Bedürfnisse zu haben, oder schämen sich sogar für sie. Dabei sind Bedürfnisse etwas ganz Normales – jeder Mensch hat sie. Sich das bewusst zu machen, kann bereits beruhigend wirken und die ewige Selbstkritik zumindest vorübergehend zum Schweigen bringen. Der erste Schritt, andere dazu zu bringen, unsere Bedürfnisse zu respektieren, besteht darin, *selbst* besser auf sie einzugehen.

Der Weg dorthin

Versuchen Sie es einmal mit folgender kleiner Übung, die Sie im Geist, laut ausgesprochen, auf dem Papier oder mit einer vertrauten Person durchführen können. Sie beginnen einen Satz mit: *Ich brauche* __________ und setzen ihn dann fort. Das tun Sie wieder und wieder. Füllen Sie die Lücke mit allem, was Ihnen einfällt, auch wenn es Ihnen zunächst albern vorkommen mag. Während Sie den Satz wieder und wieder vollenden, dringen Sie vielleicht immer tiefer zu Ihren grundlegenderen Bedürfnissen vor. Haben Sie das Gefühl, zumindest für den Augenblick alles gesagt zu haben, versuchen Sie es mit anderen Satzbruchstücken, etwa mit diesen: *Ich möchte wirklich* __________ *... Es ist wichtig für mich, dass ich mich* __________ *fühle ... Wenn ich bekomme, was ich brauche,* __________. Führen Sie die Übung dann noch einmal durch, wobei Sie sich dieses Mal jedoch auf eine oder mehrere bestimmte Beziehungen konzentrieren.

Suchen Sie sich als Nächstes eines Ihrer Bedürfnisse aus und bauen Sie es in die folgenden Satzfragmente ein: *Ich weiß, dass ich* __________ *brauche ... Ich akzeptiere, dass ich* __________ *wirklich schätze ...* __________ *ist sehr wichtig für mich ... Es ist ganz normal und völlig in Ordnung, dass ich* __________ *brauche.* Versuchen Sie, sich innerlich weich zu machen und sich beim Gedanken an das Bedürfnis wohlzufühlen.

Gehen Sie nun einen Schritt weiter und fragen Sie sich, ob diesem Bedürfnis vielleicht ein tieferes zugrunde liegt. Beispielsweise könnten Sie den Satz formuliert haben: »Ich brauche mehr Komplimente von meinem Ehemann.« Komplimente aber sind Mittel zum Zweck eines tieferen Bedürfnisses, etwa der Sehnsucht nach einem größeren Selbstwertgefühl. Manchmal verfangen wir uns in dem Versuch, oberflächliche, rein zweckmäßige Bedürfnisse zu erfüllen, und fixieren uns auf bestimmte Worte oder Verhaltensweisen unserer Umgebung, weil es uns sicherer erscheint, über derlei »Stellvertreter« statt über die wahren, tieferen, verletzlichen Bedürfnisse zu sprechen. Dazu ein Beispiel aus meinem eigenen Leben: Als unsere Kinder noch klein waren, bat ich meine Frau darum, mich zu umarmen, wenn ich von der Arbeit nach Hause kam. Einerseits natürlich, weil sich eine Umarmung einfach schön anfühlt, andererseits aber deswegen, weil ich dadurch das dringend benötigte Gefühl bekam, dass sie mich auch noch als Mann und nicht nur als Vater unserer Kinder wahrnahm. Das allerdings laut auszusprechen machte mir Angst. Selbst wenn Sie jemanden dazu bringen können, die »richtigen« Dinge zu sagen, kann sich das zugrunde liegende Bedürfnis noch immer nicht erfüllt anfühlen, wenn *es* nicht direkt angesprochen wird.

Haben Sie ein tiefsitzendes Bedürfnis identifiziert, überlegen Sie, wie Sie diesem Bedürfnis mehr Wertschätzung entgegenbringen können. (Zudem können Sie die Übung mit weiteren Bedürfnissen wiederholen.) Vielleicht hat es den Anschein, als sei das Bedürfnis immer schwieriger zu erfüllen, je tiefer es in Ihnen verwurzelt ist. Tatsächlich aber geht es bei unseren tiefsten Bedürfnissen in der Regel um eine bestimmte wichtige *Erfahrung*, etwa um das Gefühl des Friedens, der Zufriedenheit oder des Geliebtwerdens. Wenn Sie sich weniger auf bestimmte Ereignisse in Ihrer Umgebung konzentrieren – beispielsweise darauf, ein Kompliment oder eine Umarmung zu bekommen – und stattdessen darauf, wie Sie sich im Inneren *fühlen* wollen, gibt es normalerweise viele Möglichkeiten, das auch zu erreichen. Und das ist wunderbar befreiend! Fragen Sie sich, wie Sie sich tief in Ihrem Inneren fühlen würden, wenn andere das sagten oder täten, was Sie sich von ihnen wünschen. Und stellen Sie sich dann die folgende entscheidende Frage: *Wie komme ich zu diesem Gefühl, ohne dabei so abhängig von dem zu sein, was andere sagen oder tun?*

Wenn Sie sich etwa nach einem größeren Selbstwertgefühl sehnen, könnten Sie überlegen, auf welche Weisen andere Menschen Sie bereits wertschätzen – ohne Worte. Erkennen Sie einige der vielen Dinge an, die Sie tagein, tagaus leisten, und machen Sie sich Ihre Fähigkeiten bewusst. Verbinden Sie sich, bevor Sie morgens aufstehen und abends einschlafen, mit Ihrer fundamentalen Güte und Fürsorge für andere. All diese Fähigkeiten liegen ganz und gar in Ihrer Macht. Natürlich ist es auch wichtig, mit anderen über die eigenen und deren Bedürfnisse zu sprechen; Vorschläge dazu, wie Sie das anstellen könnten, finden Sie in den Kapiteln der Teile 4 und 5. Leider aber ist es nur allzu leicht, in dem Gefühl der unerfüllten Bedürfnisse stecken zu bleiben, in dem Gefühl, sie blieben unerfüllt, weil die anderen einfach nicht so wollen, wie man selbst will. Dann fühlt man sich vielleicht hilflos oder sogar der Verzweiflung nah. Deshalb ist es so wichtig zu wissen, wie Sie *selbst* Ihre Bedürfnisse besser respektieren können – vor allem dann, wenn diese in Ihrer Kindheit oder danach kritisiert oder heruntergespielt wurden. Statt darauf zu warten, dass andere Ihre Bedürfnisse erfüllen, ist es aufbauender, vielversprechender und heilender, selbst die Verantwortung zu übernehmen und alles zu tun, damit die Bedürfnisse nicht unerfüllt bleiben. Wir hängen zwar von anderen Menschen ab, können innerhalb dieser Abhängigkeit aber sehr wohl Verantwortung übernehmen, was Ihnen über kurz oder lang dabei helfen wird, andere erfolgreich um etwas zu bitten.

Und denken Sie schließlich einen Moment daran, dass Sie auch auf *sich* angewiesen sind. Das Ich, das Sie heute sind, hat früheren Versionen Ihrer selbst so viel zu verdanken, Großes und Kleines. Wie die Läufer in einem Staffellauf übergeben Sie den Stab jeden Tag an den Menschen, als der Sie am nächsten Morgen aufwachen. Welche Fehler Sie in der Vergangenheit auch gemacht haben mögen – Ihre früheren »Ichs« haben unendlich viel zu Ihrem jetzigen Leben beigetragen: Sie haben Probleme gelöst, Ziele erreicht, den Abwasch erledigt, Beziehungen gepflegt, Lektionen gelernt. Können Sie sich einige Ihrer früheren Ichs vorstellen und ihnen danken?

Denken Sie mit dem Blick nach vorn daran, wie Ihr zukünftiges Ich davon abhängt, was Sie heute tun. Machen Sie sich ohne Druck, ganz sanft bewusst, dass Ihr zukünftiges Ich auf Sie in diesem Augenblick zählt. Was wird dem Menschen, der Sie in der Zukunft sein werden, wichtig sein? Was können Sie in diesem Jahr, an diesem Tag, heute tun, das es diesem zukünftigen Menschen ermöglicht, ein Leben voller Sicherheit, Gesundheit, Zufriedenheit und Leichtigkeit zu führen?

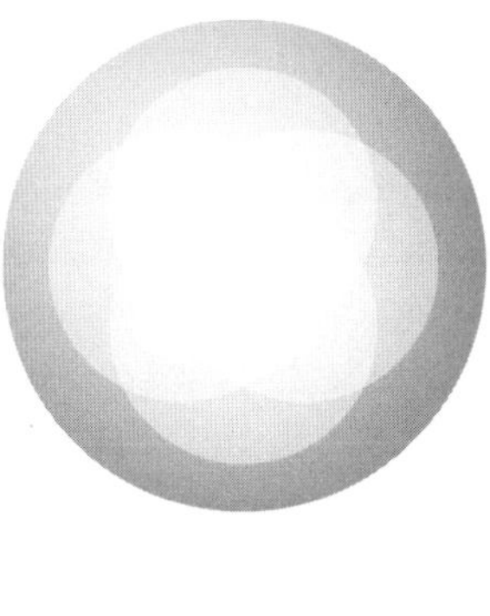

7

Mitgefühl mit sich selbst

Denken Sie an einen Freund oder auch nur einen Fremden, der leidet. Vielleicht ist die betreffende Person nach einem langen, harten Arbeitstag erschöpft oder macht sich Sorgen um ihre Kinder. Vielleicht macht ihr eine chronische Erkrankung zu schaffen, vielleicht hat sie finanzielle Probleme oder ist einsam und sehnt sich nach einem Lebensgefährten.

Wenn Sie das alles wüssten, würden Sie wahrscheinlich Mitgefühl mit dieser Person empfinden. Sie würden Empathie empfinden, weil dieser Mensch so viel durchmachen muss, warmherzige Fürsorge, und Sie hätten den Wunsch, ihm zu helfen, wenn Sie könnten.

Wenn nun aber Sie derjenige sind, der leidet, haben Sie dann auch Mitgefühl mit sich selbst? Den meisten Menschen fällt es viel leichter, sich anderen gegenüber mitfühlend und unterstützend zu zeigen als sich selbst gegenüber.

Dennoch belegen zahlreiche Studien, dass Selbstmitgefühl viele positive Auswirkungen hat, darunter auch die bahnbrechende Arbeit von Professorin Kristin Neff: Sie hat als eine der Ersten aufgezeigt, dass Selbstmitgefühl den Menschen widerstandsfähiger, zuversichtlicher und ehrgeiziger macht. Selbstmitgefühl reduziert Stress, mildert allzu harte Selbstkritik ab und steigert das Selbstwertgefühl. In schwierigen Beziehungen lindert Selbstmitgefühl die Auswirkungen anderer auf uns, bremst uns in unserer Wut und hilft uns dabei, mit mehr Selbstrespekt und Aufrichtigkeit zu interagieren. Wobei Selbstmitgefühl keinesfalls mit Selbstmitleid verwechselt werden sollte: Letzteres schwächt uns, Ersteres macht uns stärker. Probieren Sie es mit Selbstmitgefühl, wenn das Leben Sie wieder einmal aus der Bahn zu werfen droht; von diesem Standpunkt aus lässt es sich viel leichter entscheiden, was als Nächstes zu tun ist.

Der Weg dorthin

Leiden ist ein weit gefasster Begriff, der sowohl körperlichen als auch seelischen Schmerz abdeckt und von mild bis ausgesprochen intensiv reichen kann. Nun ist Leiden zwar nicht das ganze Leben, aber sicherlich ein Teil davon – für viele Menschen sogar ein sehr großer Teil. Zum seelischen Leiden gehören Traurigkeit, Angst, Verletzung und Wut sowie Stress, Druck, emotionale Erstarrung, Einsamkeit, Frustration, Enttäuschung, Schuldgefühle, Scham, negative Grübeleien, Selbstkritik und im Grunde jegliches Gefühl von Mangel oder Unstimmigkeit. Das Leben zieht bei jedem hin und wieder die Samthandschuhe aus: Wir haben alle unser Päckchen zu tragen, wir verlieren alle irgendwann einen geliebten Menschen, wir bleiben alle nicht von Krankheit, Alter und Tod verschont.

Können Sie sich einen Moment Zeit nehmen, um sich mit Ihrem eigenen Leiden zu verbinden? Es ist vielleicht nur ein Hintergrundgefühl der Müdigkeit, der Sorge, ob Sie heute auch alles schaffen, was Sie sich vorgenommen haben, oder der leichten Wehmut hinsichtlich einer bestimmten Beziehung. Was immer es auch ist: Es ist da und es ist real.

Leid ist das Ergebnis zahlreicher innerer und äußerer Faktoren. Doch Schmerz ist Schmerz, woher er auch stammt, was immer ihn verursacht hat, und Sie können diesem Schmerz Mitgefühl entgegenbringen. Sie können sich selbst Mitgefühl entgegenbringen, auch wenn Sie den Eindruck haben, für einen Teil Ihres Leids selbst verantwortlich zu sein.

Haben Sie Ihr Leid erst anerkannt – es zugelassen, statt es zu verdrängen –, können Sie ihm Fürsorge und Unterstützung angedeihen lassen. Mitgefühl ist bittersüß: Es besitzt das Bittere des Leids und das Süße der guten Wünsche und zärtlichen Anteilnahme. Bleiben Sie sich des Bitteren bewusst, aber konzentrieren Sie sich in erster Linie auf das Süße. Richtet sich Ihre Aufmerksamkeit auf den Schmerz oder schweift sie in die Selbstkritik oder in das Kritisieren anderer ab, holen Sie sie sanft zurück – wenn es sein muss, wieder und wieder – zum Gefühl der Fürsorge und der Unterstützung.

Empfinden wir Mitgefühl, wollen wir von ganz allein alles tun, um das Leid zu lindern. Manchmal jedoch können wir nichts tun. Trotzdem ist Ihr Mitgefühl echt und hat für sich Bestand, selbst wenn es nichts gibt, was Sie »richten« könnten. Auch in unlösbaren Konflikten – wenn beispielsweise Ihre Schwester oder Ihr Bruder nicht mehr mit Ihnen spricht oder Sie der Krankenversicherung wegen bei einem aufreibenden Job bleiben müssen – können Sie sich selbst immer noch Wärme und Respekt entgegenbringen.

Nehmen wir an, eine schwierige Beziehung würde Sie emotional belasten oder wütend machen. Versuchen Sie es in diesem Fall einmal mit der folgenden ausführlichen Übung zur Stärkung des Selbstmitgefühls:

> Verbinden Sie sich zunächst mit dem Gefühl der Ruhe und der Kraft … und dem Gefühl, umsorgt zu sein. Vergegenwärtigen Sie sich dann jemanden, der Ihnen am Herzen liegt … machen Sie sich einen Teil des Leids dieses Menschen bewusst … empfinden Sie Mitgefühl für ihn … und verweilen Sie im Gefühl des Mitgefühls.
>
> Machen Sie sich anschließend bewusst, was Sie in der oben genannten schwierigen Beziehung empfinden. Konzent-

rieren Sie sich dabei auf Ihre Emotionen, Empfindungen und Wünsche und versuchen Sie, nicht über vergangene Geschehnisse in dieser Beziehung nachzugrübeln. Vielleicht sprechen Sie leise Aspekte Ihres mit dieser Beziehung verbundenen Leids aus, etwa *traurig … verärgert … vor den Kopf gestoßen … müde … besorgt … Druck in der Magengrube … geschulmeistert … Kloß im Hals … Erinnerungen an früher, als ich aus einer Gruppe ausgeschlossen wurde … Gedankenkarussell, was ich alles hätte sagen sollen … Warum verteidigt mich niemand?! … sehr aufgebracht … verletzt, nein, schrecklich verletzt …*

Während Sie anerkennen, was Sie fühlen, bringen Sie sich selbst Verständnis und Herzenswärme entgegen, wie Sie sie einem Freund entgegenbringen würden, der fühlt, was Sie fühlen. Vielleicht stellen Sie sich vor, Sie säßen sich selbst auf einem Stuhl gegenüber, oder Sie machen sich Stellen in Ihrem Körper bewusst, die Ihnen beim Gedanken an Ihren Schmerz wehtun. Lassen Sie dann Fürsorge, zärtliche Anteilnahme und Unterstützung zu Ihrem Schmerz fließen. Vielleicht denken Sie dabei Folgendes: *Ja, das ist hart … ja, das tut weh … es ist völlig in Ordnung, so zu fühlen, das geht anderen auch so … möge der Schmerz vergehen … möge das Leid gelindert werden … möge ich meinen Frieden machen …* Sie können sich unser »gemeinsames Menschsein« bewusst machen, dass wir leiden, weil wir Menschen sind, dass Sie nicht allein sind, dass überall auf der Welt viele Menschen genau jetzt etwas Ähnliches fühlen wie Sie.

Vielleicht fühlt es sich so an, als bewegten Wärme und Wohlwollen sich wellenförmig kräuselnd auf den Schmerz zu. Stellen Sie sich vor, wie das Mitgefühl den Schmerz berührt, sich wie Balsam auf die schmerzenden Stellen in Ihrem Körper legt oder mit jüngeren Teilen Ihres Ichs kommuniziert. Vielleicht legen Sie eine Hand auf Ihr Herz oder an Ihre Wange, vielleicht umarmen Sie sich, um das, was Sie jetzt fühlen, zu vertiefen.

Verlagern Sie nun ganz leicht Ihren Standpunkt und erkunden Sie, wie es sich anfühlt, Mitgefühl zu *empfangen*, es in sich hineinzulassen. Wie ist es, Mitgefühl erfahren zu haben? Können Sie sich ihm öffnen? Können Sie sich gesehen, verstanden und unterstützt fühlen – und sei es nur von sich selbst?

Wenn Sie die Übung des Selbstmitgefühls beendet haben, können Sie überlegen, ob Sie achtsame Schritte in der oben genannten schwierigen Beziehung unternehmen können, im Geist, mit Worten oder mit Taten. Stellen Sie sich vor, wie Sie diese Schritte tun, wie viel Gutes sie bewirken; das wird Sie motivieren, sie auch wirklich zu unternehmen, um Ihrer selbst und um anderer willen.

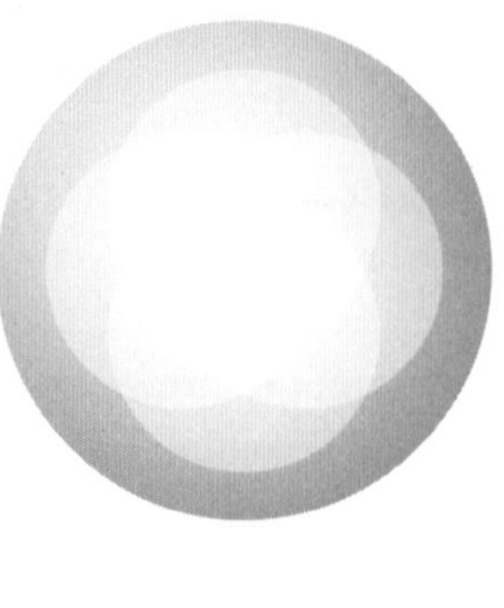

8

Sie sind ein guter Mensch

Vielen fällt es schwer zu glauben, dass sie ein *grundsätzlich guter Mensch* sind. Man kann hart arbeiten, jeden Tag dazulernen und anderen helfen – aber tief im Innersten davon überzeugt sein, dass man wahrhaft gut ist? Sicher nicht!

Dass wir uns selbst nicht für einen guten Menschen halten, kann verschiedene Ursachen haben. Vielleicht wurden Sie als Kind ständig bekrittelt, man hat Ihnen Schuldgefühle eingepflanzt oder Predigten gehalten oder Sie anderweitig kritisiert – und vielleicht hat sich das in Ihrem Erwachsenenleben fortgesetzt oder sogar noch verschlimmert. Vielleicht gab es Situationen, in denen Sie sich wertlos, unzulänglich und nicht liebenswert gefühlt haben, vielleicht vermischt mit Gefühlen der Scham oder Reue. Fast jeder Mensch – auch ich – hat in seinem Leben schon einmal etwas Schlechtes getan, gesagt oder gedacht. Dinge wie ein Tier schlecht behandeln, durch Autofahren im betrunkenen Zustand das Leben der eigenen Kinder aufs Spiel setzen, gemein zu einer wehrlosen Person sein, Ladendiebstahl begehen oder den Partner betrügen. Es müssen keine Kapitalverbrechen sein, die uns glauben machen, die guten Menschen, das sind die anderen.

Natürlich kann Reue auch etwas sehr Gesundes sein. Dennoch liegt unseren Integritätsentgleisungen ein alles durchdringendes Gutsein zugrunde. Tief in unserem Inneren sind beinahe alle unsere Absichten gut, selbst wenn wir sie auf eine problematische Art äußern. Kommt uns weder Schmerz noch Verlust noch Angst in die Quere, verfällt das menschliche Gehirn automatisch in ein grundlegendes Gleichgewicht der Ruhe, Zufriedenheit und Anteilnahme. Und dann können wir auf mitunter mysteriöse und profunde Weise im Kern unseres Wesens eine uns angeborene – und vielleicht überpersönliche – Barmherzigkeit und Nächstenliebe wahrnehmen.

Also: Die Wahrheit, *Fakt* ist, dass Sie ein grundsätzlich guter Mensch sind!

Wer seine naturgegebene Güte wahrnimmt, handelt eher auf eine gute Art und Weise. Wer sie in sich erkennt, erkennt sie auch besser in anderen. Und wer das Gute in sich selbst und anderen sieht, tut auch eher alles, was in seiner Macht steht, um das Gute in der Welt, in der wir alle gemeinsam leben, zu fördern.

Der Weg dorthin

Ich kenne fünf sehr effektive Wege, die es ermöglichen, sich wie ein guter Mensch zu fühlen. Vielleicht kennen Sie noch mehr!

1. **Das Gute des Sich-umsorgt-Fühlens in sich aufnehmen –** Bietet sich Ihnen die Gelegenheit, sich zugehörig, wahrgenommen, wertgeschätzt, gemocht oder geliebt zu fühlen, dann bleiben Sie einen Atemzug oder länger bei dieser Erfahrung. Lassen Sie sie Ihren Geist und Körper ausfüllen, lassen Sie sich ganz in sie hineinfallen, während sie Sie ganz durchdringt.
2. **Das Gute in den eigenen Gedanken, Worten und Taten erkennen –** Nehmen Sie beispielsweise Ihre guten Absichten wahr, auch wenn Sie mit diesen nicht immer Erfolg haben. Nehmen Sie wahr, wenn Sie Ihre Wut ausbremsen, Suchtimpulse zügeln oder sich anderen gegenüber mitfühlend und hilfsbereit zeigen.

Bringen Sie Ihrer Charakterstärke und Entschlossenheit, Ihrer Güte, Ihrem Mut, Ihrer Großzügigkeit, Ihrer Geduld und Ihrer Bereitschaft, die Wahrheit zu sehen, wie immer diese auch aussehen mag, Wertschätzung entgegen. Damit erkennen Sie *Tatsachen* über sich selbst an. Schaffen Sie dieser Erkenntnis eine Art Schrein in Ihrem Inneren und schützen Sie sie vor Menschen, die sich selbst groß fühlen, wenn sie andere klein machen.

3. **Das Gute im Kern des eigenen Wesens wahrnehmen –** Es ist in jedem Menschen vorhanden, selbst wenn es sich manchmal schwer spüren oder erkennen lässt. Es kann sich sehr intim, ja sogar heilig anfühlen, wie eine Kraft, eine Strömung, eine Quelle im Herzen.
4. **Das Gute in anderen sehen –** Das hilft uns dabei, das Gute in uns selbst zu erkennen. Sie können an anderen tagtäglich kleine Akte der Fairness, Güte und des aufrichtigen Bemühens beobachten. Nehmen Sie die tieferen Schichten hinter der Fassade wahr, die Sehnsucht, anständig und liebevoll zu sein, etwas beizutragen, zu helfen statt zu schaden.
5. **Überlassen Sie sich dem Guten –** Lassen Sie die »guten Engel Ihres Wesens« immer mehr zur beseelenden Kraft Ihres Lebens werden. Sie könnten sich selbst einen kleinen Brief schreiben, in dem Sie sich ernsthaft darlegen, warum Sie ein grundsätzlich guter Mensch sind. Lesen Sie sich diesen Brief hin und wieder durch – und glauben Sie an das, was darinsteht. Fragen Sie sich in kniffligen Situationen oder Beziehungen: *Was sollte ich hier als guter Mensch tun?* Und während Sie vom Standpunkt des Guten aus operieren, nehmen Sie das Wissen, dass Sie ein guter Mensch sind, allmählich immer mehr in sich auf.

Genießen Sie das Gute, das so real und so wahr ist.

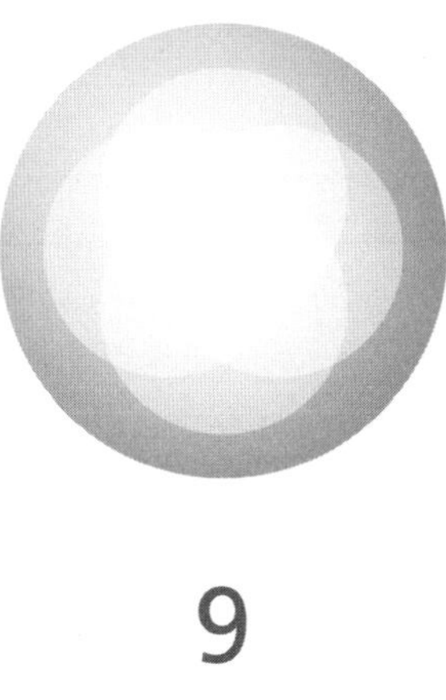

9

Sich selbst vertrauen

Als ich ein Kind war, fühlte es sich zu Hause und in der Schule gefährlich für mich an, ich selbst zu sein – ganz ich selbst, auch die Teile von mir, die Fehler machten, aufmüpfig und wütend wurden, zu laut herumalberten oder unbeholfen und verletzlich waren. Ich hatte keine Angst vor physischer Gewalt, wie viele andere sie haben mussten, fürchtete mich aber davor, auf andere Weise bestraft oder zurückgewiesen, ausgegrenzt und bloßgestellt zu werden.

Und so tat ich, was alle Kinder in dieser Situation tun: Ich setzte eine Maske auf. Ich machte dicht, beobachtete misstrauisch, spielte meine Rolle. Ich hatte eine Art Ventil in meiner Kehle: Tief in meinem Innersten dachte und fühlte ich so einiges, doch nur sehr wenig davon strömte hinaus in die Welt.

Von außen betrachtet sah es so aus, als vertraute ich anderen nicht. Sicher, manchen Menschen in meiner Umgebung musste ich tatsächlich mit Vorsicht begegnen. Doch in erster Linie war *ich selbst* derjenige, dem ich nicht vertraute.

Ich vertraute nicht darauf, dass mein authentisches Ich gut genug, liebenswert genug war, dass ich immer noch in Ordnung war, auch wenn ich es einmal verpatzte. Ich hatte kein Vertrauen in meine eigenen Tiefen, dass sie bereits Güte, Weisheit und Liebe enthielten. Hatte kein Vertrauen in den sich anbahnenden Prozess eines Lebens ohne strenge, von oben nach unten durchgeführte Kontrolle. Ich zweifelte an mir selbst, an meinem Wert, an meinen Möglichkeiten.

Und so lebte ich eingekapselt, schlug mich ganz gut in der Schule und war manchmal sogar glücklich – pendelte überwiegend jedoch zwischen emotionaler Taubheit und Schmerz hin und her.

Die erste, grundlegende Phase in Erik Eriksons achtstufigem Modell der menschlichen Entwicklung ist die des »Urvertrauens«. Er konzentrierte sich dabei auf Vertrauen bzw. Misstrauen der Umgebung (und speziell den Menschen darin) gegenüber, was zweifelsohne sehr wichtig ist. Und doch heißt *Die Welt ist nicht vertrauenswürdig* im Kern häufig *Ich traue es mir selbst nicht zu, mit der Welt umgehen zu können.*

Für mich war es eine lebenslange Herausforderung, mir selbst mehr zu vertrauen, mich lockerer zu machen, mich zu öffnen, Chancen zu ergreifen, Fehler zu machen und sie dann wiedergutzumachen und aus ihnen zu lernen und endlich damit aufzuhören, mich selbst derart ernst zu nehmen.

Natürlich kann manchmal auch etwas schiefgehen, wenn man sich selbst mehr vertraut. Richtig schief geht und bleibt es allerdings, wenn man sich selbst zu wenig vertraut.

Der Weg dorthin

Niemand ist vollkommen. Und das muss man auch gar nicht sein, um sich zu entspannen, zu sagen, was man wirklich fühlt, und das Leben bei den Hörnern zu packen. Es ist das Gesamtbild, auf das es ankommt, die lange Sicht. Eine strenge Kontrolle von oben nach unten und eine nach außen hin gut modellierte Persönlichkeit haben sicherlich ihre kurzfristigen Vorteile. Langfristig aber überwiegen die Kosten, wie Stress, verdrängte Wahrheiten und innere Entfremdung.

Werfen Sie einen Blick auf sich selbst, voller Sanftheit und Selbstmitgefühl. Zweifeln Sie an sich selbst und halten Sie sich zurück, aus Angst davor, schlecht dazustehen oder zu versagen – auch in Schlüsselbeziehungen? Schwingt bei der Vorstellung, Sie selbst zu sein, ganz und gar, laut und deutlich, die Erwartung mit, zurückgewiesen, missverstanden oder bloßgestellt zu werden?
Vielleicht haben Sie die Kritik anderer verinnerlicht und sich auf das konzentriert, was falsch an Ihnen sein soll.
Und dabei das übersehen, was schon so richtig an Ihnen ist.
Wenn Sie sich entspannen und einfach Sie selbst sind, wie fühlt sich das an? Wie reagiert Ihre Umgebung darauf? Wenn Sie sich selbst vertrauen, was können Sie dann alles erreichen, zu Hause oder bei der Arbeit?
Natürlich sollten Sie der Welt nicht blindes Vertrauen entgegenbringen, sondern stattdessen erkennen, wann es klug ist, sich zu zeigen, Risiken einzugehen, den Mund aufzumachen, und wann nicht. Und hüten Sie auch Ihre innere Welt, wie eine liebevolle Mutter oder ein liebevoller Vater, die oder der weiß, dass nicht jeder Gedanke, jedes Gefühl, jeder Wunsch geäußert oder umgesetzt werden sollte.
Wenn Sie jedoch wie ich und jeder einzelne Mensch sind, den ich kenne und der beschlossen hat, dem eigenen wahrsten Selbst zu vertrauen, dann werden Sie in Ihrem Inneren so viel finden, das »richtig« ist: so viel Wissen, was wahr und wichtig ist, so viel Leben und Herz, so viel, was nur darauf wartet, gegeben zu werden, so viele Stärken. Denken Sie an eine bedeutsame, vielleicht schwierige Beziehung und überlegen Sie, wie diese sich verbessern könnte, wenn Sie sich selbst mehr vertrauten.
Seien Sie ganz Sie selbst – diesem Selbst können Sie vertrauen. An diesem Tag, in dieser Woche, in diesem Leben – was könnte nicht alles geschehen, wenn Sie auf sich selbst setzten, sich selbst unterstützten. Was könnte nicht alles geschehen, wenn Sie die Augen schlössen und sich nach hinten in Ihre eigenen Arme fallen ließen – wenn Sie darauf vertrauten, dass Sie sich selbst auffangen werden.

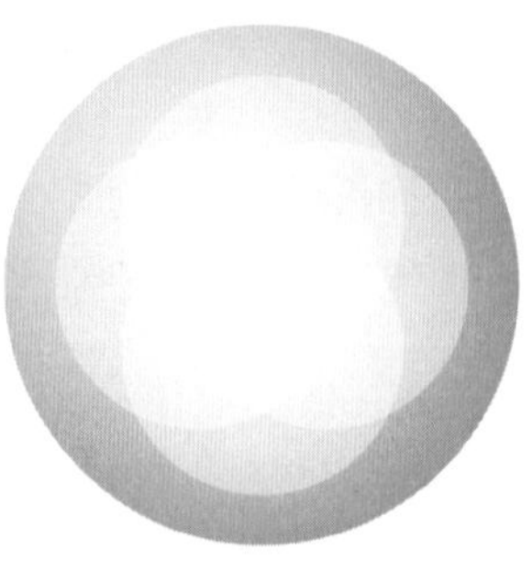

10

Sich selbst beschenken

Können Sie sich noch an eine Gelegenheit erinnern, als Sie jemandem ein Geschenk überreicht haben? Vielleicht zu einem Feiertag oder für ein Kind oder einen Freund, dem Sie eine Freude machen wollten. Wie hat sich das angefühlt? Wissenschaftlerinnen und Wissenschaftler haben herausgefunden, dass Schenken einige derselben neuronalen Netzwerke stimuliert, die aktiv sind, wenn wir körperliches Vergnügen empfinden.

Und man kann natürlich Geschenke auch *bekommen*. Können Sie sich an eine Gelegenheit erinnern, als Sie von jemandem beschenkt wurden? Vielleicht mit etwas Greifbarem, etwas, das Sie in Händen halten konnten, vielleicht aber auch mit einem Augenblick der Herzlichkeit, mit einer Entschuldigung oder durch langes, aufmerksames Zuhören. Was auch immer Sie bekommen haben – wie hat es sich angefühlt? Wahrscheinlich ziemlich gut.

Wenn Sie nun einmal *sich selbst* beschenken, lohnt sich das gewissermaßen gleich doppelt. Hinzu kommt noch der automatische Vorteil, dass Sie aktiv werden, statt passiv zu bleiben. Das mildert jegliche »antrainierte Hilflosigkeit« ab – das Gefühl der

Nutzlosigkeit und Niederlage, das Gefühl, man könne wenig tun, um die Dinge besser zu machen. Letzteres, so zeigen Studien, ist eine Falle, in die wir nur allzu gern tappen und die bis zur Depression führen kann. Ein weiterer Vorteil besteht darin, dass Sie sich durch das Beschenken wie einen Menschen behandeln, der wichtig ist; das ist vor allem dann von Bedeutung, wenn Sie, vielleicht als Kind, öfter das Gefühl hatten, anderen nicht wichtig genug zu sein.

Außerdem haben Sie auch anderen mehr zu geben, wenn Sie sich selbst mehr geben, denn dann ist Ihr Füllhorn übervoll. Menschen, denen es selbst gut geht, neigen eher zu Freundlichkeit, Güte, Geduld und Kooperation.

Der Weg dorthin

Sie können sich selbst auf vielerlei Weise beschenken, insbesondere auch ideell und in kleinen Alltagsmomenten. Während ich diese Zeilen schreibe, beschenke ich mich beispielsweise damit, mich einen Augenblick von der Tastatur zurückzulehnen, tief ein- und auszuatmen, aus dem Fenster zu sehen und mich zu entspannen. Ein machbares Geschenk.

Ein schönes Geschenk an Sie selbst kann es aber auch sein, etwas *nicht* zu tun: das dritte Bier zu trinken, lang aufzubleiben und fernzusehen, sich in einen unnötigen Streit verwickeln zu lassen, hektisch Auto zu fahren …

Wie Sie sehen, gibt es tagtäglich zahlreiche Möglichkeiten, sich selbst ein schlichtes und doch wunderbares und wirkungsvolles Geschenk zu machen. Stellen Sie sich regelmäßig die folgenden Fragen: *Was könnte ich mir in diesem Augenblick schenken? Was wünsche ich mir, das ich mir selbst schenken könnte? Was ist das größte Geschenk in dieser Beziehung, das ich mir selbst machen könnte?* Und dann versuchen Sie, es auch umzusetzen.

In Bezug auf einen größeren Zeitrahmen könnten Sie sich auch fragen: *Wie kann ich mir in dieser Woche selbst eine Freude machen? In diesem Jahr?* Oder sogar: *In diesem Leben?* Versu-

chen Sie, stetig auf die Antworten zu lauschen, lassen Sie sie im weiten Raum des Bewusstseins beständig widerhallen.
Sie können sich auch ein ungeheuer fürsorgliches Wesen vorstellen, sich bewusst machen, was dieses Wesen Ihnen schenkt – und sich dann selbst auf diese Weise beschenken.
In dem Wissen, dass Sie andere mit offenem Herzen beschenken – können Sie sich selbst ebenso begegnen? Lassen Sie aus Güte und Weisheit, Wertschätzung und Unterstützung Ihre Gaben zu dem einen Wesen in dieser Welt fließen, über das Sie die größte Macht haben und dem gegenüber Sie deshalb am meisten zur Fürsorge verpflichtet sind – dem Wesen, das Ihren Namen trägt.

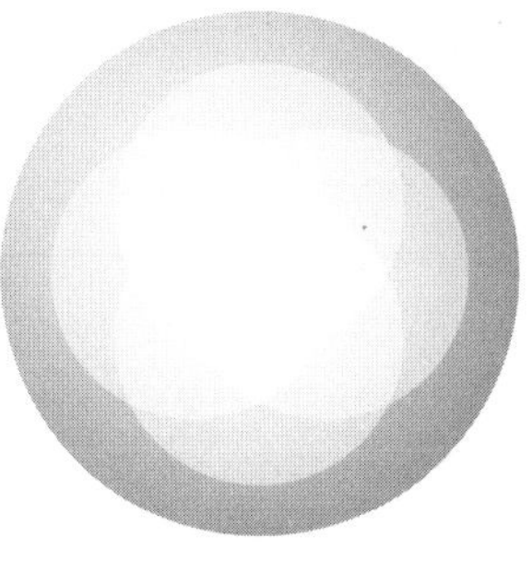

11

Sich selbst vergeben

Jeder macht mal etwas falsch, ich, Sie, die Nachbarn, Mutter Teresa, Mahatma Gandhi, einfach jeder.

Es ist wichtig, sich Fehler einzugestehen, angemessene Reue zu empfinden und aus den Fehlern zu lernen, damit sie uns nicht noch einmal unterlaufen. Die meisten Menschen aber kauen in einem Maß auf ihnen herum, das bei Weitem nicht mehr hilfreich ist.

In jedem Menschen stecken ein innerer Kritiker und ein innerer Beschützer. Ersterer jammert in einem fort und ist ständig auf der Suche nach etwas, irgendetwas, an dem er etwas aussetzen kann. Er macht aus Mücken Elefanten, bestraft uns für längst Vergangenes und rechnet uns unser Bemühen, Fehler wiedergutzumachen, nicht im Geringsten an.

Wenn es Ihnen wie mir und den meisten Menschen geht, die ich kenne, dann brauchen Sie Ihren inneren Beschützer dringend, um sich für Sie starkzumachen: um Ihre Schwächen und Missetaten zu relativieren, um Ihre vielen guten Eigenschaften neben Ihren gelegentlichen Fehlern herauszustellen, um sich wieder auf das Wesentliche zu konzentrieren, wenn Sie dabei sind, sich zu verfranzen, und um dem inneren Kritiker zu sagen, dass er – pardon – *verdammt noch mal die Klappe halten soll.*

Mithilfe Ihres inneren Beschützers können Sie Ihre Fehler klar sehen, ohne fürchten zu müssen, sich dabei schrecklich zu fühlen. Mit seiner Hilfe können Sie das Chaos, das Sie möglicherweise angerichtet haben, so gut es geht beseitigen und dann zur Tagesordnung übergehen. Der Zweck von Schuld, Scham und Reue ist zu *lernen,* nicht bestraft zu werden; es soll verhindern, dass wir den gleichen Fehler zweimal machen. Alles, was über das Lernen hinausgeht, ist nutzloses Leiden. Außerdem erschwert Ihnen die Selbstgeißelung, sich wieder als »gut« zu akzeptieren, da exzessive Schuldgefühle unsere Energie, unsere Stimmung und unser Selbstvertrauen untergraben.

Die eigenen Fehler klar erkennen, mit angemessener Reue Verantwortung für sie übernehmen, bestmögliche Wiedergutmachung leisten und dann seinen Frieden mit den gemachten Fehlern schließen – das meine ich mit sich selbst vergeben.

Der Weg dorthin

Suchen Sie sich eine relativ kleine Sache aus und probieren Sie es mit einer oder mehreren der unten aufgeführten Methoden. Ich habe sie sehr ausführlich beschrieben, im Kern nehmen sie jedoch nur wenige Minuten in Anspruch. Wenn Sie mit den Methoden vertraut sind, können Sie auch größere Probleme angehen.

- Verbinden Sie sich als Erstes mit dem Gefühl, dass einem anderen Menschen etwas an Ihnen liegt, dass er sich um Sie kümmert; das kann ein Freund oder der Partner sein, aber auch ein spirituelles Wesen, ein Haustier oder jemand aus Ihrer Vergangenheit. Öffnen Sie sich dem Gefühl, dass Aspekte dieses Wesens, darunter auch seine Zuneigung zu Ihnen, zu einem Teil Ihres Geistes, Ihres inneren Beschützers geworden sind.
- Bleiben Sie bei diesem Gefühl und zählen Sie nun einige Ihrer vielen guten Eigenschaften auf. Sie können auch Ihren inneren Be-

schützer fragen, was er über Sie weiß. Dabei handelt es sich um Fakten, nicht um Schmeicheleien, und Sie brauchen keinen Heiligenschein, um gute Eigenschaften wie Geduld, Entschlossenheit, Fairness oder Freundlichkeit zu besitzen.

- Wählen Sie nun eine Sache aus, deretwegen Sie sich schuldig fühlen. Gestehen Sie sich die Tatsachen ein: Was ist geschehen, was ist dabei in Ihnen vorgegangen, in welchem Zusammenhang ist es geschehen, was ist davor geschehen, welche Konsequenzen hatte es für Sie und andere? Nehmen Sie wahr, welche Tatsachen Sie sich nur schwer eingestehen können, etwa den Blick Ihrer Kinder, als Sie sie angeschrien haben. Öffnen Sie sich diesen Tatsachen dann ganz bewusst – sie sind diejenigen, die Sie festhalten. Es ist immer die Wahrheit, die uns befreit.
- Sortieren Sie, was geschehen ist, nach drei Kategorien: moralische Versäumnisse, Ungeschicktheit und Sonstiges. Moralische Versäumnisse verdienen eine *verhältnismäßige* Schuld, Reue oder Scham und sie bedürfen der Korrektur. Ungeschicktheit muss nur korrigiert werden – dieser Punkt ist sehr wichtig. Sie können auch andere nach ihrer Meinung zu Ihrer Einteilung in diese Kategorien befragen, auch diejenigen, denen Sie vielleicht Unrecht getan haben, doch Sie allein entscheiden, was in welche Schublade kommt. Ein Beispiel: Sie haben über jemanden gelästert und einen Fehler des Betreffenden in den schönsten Farben ausgemalt. Dann können Sie die Lüge in Ihrer Übertreibung entweder als moralisches Versäumnis ansehen, das Sie bereuen sollten, oder als harmlosen Klatsch und Tratsch, der in die Kategorie Ungeschicktheit gehört und einfach nur korrigiert werden sollte (etwa durch Nicht-Wiederholung).
- Übernehmen Sie aufrichtig Verantwortung für Ihre moralischen Versäumnisse und Ihre Ungeschicktheit. Denken oder sagen oder schreiben Sie: *Ich bin verantwortlich für* ___________, ___________ *und* ___________. *Fühlen* Sie es.
- Fügen Sie dann hinzu: *Ich bin aber NICHT verantwortlich für* ___________, ___________ *und* ___________. Sie sind beispielsweise nicht verantwortlich für die Fehlinterpretationen oder Überreaktionen anderer. Außerdem heißt die bloße Tatsache, dass sich jemand über Sie ärgert oder wütend auf Sie ist, noch nicht *auto-*

matisch, dass Sie etwas falsch gemacht haben. Nehmen Sie die Erleichterung darüber, dass Sie für bestimmte Dinge *nicht* verantwortlich sind, ganz in sich auf. Ihr Recht zu entscheiden, wofür und wofür Sie nicht verantwortlich sind, befähigt Sie dazu, Ersteres auch wirklich anzuerkennen.

- Machen Sie sich bewusst, was Sie bereits getan haben, um aus der Erfahrung zu lernen und Wiedergutmachung zu leisten. Nehmen Sie auch das ganz in sich auf und versuchen Sie, sich selbst dafür wertzuschätzen. Entscheiden Sie dann, ob noch etwas anderes getan werden muss und wenn ja, was – innerlich oder äußerlich. Tun Sie es. Nehmen Sie auch das bewusst wahr und bringen Sie sich selbst Wertschätzung dafür entgegen.
- Verbinden Sie sich nun mit Ihrem inneren Beschützer: Gibt es noch etwas, mit dem Sie sich auseinandersetzen oder das Sie tun sollten? Lauschen Sie der leisen, ruhigen Stimme Ihres Gewissens, die sich so sehr von der polternden Geringschätzung Ihres inneren Kritikers unterscheidet. Wenn Sie sich ganz sicher sind, dass tatsächlich noch etwas getan werden sollte, dann kümmern Sie sich darum. Seien Sie sich ansonsten im Herzen gewiss, dass das, was gelernt werden musste, gelernt wurde und dass das, was getan werden musste, getan wurde.
- Vergeben Sie sich nun aktiv selbst. Denken, sagen (vielleicht auch zu anderen) oder schreiben Sie: *Ich vergebe mir selbst für* ________, ________ *und* ________. *Ich habe die Verantwortung dafür übernommen und getan, was ich konnte, um die Dinge besser zu machen.* Sie können auch Ihren inneren Beschützer darum bitten, Ihnen zu vergeben, oder andere Menschen, vielleicht auch die Person, der Sie Unrecht getan haben. Lassen Sie sich für diesen Schritt etwas Zeit.
- Um sich wirklich selbst zu vergeben, müssen Sie vielleicht einen oder mehrere der aufgeführten Schritte wiederholen. Das ist völlig in Ordnung. Nehmen Sie das Gefühl, dass Ihnen vergeben wurde, tief in sich auf. Öffnen Sie sich ihm und denken Sie darüber nach, wie es anderen hilft, wenn Sie sich selbst vergeben.

Mögen Sie Frieden mit sich selbst schließen.

TEIL 2

Herzenswärme gegenüber anderen

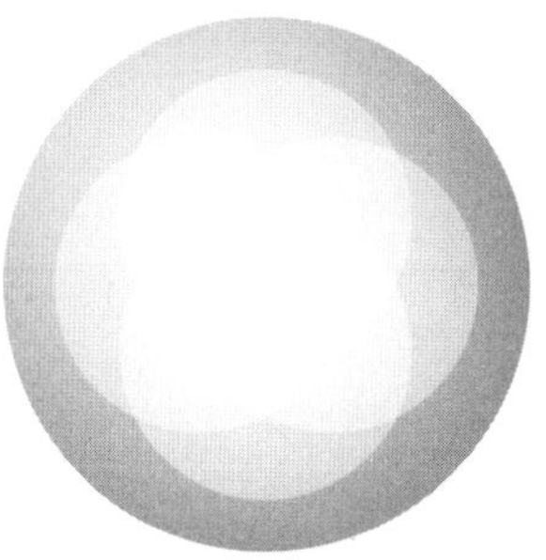

12

Den Wolf der Liebe füttern

Erinnern Sie sich noch an die kleine, lehrreiche Geschichte in der Einführung zu diesem Buch, in der es darum ging, dass alles davon abhängt, was wir in uns täglich nähren? Die Geschichte von den beiden Wölfen jagt mir immer einen Schauer über den Rücken, wenn ich an sie denke. Wer von uns trägt nicht sowohl einen Wolf der Liebe als auch einen Wolf des Hasses in seinem Herzen?

Ich jedenfalls tue das. Der Wolf des Hasses zeigt sich, wenn ich wütend, verächtlich oder herrisch werde. Selbst wenn ich das nur im Geist werde – aber manchmal sickert es auch definitiv nach außen!

Wir tragen diese beiden Wölfe in unserem Herzen, weil wir sie im Laufe der Evolution *entwickelt* haben. Beide wurden gebraucht, um unsere Vorfahren in ihren überschaubaren Jäger-und-Sammler-Gemeinschaften am Leben zu erhalten, als sie mit anderen Gemeinschaften auf das Heftigste um die knappen Ressourcen konkurrierten. Folglich wurden die Gene weitergegeben, die die Kooperation *innerhalb* einer Gruppe und die Aggression *zwi-*

schen den Gruppen förderten. So hat sich sowohl der Wolf der Liebe als auch der Wolf des Hasses in die menschliche DNA eingeprägt.

Sobald wir andere als »nicht von meinem Stamm« ansehen, sei es nun zu Hause, bei der Arbeit oder in den Abendnachrichten, hebt der Wolf des Hasses den Kopf und hält nach Gefahr Ausschau. Fühlen wir uns dann irgendwie bedroht, schlecht behandelt oder verzweifelt, springt der Wolf des Hasses auf und sucht nach jemandem, den er anheulen kann.

Während der Wolf des Hasses in der Steinzeit durchaus seine Funktion hatte, bringt er heute nur noch Misstrauen und Wut, Magengeschwüre und Herzinfarkte sowie Konflikte mit anderen hervor, zu Hause ebenso wie bei der Arbeit. Und so schnappt er in unserer zunehmend vernetzten Welt normalerweise nach »uns«, wenn wir »sie«, die anderen, ablehnen, fürchten oder attackieren.

Der Weg dorthin

Dem Wolf des Hasses Hass entgegenzubringen macht ihn nur noch stärker. Stattdessen sollten wir ihn kontrollieren und seine Energie in gesunde Formen des Schutzes und der Selbstbehauptung umwandeln. Und wir sollten es vermeiden, ihn mit Angst und Wut zu füttern.

Der Wolf der Liebe hingegen sollte auf jeden Fall gefüttert werden. Entwickeln wir größeres Mitgefühl und mehr soziale Kompetenzen, werden wir ganz von selbst widerstandsfähiger, geduldiger und weniger verärgert oder gereizt. Das hilft uns dabei, zwecklose Konflikte zu vermeiden, unsere Mitmenschen besser zu behandeln und weniger eine Bedrohung für andere darzustellen – was es wiederum wahrscheinlicher macht, von anderen besser behandelt zu werden.

Der Wolf der Liebe tut uns und anderen gut. Sie können ihn füttern, indem Sie freundlich zu sich selbst sind, wie wir das in den vorhergehenden Kapiteln besprochen haben. Machen Sie es sich beispielsweise bewusst, wann immer Sie im Alltag gesehen, wertgeschätzt, gemocht und geliebt werden. Üben Sie sich in Selbstmitgefühl. Seien Sie sich Ihrer eigenen Anständigkeit und Güte gewahr; ruhen Sie in dem Wissen, dass Sie ein grundsätzlich guter Mensch sind.

Darüber hinaus können Sie ihn füttern, indem Sie sich um andere kümmern, so, wie wir es im Rest des Buches noch erkunden werden. Sie können beispielsweise das Leid Ihrer Mitmenschen wahrnehmen und ihnen nur das Beste wünschen. Sie können das Gute in ihnen sehen. Sie können die grundlegende Haltung der Gewaltlosigkeit allen Lebewesen gegenüber einnehmen. Sie können sich diesen Erfahrungen öffnen und so Platz in Ihrem Herzen für den Wolf der Liebe schaffen.

Sie können das Gute in der Welt und das Gute in der Zukunft sehen, die wir *gemeinsam* erschaffen können. Zwar mag der Wolf des Hasses die Schlagzeilen beherrschen, doch ist es tatsächlich der Wolf der Liebe, der allgegenwärtig und viel mächtiger ist. Für den Großteil der Menschheitsgeschichte gründete das tägliche Zusammenleben mit den Gruppenmitgliedern auf Mitgefühl und Kooperation – auf dem, was Professor Paul Gilbert so treffend *caring and sharing* genannt hat. Das ist unser Geburtsrecht und unsere Chance.

Mit anderen Worten: Wir füttern den Wolf der Liebe mit Herz und Hoffnung. Wir füttern ihn, indem wir unseren Sinn dafür schärfen, was gut in anderen ist, was gut in uns selbst ist, was bereits gut in der Welt ist und was noch besser sein könnte in einer Welt, die wir mit vereinten Kräften erbauen.

Um das zu tun, müssen wir stark bleiben und an dem festhalten, von dem wir wissen, dass es wahr ist, trotz der Neigung unseres Gehirns, sich auf Bedrohungen und Verluste zu konzentrieren, und trotz der uralten Manipulationen verschiedener Gruppen, die mit Angst und Wut operieren – *die den Wolf des Hasses füttern* –, um nur immer noch reicher und mächtiger zu werden. Lassen Sie uns also stark bleiben und an dem Guten festhalten, das überall um uns herum und in uns existiert. Lassen Sie uns stark bleiben und aneinander festhalten.

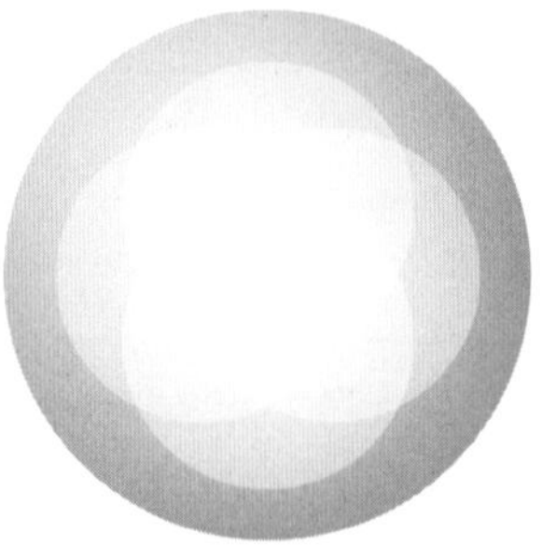

13

Den Menschen als Menschen sehen

Stellen Sie sich eine Welt vor, in der die Menschen wie Ameisen oder Fische interagierten. In der Sie nichts vom Innenleben der anderen ahnten, und diese nichts von Ihrem.
Eine Welt ohne Empathie.
Ihre Empathie gewährt Ihnen Einblick in die Gefühle, Gedanken und Absichten anderer Menschen, während die Empathie der anderen dafür sorgt, dass Sie sich »gefühlt fühlen«, wie Professor Dan Siegel es so wunderbar ausgedrückt hat. Ein Zusammenbruch der Empathie erschüttert die Fundamente einer jeden Beziehung. Erinnern Sie sich nur einmal an einen Augenblick, in dem Sie sich missverstanden gefühlt haben oder – schlimmer noch – in dem Ihrem Gegenüber nicht das Geringste daran lag, Sie zu verstehen. Alle, die verletzlich sind, beispielsweise Kinder, brauchen Empathie ganz besonders, bei ihnen wirkt sich ein Mangel an Empathie geradezu verheerend aus.
Empathie ist tröstlich, beruhigend und verbindend. Ist sie vorhanden, ist es viel leichter, Dinge gemeinsam aufzuarbeiten. Die Empathie vermittelt uns eine Unmenge nützlicher Informatio-

nen, etwa was dem anderen am wichtigsten ist oder was ihn wirklich ärgert. Meiner Erfahrung als Therapeut nach ist mangelnde Empathie das Kernproblem der meisten getrübten Beziehungen. Ohne Empathie geschieht in der Regel kaum etwas Gutes. Wenn aber auf beiden Seiten Empathie herrscht, lassen sich sogar die schwierigsten Probleme besser lösen.

Dazu wieder ein Beispiel aus meinem Leben. In meiner Verwandtschaft gibt es eine Frau mit einem großen Herzen, aber einer etwas aufdringlichen Art, die mich fast wahnsinnig gemacht hat. Schließlich stellte ich mir folgendes Bild zu unserer Situation vor: Mit ihr zusammen zu sein war wie durch ein mit dornigen Ranken besetztes Gitter auf ein Lagerfeuer zu blicken. Ich konzentrierte mich voller Empathie auf ihre aufrichtige Liebe für mich, die durch das Gitter aufleuchtete, ohne mich dabei in den dornigen Ranken zu verfangen. Das half uns beiden sehr.

Wer anderen Empathie entgegenbringt, zeigt ihnen damit, dass sie für ihn als Lebewesen existieren: nicht als Es – um Martin Bubers Beziehungsmodell aufzugreifen –, sondern als Du zum Ich. Sie erkennen den Menschen als Menschen an, als jemanden, der Schmerz und Freude empfindet, der kämpft, sich Mühe gibt und sich wünscht, das Leben wäre einfacher. Dieses Gefühl, anerkannt zu werden, ist es, was die Menschen für gewöhnlich am meisten brauchen – es ist wichtiger als jegliches Problem, das auf dem Tisch liegen mag.

Der Weg dorthin

Empathie ist etwas ganz Natürliches. Die Evolution hat unser Gehirn mit drei verschiedenen Regionen ausgestattet, die uns ein Gefühl für das Innenleben anderer vermitteln:

- **Empathie für Handlungen –** Sogenannte *Spiegelneuronen,* beispielsweise an der Kreuzung zwischen *Temporal-* und *Parietallappen* an den Hirnflanken, werden sowohl dann aktiv, wenn wir eine absichtliche Handlung ausführen – etwa nach einer Tasse greifen –, als auch dann, wenn wir sehen oder uns auch nur vorstellen, dass ein anderer diese Handlung ausführt.

- **Empathie für Emotionen –** Ein Teil des Gehirns, die sogenannte *Insula* an der Innenseite der Temporallappen, ist an der Selbstwahrnehmung beteiligt, auch an den Empfindungen im Körper und dem Bauchgefühl. Wenn wir beispielsweise traurig sind, wird die Insula aktiver; sie kann aber auch aktiv werden, wenn wir die Traurigkeit eines anderen Menschen spüren – sie vermittelt uns dann das Gefühl, die Traurigkeit gewissermaßen am eigenen Leib zu erfahren.
- **Empathie für Gedanken –** Ab einem Alter von drei oder vier Jahren ist unser *präfrontaler Cortex,* der hinter der Stirn liegt, dazu in der Lage, Rückschlüsse darauf zu ziehen, was andere denken und vorhaben. Wir nutzen diese Fähigkeit, um eine sogenannte *Theory of Mind,* eine »Theorie des Mentalen«, über das Innenleben unserer Mitmenschen aufzustellen.

Wir können diese uns angeborenen Fähigkeiten auf ganz einfache, praktische Weise im Alltag üben und sie durch positive Neuroplastizität, durch den Einsatz des zugrunde liegenden neuronalen Schaltkreises der Empathie, stärken.

Die Grundlagen der Empathie

Denken Sie immer daran, dass Empathie nicht dasselbe ist wie Einigung oder Zustimmung. Sie können beispielsweise auch Empathie für jemanden empfinden, der Sie verletzt hat oder ärgert – Sie verzichten damit nicht auf Ihre Rechte. Ebenso wenig müssen Sie die Probleme eines anderen Menschen lösen, auch wenn Sie sie verstehen können. Darüber hinaus können wir auch Empathie für die *positiven* Gemütsverfassungen anderer empfinden, uns etwa über Arbeitserfolge unserer Kolleginnen und Kollegen oder die Geburt eines Enkelkinds freuen.

Beginnen Sie mit einigen tiefen Atemzügen, die Sie ruhiger und stärker werden lassen. Studien zufolge kann uns paradoxerweise das Gefühl der leichten Distanz dabei helfen, anderen gegenüber offener und empfänglicher zu sein, insbesondere dann, wenn es einmal heftiger zur Sache geht. Denn wie heißt es so schön in Robert Frosts Gedicht »Mending Wall«? Gute Zäune machen gute Nachbarn.

Stecken Sie mitten in einem Konflikt, können Sie empathischer sein, wenn Sie wütende Urteile über den anderen außen vor lassen, zumindest für den Augenblick. Versuchen Sie, ein Gefühl für das Innenleben des anderen zu bekommen: Er mag sich verunsichert, defensiv und problematisch verhalten, sehnt sich im Grunde seines Herzens aber auch nur nach Glück sowie danach, im Leben vorwärts zu kommen.

Empathie stärken

Begegnen Sie anderen mit Neugier, besonders Menschen, die Sie gut kennen. Was geschieht, wenn Sie sich auf deren Atmung, Haltung, Gestik und Handlungen konzentrieren? Stellen Sie sich vor, wie es sich anfühlen würde, wenn Sie Ihren eigenen Körper auf ähnliche Weise bewegten.

Stimmen Sie sich auf ihre Emotionen ein, auch auf die leiseren hinter den laut geäußerten Standpunkten und der Wut. Öffnen Sie sich Ihrem eigenen Bauchgefühl, das sich möglicherweise im Einklang mit dem anderer befindet. Fragen Sie sich, was Sie an ihrer Stelle fühlen würden.

Seien Sie neugierig auf die Gedanken, Erinnerungen, Erwartungen, Bedürfnisse und Absichten Ihres Gegenübers. Stellen Sie im Geist kleine Hypothesen darüber auf, was im anderen vorgehen könnte. Berücksichtigen Sie dabei, was Sie von der persönlichen Geschichte des anderen wissen – auch von Ihrer gemeinsamen Geschichte –, sowie vom Temperament, den Prioritäten und den neuralgischen Punkten dieser Person. Verbinden Sie sich mit Ihrem eigenen innersten Wesen und stellen Sie sich diesen Wesenskern dann im Inneren des anderen vor: das strömende Bewusstsein, das Gefühl, lebendig zu sein, die Stolpersteine im Leben.

Gesichter wahrnehmen

Normalerweise sehen wir uns die Gesichter unserer Mitmenschen nicht so genau an, und wenn wir hinschauen, dann nur kurz. Zu Hause sind wir an vertraute Gesichter gewöhnt und sehen manchmal weg, weil uns vielleicht nicht gefallen könnte, was wir in ihnen entdecken: Wut, Traurigkeit oder schlicht das Gelangweiltsein von dem, was wir sagen. Das Fernsehen und andere Medien bombardieren uns regelrecht mit Gesichtern, wir fühlen uns überflutet, werden unaufmerksam und nehmen schließlich keinen Anteil mehr.

Das ist verständlich – hat aber seinen Preis. Auf diese Weise entgehen uns wichtige Informationen über den anderen; wir haben immer weniger Gelegenheiten, Nähe und Kooperation zu schaffen, und erfahren zu spät von potenziellen Problemen.

Deshalb ist es wichtig, dem Gesichtsausdruck unserer Mitmenschen Aufmerksamkeit zu schenken, ohne sie dabei anzustarren oder übergriffig zu sein. Unter anderem verrät er uns die scheinbar universellen Anzeichen von sechs grundlegenden Emotionen: Freude, Überraschung, Angst, Traurigkeit, Wut und Ekel. Darüber hinaus gibt es noch spezifischere Gesichtsausdrücke, die von der Kultur und der Person abhängen. (Ich z.B. kenne diesen ganz bestimmten Ausdruck im Gesicht meiner Frau, wenn sie denkt, ich nähme mich zu wichtig!) Achten Sie vor allem auf rasche, subtile Kleinstbewegungen um die Augen herum: Unsere Augen können mehr zum Ausdruck bringen als die jeder anderen Spezies.

Spüren Sie, dass Sie Ihr Gegenüber auf intensivere Weise als gewöhnlich wahrnehmen, aufnehmen, *registrieren.* Achten Sie darauf, ob Ihnen das unangenehm ist. Das Gefühl der Verbundenheit, das durch Empathie entsteht, kann so stark sein, dass es uns regelrecht aus der Fassung bringt. Es kann auch das schmerzhafte Sehnen nach noch mehr Verbundenheit wecken und die verständliche Angst vor Enttäuschung heraufbeschwören, insbesondere dann, wenn Sie früher schon einmal enttäuscht wurden. Denken Sie stets daran, dass Sie den anderen intensiv wahrnehmen und dennoch in sich selbst verwurzelt bleiben können. Ihre Empathie ist das eine; welche Schritte Sie in der betreffenden Beziehung vielleicht unternehmen sollten – beispielsweise klare Grenzen setzen – ist das andere.

Empathie aussprechen

Ebenso wie Sie es normalerweise spüren, wenn Ihnen ein anderer Mensch wahre Empathie entgegenbringt, auch wenn er kein Wort sagt, so müssen Sie auch Ihrer eigenen Empathie nicht immer Ausdruck verleihen, um etwas zu bewirken. Manchmal jedoch ist es durchaus angemessen, sie dem anderen mitzuteilen, möglichst ganz natürlich, etwa durch ein paar leise Worte der Anteilnahme oder durch die schlichte Wiederholung des Gesagten *(Oh je, das ist wirklich eine schwierige Situation und muss sehr belastend für dich sein).* Sie können sich vielleicht noch mehr in die Person hineinversetzen, wenn Sie ihr Fragen stellen wie: *Was denkst du? Hast du dich _________ gefühlt? Wolltest du _________? Fühltest du dich zwischen _________ und _________ hin und her gerissen?*

Gehen Sie dabei respektvoll vor, versuchen Sie nicht, den anderen von etwas zu überzeugen, lassen Sie es nicht wie ein Verhör klingen. Vermischen Sie das Ausdrücken Ihrer Empathie nicht mit dem Äußern Ihrer eigenen Meinung oder Ihrer Bedürfnisse; das können Sie später immer noch tun, wenn es Ihnen nötig erscheint (wie, erfahren Sie in den Teilen 4 und 5).

Nehmen Sie wahr, wie Empathie den Verlauf einer Interaktion verändern kann. Vielleicht macht sie sie weicher oder authentischer, vielleicht führt sie sanfter und schneller zu einer guten Lösung.

Wenn es passt, können Sie auch darüber sprechen, in welchem Maß sie sich gegenseitig gesehen und verstanden fühlen – oder auch nicht. Wenn Sie empathisch sind, wissen Sie besser, was Sie dem anderen gerade abverlangen.

Ganz grundsätzlich sollten wir Empathie wertschätzen und uns für sie einsetzen. Für den Wert eintreten, das Innenleben des Gegenübers wirklich zu sehen und anzuerkennen, egal ob dieses Gegenüber am selben Tisch sitzt oder am anderen Ende der Welt. Je mehr das Gegenüber anders zu sein scheint als Sie selbst – weil es eine andere Nationalität oder Religion hat oder einen anderen Lebensstil pflegt –, desto wichtiger ist es, Empathie für dieses Gegenüber zu empfinden. In der Welt als ganze kann Empathie dazu beitragen, die Menschen enger miteinander zu verknüpfen – mithilfe der uralten Fäden, die uns vor langer Zeit in den Savannen der Serengeti an Freunde und Familie banden.

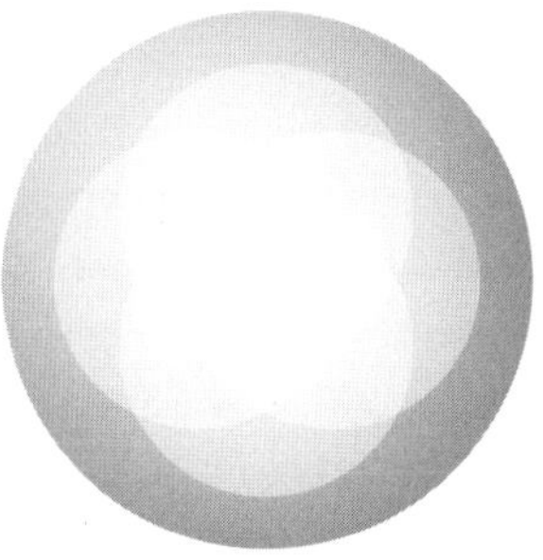

14

Mitgefühl für andere

Meist sind wir uns unseres eigenen Leidens bewusst, von leichter Frustration oder Besorgnis bis zur Agonie einer Knochenkrebsdiagnose oder des Verlusts eines Kindes.

Dieses Leiden jedoch auch in anderen zu erkennen – darin sind wir weniger gut. Die tagtäglichen Nachrichten von Katastrophen, Mord und Schmerz stumpfen uns dem Leiden im eigenen Land und auf der ganzen Welt gegenüber ab. In der näheren Umgebung können wir leicht abschalten und so den Stress und die Anspannung, das Unbehagen und die Wut in den Menschen, mit denen wir arbeiten oder zusammenleben, übersehen.

Was jedoch anderen häufig am wichtigsten ist, ist, dass jemand erkennt, wirklich *versteht,* wie sie leiden. Geschieht das nicht, entstehen Wunden und Schmerz. Und auf einer ganz praktischen Ebene kann den Betreffenden in der Regel dann auch nicht geholfen werden.

Erkennen wir das Leiden anderer nicht, schadet uns das auch selbst. Wir verpassen Gelegenheiten, unser Herz zu öffnen und zu erfahren, wie wir uns auf andere auswirken. Erkennen wir die Verletzungen, die Verbitterung und die Sorgen der anderen nicht, kann dies dazu führen, dass sich Schwierigkeiten zu Problemen auswachsen, die man in einem früheren Stadium leicht hätte lösen können. Das Leiden von Menschen in zigtausend Kilometer Entfernung kann uns Wichtiges über die Sorgen sagen, die vielleicht bald schon über unsere Grenzen schwappen.

Mitgefühl ist im Grunde nichts anderes als der von Herzen kommende Wunsch, der andere möge nicht leiden. Mitgefühl bedeutet nicht, immer einer Meinung zu sein, immer allem zuzustimmen oder die eigenen Bedürfnisse und Rechte aufzugeben. Sie können Mitgefühl für Menschen empfinden, die Ihnen Unrecht getan haben, und trotzdem darauf bestehen, in Zukunft besser behandelt zu werden.

Mitgefühl öffnet uns das Herz und nährt andere. Diejenigen, denen es zuteilwird, sind in der Regel geduldiger, nachsichtiger und mitfühlender mit uns. Im Mitgefühl spiegelt sich die Weisheit, dass alles mit allem verbunden ist; empfinden wir es, fühlen wir uns automatisch mehr verbunden.

Der Weg dorthin

Einmal fragte ich den buddhistischen Lehrer und Gelehrten Gil Fronsdal, worauf er sich bei den eigenen Übungen konzentriere. Er schwieg einen Augenblick und antwortete mir dann strahlend: »Auf das Leiden.«

Offen für das Leiden

Sehen Sie sich die Gesichter der Menschen bei der Arbeit, in einem Laden oder Ihnen gegenüber am Esstisch an. Nehmen Sie die Müdigkeit, die Abschottung gegenüber dem Leben, die Skepsis, die Reizbarkeit und die Anspannung wahr. Spüren Sie das Leiden hinter den Worten. Fühlen Sie in Ihrem Körper, wie es wäre, das Leben des Gegenübers zu leben.

Achten Sie darauf, sich davon nicht überwältigen zu lassen. Nehmen Sie es in kleinen Dosen zu sich, vielleicht immer nur einige

Sekunden auf einmal. Wenn es Ihnen hilft, vergegenwärtigen Sie sich das Gefühl, mit Menschen zusammen zu sein, denen Sie am Herzen liegen.

Öffnen Sie sich dann erneut dem Leiden der anderen. Einem Kind, das sich wie ein Anhängsel fühlt, einem zerstrittenen Paar, einem Kollegen, den man bei der Beförderung schon wieder übergangen hat. Lassen Sie Ihren Blick nicht nur über die Gesichter in den Abendnachrichten gleiten – sehen Sie das Leiden in den Augen, die zu Ihnen zurückblicken.

Beobachten Sie die Menschen, die Ihnen am nächsten stehen, hören Sie ihnen zu. Was tut ihnen weh? Versuchen Sie, sich auf ihr Leiden zu konzentrieren, selbst wenn Sie sich eingestehen müssen, eine der Ursachen dafür zu sein. Wenn es angemessen ist, stellen Sie Fragen und sprechen Sie über die Antworten.

Wie fühlt es sich an, sich dem Leiden zu öffnen? Vielleicht bringt es Sie anderen näher, vielleicht begegnet man Ihnen dann freundlicher. Vielleicht fühlen Sie sich mehr in der Wahrheit der Dinge verwurzelt, vor allem darin, wie sie für andere ist.

Mitgefühl finden

Mitgefühl ist ganz natürlich. Sie müssen es nicht erzwingen. Öffnen Sie sich nur den Schwierigkeiten, dem Kampf, dem Stress, den Auswirkungen von Ereignissen, dem Kummer und der Anspannung des anderen. Öffnen Sie Ihr Herz, lassen Sie es zu, berührt zu sein, und lassen Sie das Mitgefühl durch Sie strömen.

Nehmen Sie wahr, wie sich Mitgefühl in Ihrer Brust, Ihrer Kehle, Ihrem Gesicht anfühlt. Seien Sie gewahr, wie es Ihre Gedanken weicher macht und Ihre Reaktionen mildert. Lernen Sie es genau kennen, damit Sie Ihren Weg zu ihm zurückfinden.

Im Fluss des Lebens begegnen uns immer wieder Augenblicke des Mitgefühls. Vielleicht erzählt ein Freund Ihnen von einem Verlust, Sie sehen die Verletzung hinter einem wütenden Gesicht, oder ein hungriges Kind blickt Ihnen beim Zeitunglesen entgegen. Versuchen Sie, Mitgefühl für Menschen, die Sie nicht kennen, zu empfinden: für jemanden im Supermarkt, einen Frem-

den im Bus, die Menschenmenge, die sich die Straße hinunterbewegt.
Sie können Mitgefühl auch zum Gegenstand einer meditativen Übung machen, etwa der folgenden.

> Entspannen Sie sich und seien Sie sich Ihres Körpers gewahr. Erinnern Sie sich daran, wie es sich anfühlt, mit jemandem zusammen zu sein, dem Sie am Herzen liegen.
> Vergegenwärtigen Sie sich jemanden, für den man leicht Mitgefühl empfinden kann. Gelangen Sie zu dem aufrichtigen Wunsch, derjenige möge nicht leiden, vielleicht begleitet von Gefühlen der Anteilnahme und der liebevollen Zuwendung. Wenn Sie möchten, können Sie Ihr Mitgefühl auch in sanfte Gedanken kleiden, etwa in: *Mögest du nicht mehr leiden … Möge diese schwere Zeit vorübergehen … Möge dein Kummer gelindert werden … Mögest du mit diesem Schmerz deinen Frieden machen.*
> Dehnen Sie dann Ihr Mitgefühl auch auf andere aus. Stellen Sie sich nacheinander einen Wohltäter (jemanden, der gut zu Ihnen war) vor, einen Freund, eine neutrale Person und einen Menschen, mit dem Sie Schwierigkeiten haben. Versuchen Sie, Mitgefühl für jeden Einzelnen von ihnen zu empfinden. Geben Sie es von Herzen, erzwingen Sie nichts, das sich falsch oder außerhalb Ihrer Reichweite anfühlt. Wenn Sie einem bestimmten Menschen kein aufrichtiges Mitgefühl entgegenbringen können, ist das in Ordnung. Gehen Sie dann einfach zu jemandem über, bei dem es Ihnen leichter fällt.

Können Sie Ihr Mitgefühl auf alle Mitglieder Ihrer Familie ausdehnen? Auf die ganze Nachbarschaft … die ganze Stadt … das ganze Bundesland … das ganze Land … die ganze Welt? Auf alle Menschen, hätten sie nun recht oder unrecht, auf die, die Sie mögen, ebenso wie auf die, die Sie nicht mögen, auf die, die Sie kennen, ebenso wie auf die, die Sie nicht kennen, ohne jemanden auszulassen.

Können Sie in einem nächsten Schritt alles Leben in Ihr Mitgefühl einschließen? Alle Tiere, alle Pflanzen, auch die Mikroben? Eine riesige Anzahl von Wesen … groß oder klein, sichtbar oder unsichtbar …

Lassen Sie das Mitgefühl sich im Hintergrund Ihres Geistes und Körpers niederlassen, lassen Sie es präsent sein in Ihrem Blick, Ihren Worten, Ihren Taten. Ohne irgendetwas auszulassen.

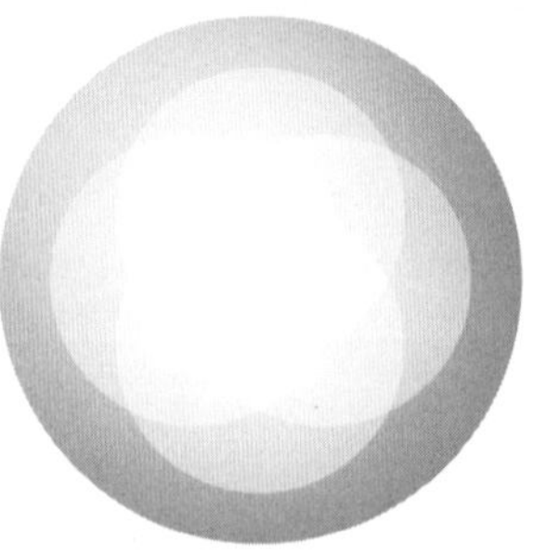

15

Das Gute in anderen sehen

Viele zwischenmenschliche Interaktionen heute kommen mir immer wie eine Fahrt mit dem Autoscooter vor: Es gibt einen kleinen Zusammenstoß zum Informationsaustausch, bei dem wir lächeln oder die Stirn runzeln, dann geht jeder wieder seiner Wege. Wie oft nehmen wir uns die paar Sekunden Zeit, um herauszufinden, was im anderen vorgeht, um uns insbesondere die guten Eigenschaften unseres Gegenübers bewusst zu machen?
Aufgrund des Negativitätsbias des Gehirns nehmen wir tatsächlich eher die *schlechten* Eigenschaften unserer Mitmenschen wahr: die Dinge, die uns Sorgen bereiten, ärgern oder unsere Kritik hervorrufen.
Leider hat das Folgen: Denken wir, wir seien von vielen schlechten oder bestenfalls neutralen Eigenschaften anderer umgeben und nur einer Handvoll unscharf wahrgenommener guter, fühlen wir uns automatisch weniger optimistisch und unterstützt. Daraus kann sich ein Teufelskreis entwickeln, denn haben umgekehrt unsere Mitmenschen das Gefühl, dass wir das Gute in ihnen nicht wirklich sehen, nehmen diese sich wiederum auch nicht die Zeit, das Gute in uns zu sehen.

Deshalb ist das Gute in anderen zu sehen ein einfacher und effektiver Weg zu mehr Zufriedenheit, Zuversicht und Leichtigkeit im Umgang miteinander.

Der Weg dorthin

Einen Gang runterschalten

Steigen Sie aus dem Autoscooter aus und nehmen Sie sich einen Augenblick Zeit, neugierig auf die guten Eigenschaften der Menschen in Ihrem Leben zu blicken. Was *nicht* heißt, die Welt nur noch durch die rosarote Brille zu sehen. Sie setzen bloß Ihre verschmutzte Brille des Negativitätsbias ab und sehen die Dinge so, wie sie sind.

Fähigkeiten wahrnehmen

Ich war in der Schule relativ klein für mein Alter und deshalb immer der Letzte, der beim Sport in ein Team gewählt wurde, was nicht gerade gut für mein Selbstwertgefühl war. Dann, in meinem ersten Jahr an der UCLA, versuchte ich es mit Touch Football, einer Mannschaftssportart ohne harten Körperkontakt. Wir hatten einen tollen Quarterback, der nur ein paar Zentimeter zu klein für die höchste Spielklasse des College-Football war. Nach einem Training sagte er im Vorbeigehen zu mir: »Du bist gut, in Zukunft werfe ich dir mehr Bälle zu.« Ich war total sprachlos, doch von da an begriff ich, dass ich eigentlich ein ganz passabler Sportler war. Durch seine Anerkennung spielte ich besser, was auch unserer Mannschaft half. Heute, 50 Jahre später, kann ich mich noch immer an seine Bemerkung erinnern. Er hatte keine Ahnung, welche Wirkung sie auf mich haben würde, dass sie meinem Selbstwertgefühl einen solchen Schub geben würde. So können kleine Kräuselungen auf der Wasseroberfläche schließlich hohe Wellen schlagen, wenn wir die Fähigkeiten anderer wahrnehmen und dies vor allem auch offen äußern.

Positive Charakterzüge sehen

Wenn Sie nicht gerade von lauter Deppen und Soziopathen umgeben sind – was unwahrscheinlich ist –, dann müssen die Menschen, die Sie kennen, viele Tugenden besitzen, etwa Entschlossenheit, Großzügigkeit, Güte, Geduld, Energie, Charakterstärke, Ehrlichkeit, Fairness oder Mitgefühl. Nehmen Sie sich die Zeit, um die Tugenden in Ihren Mitmenschen wahrzunehmen. Sie könnten auch eine Liste von Tugenden der wichtigsten Menschen in Ihrem Leben anfertigen – selbst der Menschen, zu denen Sie eine eher schwierige Beziehung haben.

Finden Sie Dinge, die Sie mögen

Der Mensch ist wie ein Mosaik. In der Regel sind die meisten seiner »Steinchen« gut, nur wenige sind neutral oder schlecht. Mit der Zeit gewöhnen wir uns an die guten und blenden sie nach und nach aus, während das Schlechte immer mehr in den Vordergrund tritt. Wir können das sogar an Menschen beobachten, die wir lieben. Vor einigen Jahren wurde mir klar, dass ich genau das mit meiner Frau tat, und so begann ich, ganz bewusst nach Dingen zu suchen, die ich an ihr mag. (Da sie ein toller Mensch ist, dauerte die Suche nicht allzu lang!) Das machte mich glücklich und tat unserer Beziehung ausgesprochen gut.

Versuchen auch Sie dies mit Freunden und Familienmitgliedern, Kolleginnen und Kollegen, oder auch fremden Menschen im Restaurant. Vielleicht stoßen Sie auf eine grundlegende Anständigkeit, einen guten Umgang mit Kindern, eine mutige Leidenschaft, sich für Dinge einzusetzen, die andere längst verloren geben, oder einen schrägen Sinn für Humor. Was mögen Sie an diesen Menschen?

Um den Schwierigkeitsgrad zu erhöhen, versuchen Sie es als Nächstes mit jemandem, mit dem Sie Probleme haben, etwa mit einem Verwandten, der sich ständig einmischt, oder einem nervigen Kollegen. Sie ignorieren damit nicht, was Sie nicht mögen. Wenn wir das Gute in anderen sehen, kann sich der Umgang mit ihnen weniger stressig anfühlen, was bei problematischen Beziehungen sehr hilfreich ist.

Das Gute in anderen zu sehen hält die wichtige Lektion für uns bereit, dass der Großteil unserer Erfahrungen im Leben darauf fußt, wie wir die Dinge wahrnehmen. Wir haben die Macht, Gutes zu sehen – uns zuliebe ebenso wie anderen zuliebe.

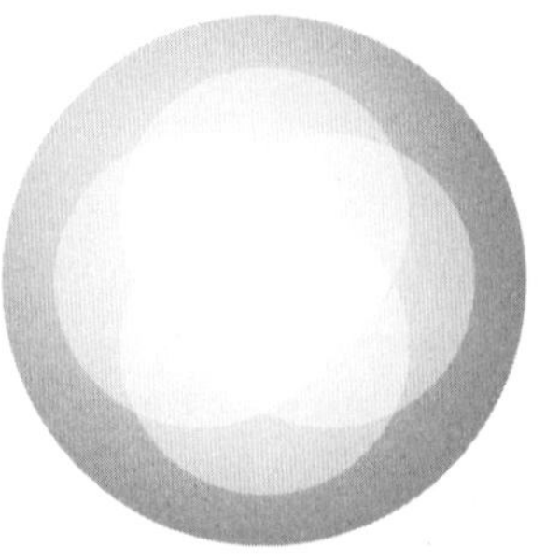

16

Gute Absichten anerkennen

Im Rahmen meiner Doktorarbeit habe ich 20 Mutter-Kleinkind-Paare per Video aufgenommen und analysiert, was passierte, wenn die Mutter dem Kind eine Alternative zu einem problematischen Wunsch anbot (»Nicht das scharfe Messer, mein Schatz. Wie wär's mit diesen großen Löffeln?!«) Hunderte von Müde-Augen-Stunden später stand fest, dass das Bereitstellen von Alternativen negative Emotionen bei Kindern reduziert und die Kooperation mit ihren Eltern erhöht.

Das Ergebnis machte mich glücklich – sowohl als frisch gebackener Vater als auch als jemand, der es kaum abwarten konnte, endlich seinen Abschluss an der Uni zu machen. Kinder wollen ebenso wie Erwachsene offensichtlich bekommen, was sie sich von anderen wünschen. Wichtiger aber ist es, dass die anderen wissen, was wir uns wünschen, und – noch wichtiger – das auch wissen *wollen.*

Denken Sie an eine für Sie wichtige zwischenmenschliche Beziehung, zu einer Kollegin oder einem Kollegen, einem Freund oder einer Freundin, einem Familienmitglied. Wie fühlt es sich an, wenn dieser Jemand Ihre Ziele, Absichten oder Bitten falsch interpretiert? Schlimmer noch, wenn es ihm anscheinend völlig egal ist, ob er auch nur *versteht,* was Sie sich wünschen, was Ihnen am Herzen liegt, was Ihnen wichtig ist?

Ganz recht: Autsch.

Wenn wir hingegen die tieferen Wünsche unserer Mitmenschen anerkennen, fühlen diese sich eher wahrgenommen und verstanden. Dann ist es auch einfacher, sie um das Gleiche zu bitten.

Ein Schlüsselaspekt dessen ist es, die zugrunde liegenden guten Absichten zu sehen. Als ich es an einem Flughafen einmal sehr eilig hatte, ging ich in einen Laden, um mir rasch eine Flasche Wasser zu kaufen. Am Kühlschrank stand vornübergebeugt ein Mann, der den Kühlschrank auffüllte. Ich griff über ihn hinweg und zog eine Flasche heraus, die er gerade erst einsortiert hatte. Er blickte nach oben, hörte mit dem Einsortieren auf, nahm eine andere Flasche, hielt sie mir hin und sagte barsch: »Die hier ist kalt.« Ein paar Sekunden lang dachte ich, er wollte mir damit sagen, ich hätte etwas falsch gemacht. Dann aber wurde mir klar, dass er mir nur helfen wollte: Er hatte gesehen, dass ich nach einer warmen Flasche gegriffen hatte; da ihm das nicht egal war, hielt er in seiner Arbeit inne und reichte mir eine kalte. Auf eine sehr einfache Art und Weise wollte er nur mein Bestes. Ich bedankte mich und nahm die Flasche, die er mir entgegenhielt. Es war nur eine Flasche Wasser, seine guten Absichten aber rührten mich.

Es ist nicht immer leicht zu erkennen, wann es andere gut mit uns meinen. Unser Gehirn reagiert in erster Linie auf Neues, weshalb es dazu neigt, die vielen guten Absichten, die uns im Alltag begegnen, zu ignorieren und sich an den gelegentlichen schlechten festzubeißen.

Aus diesem Grund müssen Sie aktiv nach den zugrunde liegenden guten Absichten und Wünschen anderer *suchen.* Doch wenn Sie das tun, werden Sie sie auch überall um sich herum finden.

Der Weg dorthin

Suchen Sie bei einem Freund oder Fremden nach den tieferen Beweggründen unter der Oberfläche. Vielleicht finden Sie dort die Sehnsucht nach Vergnügen, ein Engagement für andere, die Priorität von Sicherheit, die Freude am Leben, das Wertschätzen von Autonomie oder das Bedürfnis nach Liebe.
Blicken Sie sich selbst ins Herz und Sie werden im Großen und Ganzen dieselben Wünsche und Sehnsüchte finden. Sie sind anderen ebenso wichtig und kostbar, wie sie Ihnen sind.
Die meisten Wünsche tief in unserem Innersten sind gut. Die *Mittel,* die zu diesen Zwecken führen, mögen hin und wieder irregeleitet sein, doch das Ziel selbst ist normalerweise lobenswert. Selbst schlechte Verhaltensweisen können das fehlgeleitete Bemühen sein, Positives wie Freude, Status oder Kontrolle zu erlangen. Natürlich rechtfertigen zugrunde liegende gute Absichten nicht jedes schlechte Benehmen.
Denken Sie, wenn Sie möchten, an etwas, das Sie getan haben und bedauern oder bereuen. Welche guten Absichten haben Sie mit Ihren Taten verfolgt? Wie fühlt es sich an, das anzuerkennen? Nehmen wir die guten Absichten hinter weniger guten Taten wahr, lassen wir unsere defensive Haltung hinter uns und bewegen uns in Richtung angemessene Reue; dann sind wir eher bereit, bessere Wege zum Erreichen unserer Ziele zu finden.
Seien Sie sich im Gespräch mit Freunden deren tieferen Beweggründe bewusst. Wie fühlt es sich an, diese anzuerkennen? Machen Sie diese Übung regelmäßig mit Menschen, die Ihnen am Herzen liegen. Dadurch werden Sie sie besser verstehen und sich ihnen näher fühlen. Sie können aber auch bei Menschen, die Sie nicht kennen, nach positiven Absichten suchen. Sie werden auf das Bemühen, gute Arbeit zu leisten, Loyalität Freunden und Anliegen gegenüber, Fairness, Hilfsbereitschaft und viele weitere gute Dinge stoßen.
Machen Sie die Übung dann mit Menschen, zu denen Sie eine schwierigere Beziehung haben. Versuchen Sie, deren tiefere Wünsche zu verstehen, Wünsche hinter dem, was Sie geärgert oder

verletzt hat. Wenn Sie sich ihre zugrunde liegenden positiven Absichten bewusst machen, können Sie vielleicht auf weniger destruktive Wege hinweisen, mit denen die Betreffenden ihre Ziele erreichen können.

In jedem Menschen – auch in dem, der Ihnen aus dem Spiegel entgegenblickt – steckt ein guter Kern, der einer glühenden Kohle gleicht. Gute Absichten anzuerkennen wirkt wie ein Blasebalg: Es entfacht die Glut und verwandelt sie in eine warme, wunderschöne Flamme.

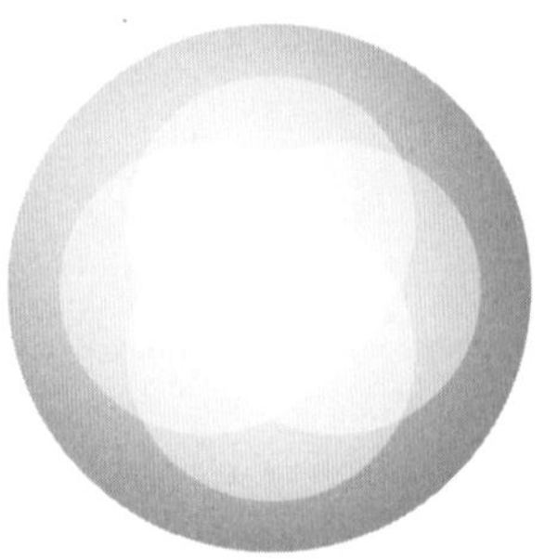

17

Freundlich sein

Wir können auf vielerlei Weise freundlich sein: Wir können freundlich Hallo sagen, einem Fremden die Tür aufhalten, lächeln oder jemandem das Wort überlassen. Mitgefühl bedeutet, nicht zu wollen, dass ein anderer leidet; Freundlichkeit bedeutet zu wollen, dass der andere glücklich ist.

Mit Freundlichkeit *wenden* wir uns der Welt *zu,* statt uns von ihr zurückzuziehen, und das, so haben Studien bewiesen, ist mit einer positiven Stimmung, realistischem Optimismus und Erfolg verbunden. Wie wir in Teil 1 gesehen haben, befähigt die Freundlichkeit uns selbst gegenüber uns zur Freundlichkeit gegenüber anderen. Freundlich zu mir ist freundlich zu dir, und freundlich zu dir ist freundlich zu mir – eine wunderschöne Aufwärtsspirale. Doch auch das Gegenteil ist wahr: Wer sich selbst schadet, schadet anderen, und anderen zu schaden schadet uns selbst – eine schmerzhafte Abwärtsspirale. Freundlichkeit neutralisiert Böswilligkeit, den Wunsch, der andere möge leiden. Sie ermutigt andere Menschen dazu, Ihnen gegenüber weniger verhalten oder reaktiv zu sein, da Sie die uralte Frage: »Freund oder Feind?« mit offener Hand und offenem Herzen beantworten.

Der Weg dorthin

Manchmal scheint es nicht möglich oder angemessen, freundlich zu sein, beispielsweise wenn jemandem Sie angreift oder Ihre Freundlichkeit fehlinterpretieren könnte. Ansonsten aber können wir freundlich zu allen möglichen Menschen sein, darunter zu Vertrauten und Fremden, Kollegen und angeheirateten Verwandten, Babys und Chefs. Wir können freundlich zu nicht-menschlichen Lebewesen sein, selbst zur Erde können wir freundlich sein. Freundlichkeit hat viele Gesichter, und das ist absolut in Ordnung. Die eher schroffe Freundlichkeit meiner Verwandten in North Dakota unterscheidet sich zwar von der gefühlsbetonten Freundlichkeit meiner Therapeutenfreunde in Kalifornien, doch in beiden Fällen kommt sie von Herzen.

Anderen helfen

Für gewöhnlich beschäftigen wir uns am liebsten mit uns selbst. Freundlichkeit verlagert diesen Fokus, zumindest für eine Weile, auf andere Menschen.

Vor einigen Jahren wurde ich eingeladen, auf einer Tagung eine Grundsatzrede vor dem größten Publikum, vor dem ich je gestanden hatte, zu halten. Das war ein großer Schritt für mich. Die anderen Redner waren geradezu legendäre Psychologinnen und Psychologen, und so hatte ich Angst, nicht mithalten zu können. Ich war nervös. Wirklich nervös.

Ich saß ganz hinten im Saal, wartete darauf, an die Reihe zu kommen, und fragte mich, wie ich auf die Leute wirken würde. Würden sie mich für einen unverschämten Blender halten? Ich überlegte, wie ich am besten eindrucksvoll aussehen und mir ihre Zustimmung sichern könnte. Mit anderen Worten: Ich fixierte mich auf mich, mich und nochmals mich. Mir war elend zumute.

Nach Ablenkung suchend griff ich nach einem Faltblatt, das auf einem Stuhl in der Nähe lag. Darin stieß ich auf ein Interview mit dem Dalai Lama, in dem er über das Glück sprach, das es mit sich bringt, anderen nur Gutes zu wünschen und ihnen zu dienen. Das war der Wendepunkt: Ich spürte die Ruhe in mir aufsteigen, als ich aufhörte, mich zwanghaft mit mir selbst zu beschäftigen, und in dem Wunsch verweilte, hilfreich zu sein.

Ich hielt meinen Vortrag und konzentrierte mich dabei darauf, was den Zuhörerinnen und Zuhörern nützlich sein könnte, statt darauf, welchen Eindruck ich auf das Publikum machte. Ich fühlte mich viel entspannter und friedlicher – und bekam zu meiner großen Überraschung am Ende stehenden Applaus. Später amüsierte ich mich sehr über die Ironie der ganzen Sache: Willst du Zustimmung, darfst du dich nicht um sie bemühen, und am besten tut dir, was anderen guttut.

Freundlichkeit kultivieren

Der Mensch ist zwar von Natur aus freundlich, doch können wir diesen Wesenszug durchaus stärken. Vergegenwärtigen Sie sich eine Gelegenheit, bei der Sie besonders freundlich zu jemandem waren, und seien Sie sich der Gefühle und der Einstellung, die Sie diesem Menschen gegenüber hatten, gewahr. Was haben Sie gesagt und getan? Lassen Sie den Eindruck sinken und zu einem Teil von sich werden. Gewöhnen Sie es sich an, sich im Gespräch ein wenig in die Richtung Ihres Gegenübers zu lehnen, statt sich zurückzulehnen; machen Sie Brust, Gesicht und Augen weicher und offener, atmen Sie Wohlwollen ein und aus.

Denken Sie sanft Dinge wie: *Mögest du glücklich sein … mögest du mit Leichtigkeit leben … mögest du gesund sein … mögest du erfolgreich sein … mögest du die Liebe finden, nach der du dich sehnst …* Laden Sie dazu Gefühle der Wärme und Freundlichkeit ein, öffnen Sie bewusst Ihr Herz. Erkunden Sie die verschiedenen Aspekte der Freundlichkeit, wie es sich anfühlt, rücksichtsvoll zu sein … hilfsbereit … großzügig … gütig … höflich … wohlmeinend … menschlich … unterstützend … wertschätzend … liebevoll. Seien Sie sich gewahr, wie erfüllend und wunderschön diese Aspekte der Freundlichkeit sein können; das wird die Eigenschaft der Freundlichkeit in Ihrem Nervensystem verankern.

Wenn Sie mögen, können Sie dies auch als Meditation nutzen. Beginnen Sie mit jemandem, demgegenüber es Ihnen leichtfällt, freundlich zu sein. Senden Sie als Nächstes gute Wünsche an einen Menschen, zu dem Sie ein eher neutrales Verhältnis haben, etwa einem entfernten Bekannten bei der Arbeit oder einem Nachbarn, der nicht ganz in Ihrer Nähe wohnt. Versuchen Sie dann, diese echte Freundlichkeit auf jemanden auszudehnen, zu dem Sie eine schwierige Beziehung haben. Sie werden sehen, dass die Übung Ihren Stress oder Ärger mit dem Betreffenden lindert und Ihren Umgang mit ihm effektiver macht. Beenden Sie die Meditation mit dem allgemeinen Gefühl der Warmherzigkeit und des Wohlwollens, schlicht als Seinszustand, allem und jedem gegenüber.

Machen Sie sich bewusst, dass es bei Ihrer Freundlichkeit mehr um Sie als um andere geht, mehr um Ihren Zugang zur Welt als darum, was Sie dort erwartet.

Der Freundlichkeit absichtlich Ausdruck verleihen

Halten Sie im Alltag Ausschau nach Gelegenheiten für kleine Akte der Freundlichkeit. Häufig ist das nur ein Lächeln, eine Berührung oder ein Nicken – doch das ist schon sehr viel. Vielleicht ist es auch das Angebot für ein Gespräch, eine Umarmung am Morgen, ein Gute-Nacht-Kuss. Oder eine Extraportion Herzlichkeit in einer Mail.

Es gibt unendlich viele Möglichkeiten, die sich auch authentisch für Sie anfühlen. Und denken Sie immer daran, dass Freundlichkeit nicht dasselbe ist wie Übereinkommen oder Zustimmung. Sie können freundlich zu anderen sein und dennoch Ihre eigenen Ziele verfolgen, selbst die, die sich von den Zielen der anderen unterscheiden. Sie können das Beste für jemanden wollen und dennoch Ihre Probleme mit demjenigen haben.

Denken Sie an die Menschen, die Ihnen nahestehen. Nach meiner jahrelangen Arbeit als Paartherapeut ist es für mich sehr schmerzlich zu sehen, wie oft es in langen Beziehungen an grundlegender Freundlichkeit mangelt. Denken Sie daran, freundlicher zu Ihren

Eltern, Geschwistern oder Kindern zu sein, sollten Sie welche haben. Es ist erschütternd, wie oft in engen Beziehungen darauf vergessen wird, weil man zu beschäftigt, verärgert, verletzt oder schlicht müde von der Arbeit ist. Nur hier und da ein wenig Freundlichkeit kann eine Beziehung von Grund auf verändern. Probieren Sie es aus!

Ziehen Sie auch in Betracht, freundlicher zu Menschen zu sein, die Sie normalerweise vielleicht ignorieren oder distanziert behandeln würden, wie die Bedienung im Restaurant, den Busfahrer oder den Kundendienst im Call Center.

Sie können unter Zeitdruck stehen oder gestresst sein – und sich trotzdem in Freundlichkeit üben. Suchen Sie nach Ihrer Warmherzigkeit trotz des Durcheinanders in Ihrem Kopf, so wie wenn Sie während eines Regensturms dem Klang eines Windspiels lauschen würden. Mit der Zeit wird sich bei Ihnen das Gefühl einstellen, Freundlichkeit zu *sein*. Es wird der Ort sein, von dem Sie kommen, Ihr Ursprung, Ihre natürliche Neigung. Seien Sie gespannt darauf, was passiert, wenn Sie ein Scheit nach dem anderen auf das warme, glimmende Feuer im Herd Ihres Herzens schichten.

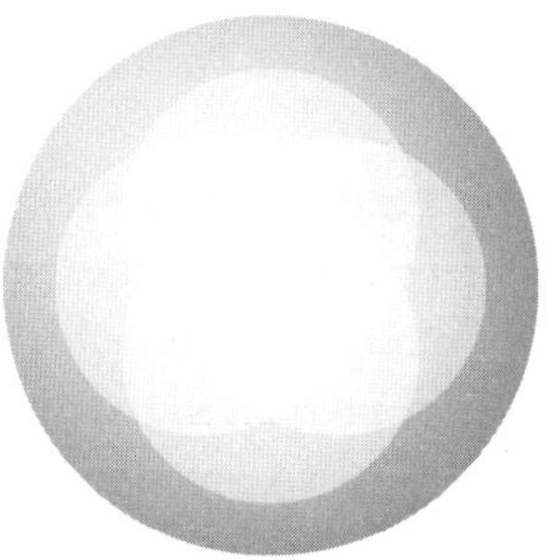

18

Niemanden aus dem eigenen Herzen verbannen

Wir alle kennen Menschen, die … nun ja … *schwierig* sind. Das kann ein rechthaberischer Vorgesetzter, ein netter, aber unzuverlässiger Freund, ein wirklich nerviger Kollege oder ein Partner sein, mit dem man sich ständig streitet. Damit wir von guten zwischenmenschlichen Beziehungen profitieren, müssen wir uns so eng an andere binden, dass uns manche aus dem Gleichgewicht bringen. In diesen Fällen scheint es nur natürlich, dass wir uns verschließen, häufig mit einem Gefühl des Grolls oder der Verachtung. Doch welche Folgen hat das? Sich zu verschließen zieht Anspannung und Kleingeistigkeit nach sich, häufig reagieren wir dann noch emotionaler – und das wiederum macht die Dinge bestimmt nicht besser.

Manchmal müssen wir den Telefonhörer auflegen, jemanden auf Facebook blockieren oder im Hotel übernachten, wenn wir Verwandte besuchen. In extremen Fällen kann es sogar notwendig sein, sich völlig von einem anderen Menschen zu distanzieren, für eine Weile oder für immer. Hören Sie dabei auf Ihre innere Stimme, die Ihnen sagt, was das Beste für Sie ist. Unter Umständen müssen Sie jemanden aus Ihrem Unternehmen werfen, Ihrer Arbeitsgruppe, Ihrer Geburtstagseinladungsliste – oder Ihrem Bett.

Doch welche praktischen Schritte auch immer Sie unternehmen sollten, Sie können sich immer noch fragen: *Muss ich diesen Menschen auch aus meinem Herzen verbannen?*

Der Weg dorthin

Wie fühlt es sich an, wenn Ihr Herz offen ist? Auf der körperlichen Ebene wie Wärme und Entspannung in der Brust? Und wie fühlt es sich emotional an? Vielleicht stellen sich Empathie, Mitgefühl und innere Ruhe ein. Wie fühlt es sich auf der geistigen Ebene an? Sehen Sie die Dinge in der richtigen Relation oder haben Sie gute Absichten?

Fühlen Sie, wie viel Kraft es Ihnen schenkt, wenn Sie offenherzig und großherzig sind. Paradoxerweise ist die offenste und scheinbar verletzlichste Person in einer Beziehung am Ende häufig auch die stärkste.

Fühlen Sie, dass Ihr Herz so weit und umfassend ist wie der Himmel. Der Himmel bleibt für alle Wolken offen und nimmt selbst durch die dunkelsten keinen Schaden. Wenn Sie Ihr Herz offenhalten, können andere Sie tatsächlich nicht so leicht ärgern.

Auch mit einem weiten Herzen können Sie sich im Klaren darüber sein, was für Sie infrage kommt und was nicht, Sie können entschlossen bleiben und klare Worte sprechen. Mahatma Gandhi, Nelson Mandela und der Dalai Lama sind drei berühmte Beispiele dafür, wie man sein Herz offenhalten und gleichzeitig ausgesprochen effektiv mit den eigenen Gegnern umgehen kann.

Öffnen Sie Ihr Herz

Verpflichten Sie sich zu einem offenen, weiten Herz. Verpflichten Sie sich dazu, niemanden aus Ihrem Mitgefühl zu verbannen. Verpflichten Sie sich dazu, niemals von einem Menschen zu sagen: »Der ist für mich gestorben.«

Bedenken Sie, wie es sich anfühlt – körperlich, emotional, geistig –, einen bestimmten Menschen aus dem eigenen Herzen verbannt zu haben. Seien Sie sich der Rechtfertigungen gewahr, mit denen Ihr Gehirn und Geist dies begründen wollen, und fragen Sie sich: *Stimmt das denn auch? Ist das unbedingt notwendig? Steht das im Einklang mit dem Menschen, der ich sein will?* Machen Sie sich den Schmerz, den Sie oder andere durch die betreffende Person erlitten haben, bewusst und bringen Sie ihm Mitgefühl entgegen.

Fragen Sie sich dann, wenn Sie sich die Tatsachen bezüglich der schwierigen Person bewusst gemacht haben, wie Sie sich vor ihr schützen könnten, ohne sie aus Ihrem Herzen zu verbannen. Es könnte beispielsweise hilfreich sein, Folgendes zu tun:

- Gehen Sie körperlich oder emotional etwas auf Distanz.
- Setzen Sie eine klare Grenze; weigern Sie sich beispielsweise, mit der Person zu sprechen, wenn sie betrunken ist.
- Vertrauen Sie sich einem Freund an und reden Sie sich ein paar Dinge von der Seele.
- Sprechen Sie mit dem schwierigen Menschen, und sei es nur, um sicherzustellen, dass Sie alles in Ihrer Macht Stehende gesagt und getan haben.
- Erinnern Sie sich daran, dass Ihnen immer das echte, von Herzen kommende Gefühl des gemeinsamen Menschseins bleibt, auch wenn Sie den Betreffenden niemals wiedersehen wollen.

Wenn Sie bereit dazu sind, können Sie Ihr Herz dann wieder für diejenigen öffnen, die Sie daraus verbannt haben. Vielleicht ändert sich dabei nichts an Ihrem Verhalten oder der Natur der Beziehung. Dennoch werden Sie sich anders – besser – fühlen.

Vom »Sie« zum »Wir«

Lassen Sie uns nun in einem breiteren Kontext einen Blick auf die Großherzigkeit werfen. Mehrere Millionen Jahre lang verdankten unsere Vorfahren ihr Überleben der Tatsache, dass sie sich um die Mitglieder der eigenen Gruppe – »wir« – kümmerten und die Artgenossen außerhalb der Gruppe – »sie« – fürchteten oder angriffen. Mehrere Millionen Jahre – eine lange, wirklich lange Zeit. Dann, im Laufe der vergangenen 10 000 Jahre, als die Landwirtschaft so viel Nahrung hervorbrachte, dass umfassendere Gruppen entstehen konnten, wiederholte sich dieses Stammesmuster in einem größeren Maßstab. Infolgedessen sind die meisten Menschen anfällig für die uralten Trommelschläge der Kränkung und Vergeltung, die die sozialen Medien mittlerweile zu einem schier unerträglichen Dröhnen verstärkt haben.

Und das beschränkt sich nicht nur auf die Politik. Wir können das Zum-Sie-Machen der anderen auch in der raschen Einteilung in »wie ich« und »nicht wie ich« beobachten. Im Büroklatsch und im Familienkonflikt. Die Eigengruppe und die Außengruppe, das beiläufige Zurückweisen, das zornige Abwenden, die allzu leichtfallende Geringschätzung. Sie können Ihren Geist dabei beobachten, wie schnell er einen anderen Menschen zu einer zweidimensionalen Gestalt reduziert, während Sie sich für Ihre eigene Position und Identität einsetzen – selbst wenn dieser Mensch Ihr geliebter Partner ist.

Der Prozess, andere zum »Sie« zu machen, ist von starken Kräften der Vorurteile und Diskriminierung geprägt, die eine lange und schmerzhafte Geschichte haben und auch heute noch institutionalisiert und durchgespielt werden, etwa wenn eine Frau trotz gleicher Leistung weniger Gehalt bekommt als ihr männlicher Kollege oder die Leute ihre Autotüren verriegeln, sobald ein Schwarzer vorbeigeht.

Auf die eine oder andere Weise kennen Sie das Gefühl, zum »Sie« gemacht zu werden, wahrscheinlich auch selbst. Ignoriert, nicht berücksichtigt, missbraucht, angegriffen oder beiseitegestoßen zu werden. Nichts wert zu sein.

Andere zum Wir zu machen hingegen bedeutet zu sehen, was wir gemeinsam haben – anzuerkennen, dass *wir* alle Freude wollen und Schmerz fürchten, dass wir alle leiden und sterben, dass wir alle auf die eine oder andere Weise eines Tages von allem, was wir lieben, getrennt werden. Machen wir uns diese Tatsache und unsere tiefgreifende Ähnlichkeit bewusst, kann dies die misstrauische Anspannung in unserem Körper lindern. Dann sehen wir andere auch klarer und sind im Umgang mit ihnen effektiver, auch mit jenen, die wir auf das Heftigste ablehnen. Wer sich nicht unnötig bedroht fühlt, ist selbst weniger unnötig bedrohlich.

Versuchen Sie im Alltag, die Ähnlichkeiten zwischen sich und anderen zu erkennen. Begegnen Sie beispielsweise jemandem, den Sie nicht kennen, können Sie sich diesen Menschen einmal wirklich *ansehen* und ein Gefühl dafür bekommen, wie er ist: *Ja, er ist wie ich … Ihm tut der Rücken weh, genau wie mir … Er liebt seine Kinder, genau wie ich … Auch er empfindet Freude und Kummer.* Versuchen Sie dies vor allem mit Menschen, die Ihnen auf den ersten Blick so gar nicht ähnlich scheinen, und mit Menschen, die zu einer Gruppe gehören, der Sie vielleicht misstrauen, vor der Sie Angst haben oder die Sie nicht mögen. Spüren Sie der Wirkung dieser Übung nach; wahrscheinlich öffnet sich dabei Ihr Herz, oder Sie werden ruhiger.

Sie könnten sich auch eine Art »Wir«-Kreis vorstellen, der Sie und andere einschließt, die offensichtlich wie Sie sind. Dann erweitern Sie den Kreis allmählich, bis er mehr und mehr Menschen umfasst, die zunächst gar nicht wie Sie scheinen, an denen Sie jedoch Ähnlichkeiten erkennen (z. B. den Wunsch, glücklich zu sein). Schließen Sie nach und nach auch Menschen in den Kreis ein, die Ihnen oder anderen geschadet haben, in dem Wissen, dass Sie das, was diese Menschen tun, nicht gutheißen müssen, um Ihr gemeinsames Menschsein anzuerkennen. Nehmen Sie sich Zeit dafür, greifen Sie auf Ihr Mitgefühl mit sich selbst und anderen zurück und dehnen Sie den Kreis nur so weit aus, wie es sich richtig für Sie anfühlt. Achten Sie dabei darauf, wie sich eine Weichheit in Ihrem Inneren einstellt, wie Sie Ihr defensives Verhalten

und Ihre Rechthaberei loslassen, wie sich Ihr Blick weitet. Ruhen Sie in diesem Gefühl, genießen Sie es.
Auf diese Weise bauen wir Brücken zwischen uns, so weiten sich die Kreise, und wir können in Frieden miteinander leben.

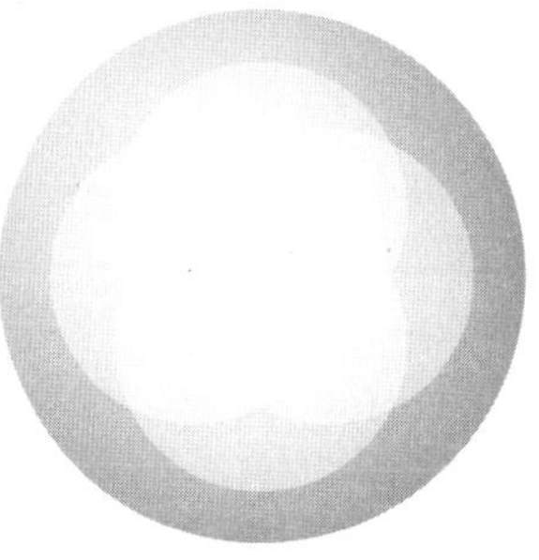

19

Auf die Liebe vertrauen

Die Liebe in all ihren Formen ist mit der Luft zu vergleichen – nicht mit Händen zu fassen, aber überall in und um uns herum präsent. Das alltägliche Leben ist voller kleiner Augenblicke, in denen wir Kooperation und Großzügigkeit erleben, auch zwischen völlig Fremden. Viele Wissenschaftlerinnen und Wissenschaftler glauben, dass die Liebe, breit gefasst definiert als Empathie, Freundschaft, Uneigennützigkeit, Romantik, Mitgefühl und Güte, im Laufe der vergangenen mehreren Millionen Jahre die wichtigste Triebkraft hinter der Entwicklung des menschlichen Gehirns war.

Der Ruhezustand unseres Gehirns, seine »Heimat«, wenn wir also nicht gestresst sind, keine Schmerzen haben und uns nicht bedroht fühlen, ermuntert uns zur Liebe. Leider werden wir nur allzu leicht aus dieser Ruhe aufgeschreckt, etwa durch eine kritische Bemerkung in einem Businessmeeting oder ein Stirnrunzeln unseres Gegenübers am Esstisch. In diesem Zustand der inneren Heimatlosigkeit sind wir in Angst oder Wut gefangen, die keine Liebe kennt. Daraus kann mit der Zeit das neue Normal werden; dann nennen wir die Heimatlosigkeit unsere Heimat – und vergessen, wie viel Luft uns zur Verfügung stehen würde, würden wir nur tief ein- und ausatmen.

Wir müssen also heim zur Liebe finden. Sie können die Liebe in Ihrem Herzen erkennen und auf sie vertrauen; sie wird Ihnen Energie schenken und Sie beschützen, auch dann, wenn Sie sich anderen gegenüber behaupten müssen. Ebenso können Sie die Liebe in anderen erkennen und auf sie vertrauen, auch wenn sie verschleiert ist oder sich auf problematische Weise äußert. Sie können auf die Liebe vertrauen, die uns umgibt wie die Luft, und Sie können auf das Lieben vertrauen, das so natürlich ist wie das Atmen.

Der Weg dorthin

Atmen Sie tief ein und aus. Machen Sie sich bewusst, wie verfügbar die Luft ist, wie Sie auf sie vertrauen können. Machen Sie sich das Gefühl bewusst, sich auf die Luft verlassen zu können.

Denken Sie dann an jemanden, der Sie liebt. *Fühlen* Sie die Tatsache dieser Liebe – auch wenn sie, um den Psychologen John Welwood zu zitieren, eine vollkommene Liebe ist, die durch einen unvollkommenen Menschen fließt. Können Sie spüren, wie sich Ihre Atmung und Ihr Körper entspannen, während Sie auf die Liebe dieses Menschen zu Ihnen vertrauen? Können Sie spüren, wie Ihre Gedanken sich beruhigen, wie sich Ihre Stimmung verbessert und wie sich Ihr Herz anderen gegenüber öffnet? Lassen Sie sich ganz von dem Gefühl durchdringen, dass sich das Vertrauen in die Liebe gut anfühlt und dass es Ihnen neue Kraft verleiht. Wiederholen Sie die Übung mit weiteren Menschen, von denen Sie geliebt werden.

Vergegenwärtigen Sie sich nun jemanden, den *Sie* lieben. Fühlen Sie die Wirklichkeit Ihrer Liebe, seien Sie sich gewiss, dass Sie lieben. Nehmen Sie, wie im vorhergehenden Abschnitt beschrieben, die Vorzüge, die es hat, Ihre Liebe zu erkennen und auf sie zu vertrauen, ganz in sich auf. Wiederholen Sie die Übung mit weiteren Menschen, die Sie lieben.

Öffnen Sie sich im Laufe des Tages in verschiedenen Situationen immer wieder Ihrer eigenen Fähigkeit zu lieben. Sie könnten sich beispielsweise Fragen wie die folgenden stellen: *Was ist mir als liebevollem Menschen hier wichtig? Was ist das Richtige, das ich als jemand, der auf die Liebe vertraut, in dieser Situation tun kann?* Denken Sie daran, dass Sie gleichzeitig stark und in der Liebe oder einer ihrer zahlreichen Ausdrucksformen (Empathie, Fairness, Wohlwollen etc.) verankert sein können. Ist die Situation eine, in der Sie sich behaupten müssen, was geschieht dann, wenn Sie dies von einem liebevollen Standpunkt aus tun?

Lassen Sie Ihre Liebe fließen

Mit Anfang 20 unterzog ich mich einer Rolfing-Behandlung. Durch diese manuelle Methode, bei der Druck auf das Bindegewebe ausgeübt wird, können sich mitunter tief im Inneren des Körpers verborgene Emotionen lösen, und so sah ich der fünften Sitzung, die sich mit dem Bindegewebe des Bauchs beschäftigt, voller Nervosität entgegen. Doch statt Klumpen unterdrückten Schmerzes war das, was zutage befördert wurde, *Liebe* – eine Welle der Liebe nach der anderen, die ich aus Scham, aus Angst vor Nähe und vor lauter Auseinandersetzungen mit meiner Mutter unterdrückt hatte.

Es fühlte sich wunderbar an, die Liebe endlich frei fließen zu lassen. Auf ihrem Weg durch uns nährt und heilt uns die Liebe. Die Wunden, die das Nicht-*Empfangen* von Liebe hinterlassen hat, werden durch das *Geben* von Liebe gelindert oder manchmal sogar beseitigt.

Die Liebe ist als Strömung mit natürlichem Auftrieb in uns allen vorhanden. Sie muss nicht hinaufgepumpt werden, man muss sie nur strömen lassen. Wird die Liebe am Strömen gehindert, tut das weh. Halten Sie Ihre Liebe in wichtigen Beziehungen auf irgendeine Weise zurück?

Sich für die Liebe entscheiden

Vor vielen Jahren begann meine damalige Partnerin damit, Dinge zu tun, die mich schockierten und verletzten. Ich möchte hier nicht ins Detail gehen, aber es war heftig. Nach der ersten Reaktionswelle – *Was?! Wie konntest du nur? Willst du mich auf den Arm nehmen?!* – beruhigte ich mich ein wenig. Und hatte die Wahl.

Die Beziehung zu ihr war mir wichtig, und ich erkannte, dass es bei vielen der Dinge, die sie gerade tat, um sie ging, nicht um mich. Ich erkannte, dass ich ihr sagen konnte, dass wir uns gerade auf sehr dünnem Eis bewegten ... und mich in der Zwischenzeit für die Liebe entscheiden konnte. Alles in allem schien dies das Freieste, Stärkste und Selbstrespektierendste zu sein, das es für mich in dieser Situation zu tun gab.

Zu meiner Überraschung verwandelte die Liebe mich nicht in einen Fußabtreter oder Boxsack – sie beschützte mich und trieb mich an. Sie hielt mich aus Streitereien und Konflikten raus und verlieh mir ein Gefühl des Selbstwerts. Ich war neugierig, was meine Partnerin schließlich tun würde, doch auf eine seltsame Weise interessierte mich das nicht wirklich. Ich fühlte mich von der Liebe genährt und getragen – was meine Partnerin tat, hatte ich nicht in der Hand. Und dadurch, dass ich nicht mehr versuchte, sie zu ändern, sondern stattdessen darauf achtete, selbst liebevoll zu sein, wendeten sich die Dinge ganz allmählich wieder zum Besseren.

Bei der Liebe geht es eher darum, dass wir selbst liebevoll sind, und weniger darum, dass andere liebenswert sind. Es ist sicherlich frustrierend, jemanden dazu bringen zu wollen, einen zu lieben. Doch niemand kann Sie davon abhalten, Liebe in sich selbst zu finden und zu fühlen. Sie können sich dafür entscheiden, »willentlich zu lieben«, und sich der Sache so vom oberen Ende des Spektrums dessen her nähern, was an Liebe Ihnen tatsächlich zugänglich ist. Wie auch immer dieses Spektrum in einer Beziehung gerade aussehen mag – Sie entscheiden, wo in diesem Spektrum Sie landen. Das hat nichts mit Selbsttäuschung zu tun, denn die Liebe, die Sie empfinden, ist real. Sich für die Liebe zu entscheiden ist doppelt liebevoll: Zum einen ist da das liebevolle Erwecken der Absicht zu lieben und zum anderen die Liebe, die dann tatsächlich folgt.

Räumen Sie der Liebe neben allem anderen in Ihrer Beziehung einen Platz ein. Da ist die Liebe ... und da ist auch die Erkenntnis der Wahrheit über den anderen, Sie selbst und die Umstände, die Einfluss auf Sie beide nehmen. Da ist die Liebe ... und da ist auch das Sich-um-die-eigenen-Bedürfnisse-Kümmern. Zuerst die Liebe, der Rest folgt dann.

Wenn Sie sich gerade in einer wirklich schlimmen Situation befinden – vielleicht haben Sie ein chronisches gesundheitliches Problem, vielleicht haben Sie einen schmerzlichen Verlust erlitten –, was können Sie dann tun, wenn Sie nichts tun können? Sie können immer jemanden finden, den Sie lieben können.

Die Liebe in anderen sehen

Sie können sich immer mit der Liebe in anderen verbinden, ganz gleich wie versteckt diese auch sein mag, sei es durch innere Heimatlosigkeit, Angst oder Wut – wie ein Lagerfeuer, das Sie in der Ferne durch die Bäume sehen. Spüren Sie die Sehnsucht der Menschen, die Sehnsucht nach Frieden in der Beziehung, die Sehnsucht danach, Liebe zu schenken und geschenkt zu bekommen. Was geschieht in einer schwierigen Beziehung, wenn Sie in Kontakt mit dieser Fähigkeit zur und der Sehnsucht nach Liebe im anderen bleiben, auch wenn diese gut verschlossen aufbewahrt werden? Denken Sie immer daran, dass Sie sowohl die Liebesfähigkeit anderer spüren als auch die eigenen Rechte und Bedürfnisse direkt und klar vertreten können.

Auf die Liebe zu vertrauen bedeutet nicht anzunehmen, dass jemand Sie lieben wird. Es bedeutet, Vertrauen in die grundlegend liebende Natur eines jeden Menschen sowie in die heilsame Kraft Ihrer eigenen Liebesfähigkeit zu setzen, die Sie beschützt und das Herz Ihrer Mitmenschen berührt.

Sich von der Liebe leben lassen

Tief in Ihrem Herzen können Sie sich von der Liebe *gelebt* fühlen. Die Liebe als Strömung, Urquell, Auftrieb, die durch Sie lebt, die Sie mit sich reißt, die Sie trägt. Freundlichkeit, Mitgefühl und andere Formen der Liebe können die zentrale Regung in Ihrem Leben sein. Versuchen Sie sowohl in der Meditation als auch in Alltagsaktivitäten zu fühlen, dass Sie Liebe ein- und Liebe ausatmen. Vielleicht stellen Sie sich auch vor, dass es die Liebe ist, die *Sie* ein- und ausatmet ... und vielleicht denken Sie dabei sanft: *liebevoll ein ... liebevoll aus ...*

Machen Sie dies ganz greifbar: Wenn Sie sich bei Ihrer ersten Begegnung mit einem anderen Menschen heute von der Liebe leben lassen würden, wie wären Sie dann, was würden Sie tun, was würden Sie sagen? Wie würde eine Woche, ein Jahr aussehen, in der oder dem Sie sich von der Liebe leben lassen würden?

Die Liebe wird uns nach Hause führen.

TEIL 3

Friedliches Miteinander

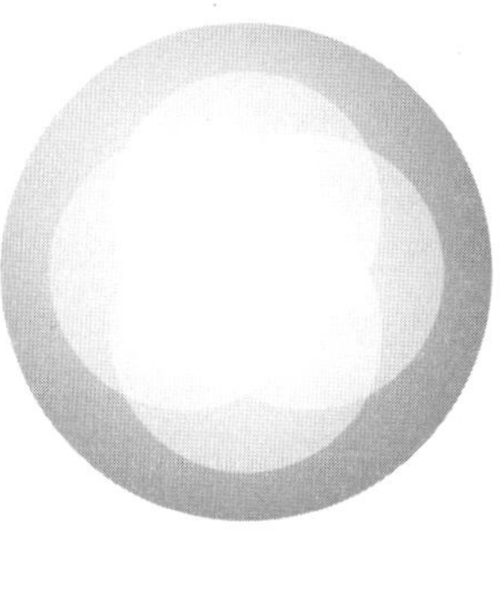

20

Die Dinge weniger persönlich nehmen

Stellen Sie sich vor, Sie seien mit einem Freund in einem Kanu auf einem ruhig fließenden Fluss unterwegs. Sie haben sich beide in Schale geworfen und genießen ein Sonntagspicknick. Plötzlich knallt seitlich etwas gegen das Kanu, das auch prompt kentert. Das Wasser ist kalt, nach Luft ringend kommen Sie an die Oberfläche. Und was sehen Sie da? Zwei lachende Teenager, die sich angeschlichen und das Boot zum Kentern gebracht haben. Wie fühlen Sie sich?

Stellen Sie sich dieses Szenario nun noch einmal vor: der Freund und das Kanu, wie Sie sich schick gemacht haben, das Picknick, der Knall und der Sturz ins kalte Wasser. Und was sehen Sie diesmal, wenn Sie nach Luft ringend aus dem Wasser auftauchen? Einen großen, im Wasser treibenden Ast, der das Kanu zum Kentern gebracht hat. Wie fühlen Sie sich jetzt?

Wie unterscheiden sich Ihre Gefühle bei den beiden Szenarien?

Das zweite Szenario endet ebenfalls wie das erste mit einem Schock, mit kaltem Wasser und einem ruinierten Picknick – doch Sie fühlen sich nicht persönlich angegriffen. Sie sind wahrscheinlich gestresst und verärgert, verspüren aber nicht das Bedürfnis, irgendetwas davon zu personalisieren. Es ist lediglich eine blöde Situation, mit der Sie fertigwerden und aus der Sie lernen. Sie grübeln nicht lange über den gemeinen Ast nach.

Die meisten Menschen, mit denen wir zusammenstoßen, sind wie der Ast. Was sie sagen und tun, ist durch viele, viele unpersönliche Ursachen und Umstände flussaufwärts des Zusammenstoßaugenblicks in Gang gesetzt worden, etwa durch ihre persönliche Geschichte und externe gesellschaftliche Kräfte. Wir müssen mit ihren Auswirkungen auf uns fertigwerden, leiden dabei aber weniger und sind wesentlich effektiver, wenn wir die Dinge nicht so persönlich nehmen.

Dazu wieder ein persönliches Beispiel: Ich bin in Los Angeles aufgewachsen und viele Meilen unfallfrei gefahren. Meine Frau Jan ist eine *sehr* vorsichtige Autofahrerin und überlässt mir auf der Autobahn gern das Steuer. Häufig rollten wir ganz gemütlich dahin, mit großem Abstand zum Vordermann … und trotzdem klammerte meine Frau sich mit weißen Fingerknöcheln an der Armlehne fest und trat ein imaginäres Bremspedal bis zum Boden durch, während sie mir zuzischte, langsamer zu fahren. Das nahm ich persönlich.

Meine Eltern liebten mich, kritisierten mich aber dennoch auf verschiedene Weise. Ich lernte das Autofahren bei meinem Dad, was nicht immer ganz harmonisch verlief. Weshalb ich dazu neigte, mich viele Jahre später häufig ungerecht getadelt und gescholten zu fühlen, auch beim Autofahren.

Nach einigem Hin und Her mit meiner Frau (das nie gut endete) begann ich, über die Sache nachzudenken. Fuhr ich tatsächlich so, dass ich andere damit in Gefahr brachte? Nein. Musste ich glauben, was meine Frau sagte? Wieder nein. Konnte ich ihr andererseits Mitgefühl entgegenbringen? Definitiv ja. Ich liebe sie und will sie nicht verärgern, nur um irgendwo fünf Minuten früher anzukommen. Konnte ich Faktoren hinter ihren Reaktionen ausmachen, *die nichts mit mir zu tun hatten,* etwa wenig Übung im Fahren auf der Autobahn, wenig Tiefenwahrnehmung und eine anfällige Wirbelsäule, bei der jede Art von Unfall absolut vermieden werden musste? Wieder ein definitives Ja! Anders ausgedrückt: Konnte ich die Dinge weniger persönlich nehmen und mich darauf konzentrieren, was die Situation verbessern würde? Diese Überlegungen veranlassten mich dazu, langsamer zu fahren, wenn meine Frau auf dem Beifahrersitz sitzt. Wenn ich allein unterwegs bin, tue ich das nicht immer, unserer Beziehung aber hat es sehr geholfen.

Der Weg dorthin

Sorgen Sie für sich selbst

Sind wir müde, gestresst oder hungrig, fühlen wir uns viel schneller angegriffen, schikaniert oder beleidigt. *Je mehr wir hingegen für uns selbst als Person sorgen, desto weniger persönlich nehmen wir die Dinge.* Da kann so was Einfaches wie ausreichend Schlaf oder eine schöne regelmäßige Aktivität einen großen Unterschied machen. Dann fühlt sich das, was andere tun, weniger wie eine persönliche Verletzung an.

Wir verspüren von Natur aus das tiefe Bedürfnis, von anderen wahrgenommen und wertgeschätzt zu werden. Ganz besonders intensiv ist dieses Bedürfnis in der Kindheit, und sollte es in dieser »sozialen Versorgung« durch Ihre Eltern, Ihre Geschwister oder die anderen Kinder zu einem Engpass gekommen sein, dann bleibt eine Art Loch im Herzen zurück (so war es jedenfalls bei mir). Dann könnten wir uns als Erwachsene häufiger missverstanden, ausgeschlossen oder herabgewürdigt fühlen. Vielleicht hat der andere Sie wirklich schlecht behandelt, doch wie leicht ist es, diesbezüglich überzureagieren und es schmerzhaft persönlich zu nehmen.

Um das zu vermeiden, sollten Sie aktiv nach Gelegenheiten Ausschau halten, bei denen Sie sich umsorgt und wertgeschätzt fühlen, und diese Erfahrungen ganz in sich aufnehmen. So werden die Löcher in Ihrem Herzen Stück für Stück, Synapse für Synapse gefüllt. Wenn Sie dann tatsächlich mit anderen zusammenstoßen, wird es sich anfühlen, als hätten Sie einen riesigen Stoßdämpfer in Ihrem Inneren. Die anderen tun noch immer, was sie tun, doch nun können Sie erkennen, dass es dabei mehr um sie als um Sie geht.

Bloße Annahmen erkennen

Eine Schlüsseltheorie in der Psychologie besagt, dass wir anderen gern Merkmale *zuschreiben*, etwa eine feindselige Haltung oder die bewusste Absicht zu verletzen. Doch manchmal sind diese Zuschreibungen falsch, übertrieben oder schlicht Teil eines viel größeren Bildes.

Denken Sie daran, wie Sie sich das letzte Mal über jemanden geärgert haben, oder an eine generell schwierige Beziehung. Welche Merkmale haben Sie der anderen Person zugeschrieben, auch automatisch? Haben Sie die Art und Weise, wie man Sie in der Vergangenheit behandelt hat, auf den anderen »übertragen«? Vielleicht haben Sie gedacht: *Genau wie meine Mutter!* Oder: *Genau wie mein Vater!* Oder: *Genau wie der schreckliche Trainer, den ich einmal hatte!*

Bei einer einfachen, aber sehr wirkungsvollen Übung dazu zeichnen Sie zwei Spalten auf ein Blatt Papier. Listen Sie in der linken Spalte einige wichtige Attribute auf, die Sie einer anderen Person zuschreiben; in die rechte Spalte tragen Sie anschließend ein, wie oder warum die zugeschriebenen Attribute nicht ganz zutreffen. Ein Beispiel: Ich hätte meiner Frau in der linken Spalte das Attribut »herrisch, wenn ich am Steuer sitze« zuschreiben und sie mit meinem kritischen Vater vergleichen können. In die rechte Spalte hätte ich dann geschrieben, dass sie eigentlich nur Angst hatte und im Allgemeinen sehr liebevoll und anerkennend zu mir ist.

Die Zuschreibungen, die wir vornehmen, nehmen wir in der Regel rasch vor; sie sind dogmatisch und lauern in einem hinteren Winkel unseres Gehirns. Es ist außerordentlich befreiend, sie sich bewusst zu machen. Dann können Sie entscheiden, was tatsächlich stimmt – und was nicht.

Ganz besonders heftig reagieren wir auf *Absichten,* die wir anderen zuschreiben, darunter auf ihre Beweggründe, Werte und Ziele. Denken Sie nur einmal an Kinder, die sich gegenseitig anschreien: »Das hast du mit Absicht gemacht!« Die meiste Zeit aber sind wir nur Kleindarsteller in den Dramen der anderen und erwischen sie lediglich an einem schlechten Tag. Und selbst wenn es eine bewusste Absicht hinter dem, was sie getan haben, gab, war das wahrscheinlich nur eine unwichtige und vorübergehende Reaktion und nicht Teil eines großangelegten Plans, Sie anzugreifen und zu verletzen. Sie haben vielleicht auch andere Absichten Ihnen gegenüber, vielleicht sogar gute! Ohne zu leugnen, was an dem absichtlichen Verhalten anderer Ihnen gegenüber tatsächlich wahr ist, könnten Sie es mit den folgenden Sätzen Ihnen selbst gegenüber versuchen:

Alles in allem sind deine Beweggründe gut.

Du hast dich auf diese problematische Weise verhalten, weil du tief in deinem Innersten __________ möchtest.

Du wurdest getriggert und hast dich tatsächlich nicht gut benommen – aber nicht aufgrund eines ausgeklügelten Plans, mich zu verletzen.

Ich habe das, was du gemeint hast und warum du es gesagt hast, falsch interpretiert und erkenne an, dass du die gute Absicht hattest zu __________ .

Wenn du Angst bekommst, neigst du dazu, herrisch zu werden. Ich verstehe jedoch, dass dieses Verhalten aus deiner Angst heraus entsteht und keine Kritik an mir ist. Außerdem bist du die meiste Zeit über nicht ängstlich.

Aktiv etwas tun

Die Dinge weniger persönlich zu nehmen bedeutet *nicht* zuzulassen, dass man schlecht behandelt oder missbraucht wird. Vielleicht wurden Sie wirklich absichtlich angegriffen, und vielleicht war der Angriff sogar Teil eines größeren gesellschaftlichen Musters des Vorurteils und der Diskriminierung. Als cisgender, heterosexueller, weißer Mann hatte ich den Vorteil, der Voreingenommenheit, die so viele andere ins Visier nimmt und benachteiligt, aus dem Weg gehen zu können. Dennoch wurde auch ich, vielleicht wie Sie, verleumdet, belogen, beraubt und verraten. Ganz real. Das tut weh, es macht Angst und ist etwas, mit dem wir fertigwerden müssen.

Wie bereits besprochen können Sie sich selbst Mitgefühl entgegenbringen, im Gefühl der stillen Kraft ruhen und sich gewiss sein, dass Ihr Wert nicht von anderen abhängt. Sie könnten sich bewusst mit Erfahrungen verbinden, die wie ein Gegengift oder Balsam wirken; so könnten Sie sich beispielsweise an Menschen erinnern, von denen Sie gelobt wurden, als man Ihre Arbeit in einem Meeting schlecht machte. Sie könnten einen Freund um Unterstützung und seine Sicht der Dinge bitten. Sie könnten über die wahren Beweggründe und die im anderen wirkenden Kräfte nachdenken. Sie könnten sich Ihr eigenes Urteil über das Ausmaß des Geschehenen bilden und es als geringfügigen Affront, verheerende Verletzung oder irgendetwas dazwischen einordnen. Sie könnten beschließen, mit dem Betreffenden zu reden, und sich dabei der Herangehensweisen in Teil 4 und 5 dieses Buchs bedienen.

Unabhängig davon, ob Sie mit dem Betreffenden reden oder nicht, können Sie einen Plan fassen. Sie können Ereignisse in einem unpersönlicheren Licht und größeren Zusammenhang betrachten und sich dennoch selbst schützen und Ihre eigenen Ziele verfolgen. Vielleicht beschließen Sie dann, mehr Zeit in andere Freundschaften zu investieren, eine romantische Beziehung zu beenden, zu einem anderen Vorgesetzten zu wechseln oder trotz der Wahrheit über einen Mitmenschen schlicht höflich zu bleiben.

Zu wissen, was man *tun* wird, ist beruhigend und erdend. Um zum Anfang dieses Kapitels zurückzukehren: Sie können mit dem Sturz ins Wasser fertigwerden und in Zukunft besser Ausschau nach im Wasser treibenden Ästen halten oder sich einen anderen Fluss aussuchen – und dabei alles ein bisschen weniger persönlich nehmen.

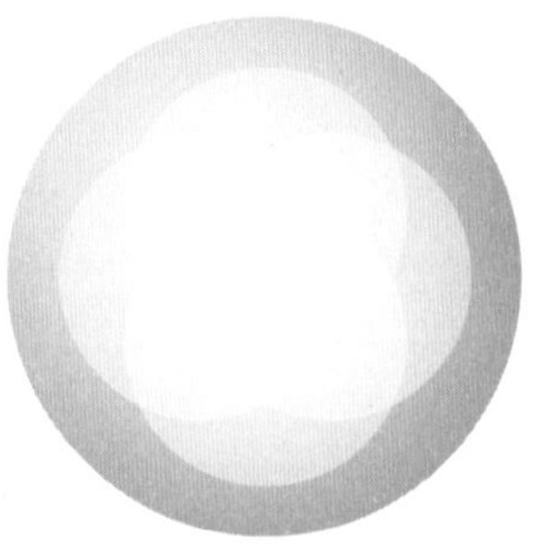

21

Den Krieg im Kopf hinter sich lassen

Manchmal verfangen wir uns in nachtragenden, feindseligen, ja sogar rachsüchtigen Gedanken und Gefühlen gegenüber anderen Personen. Es ist, als seien wir im Kopf in den Krieg gegen sie gezogen: nicht mit Bomben, dafür voller Wut. Gegen einen Kollegen, mit dem man sich über ein Projekt streitet, einen Partner, von dem man sich möglicherweise sogar trennen will, oder den geschiedenen Ehemann oder die geschiedene Ehefrau, mit dem oder der man noch immer über den Urlaub debattiert. Vielleicht ist es ein kalter Krieg des oberflächlichen höflichen Benehmens, aber des darunterliegenden kühlen Schweigens und stillen Brodelns. In meinen eigenen Kopfkriegen gegen andere käute ich bestimmte Ereignisse wieder und wieder, stellte mir vor, was ich sagen würde, wenn ich könnte, und wünschte mir, dass Dritte für mich Partei ergriffen. Ich steckte im Kampf fest – bei dem ich mir jedoch hauptsächlich selbst schadete.

Mit 16 arbeitete ich in einem Ferienlager am Pazifik, wo wir ohne Anzug in den Kelpwäldern vor der Küste tauchten. Einmal schwamm ich unvorsichtigerweise mitten in ein Algendickicht hinein, weil ich dachte, dass direkt dahinter klares Wasser käme; doch dahinter war nur noch mehr Tang, mit dicken, fleischigen Blättern und langen, kräftigen Stängeln, die sich aus dem Meeresboden darunter in die Höhe reckten. Ich war gefangen; mir ging allmählich die Luft aus, und ich bekam Panik. Ich drosch auf die Algen ein, mit dem Ergebnis, dass sie sich nur noch enger um mich wanden. Nach ich weiß nicht wie langer Zeit gelangte ich zu Klarheit, und ich beendete meinen Krieg gegen den Tang. Die Tauchermaske hing mir um den Hals, der Schnorchel war aus meinem Mund gerissen, und ich hatte eine Flosse verloren. Langsam befreite ich mich von den Pflanzen, statt gegen sie zu kämpfen, und arbeitete mich nach oben, bis ich schließlich die silbern glitzernde Oberfläche des Ozeans über meinem Kopf sah. Ich stieg auf und schnappte nach der kostbaren Luft.

Natürlich müssen wir uns für uns einsetzen und dabei gelegentlich Unangenehmes austragen. Sind wir dabei aber in unserer Wut gefangen wie ein Taucher im Kelpwald, ist das weder gut für andere noch für uns selbst. Ein Geist, der sich im Krieg befindet, fühlt sich nicht gut an, er ist voller Zorn und Angst. Der Körper läuft auf Hochtouren, in ihm sammeln sich die Abfallprodukte der Stressreaktion an. Wahrnehmungen und Überzeugungen schalten auf Vorurteile und in den Verteidigungsmechanismus. Alles läuft intensiver und beschleunigt ab – und kann letztlich dazu führen, dass andere in den Krieg gegen *uns* ziehen. Ein Teufelskreis.

Der Weg dorthin

Vergegenwärtigen Sie sich irgendeine Art von Spannung oder Konflikt mit einem anderen Menschen – im Jetzt oder in der Vergangenheit –, der Sie wütend macht, wenn Sie nur an ihn denken.

Mentale Faktoren

Was auch immer dieser Mensch getan hat, wie schlimm es auch immer war: Versuchen Sie, sich die *mentalen Faktoren* bewusst zu machen, die vielleicht noch zu der Situation *hinzukamen* und die Sie im Krieg gegen diesen Menschen festhalten:

- Zahlt es sich auf irgendeine Weise emotional für Sie aus, indem Sie sich beispielsweise im Recht oder überlegen fühlen? Falls das der Fall ist, fragen Sie sich, ob der Lohn seinen Preis wert ist.
- Halten Ihre Reaktionen weichere Gefühle wie Kränkung oder Traurigkeit in Schach? Falls das der Fall ist, versuchen Sie, diese tieferliegenden Emotionen mit Mitgefühl zu erkunden, sie zu akzeptieren, sie fließen und sich allmählich immer weniger von der Wut mitreißen zu lassen.
- Berechtigt Sie das Festhalten an diesem Krieg dazu, Forderungen an andere zu stellen (sie »schulden« Ihnen dann etwas)? Falls das der Fall ist, machen Sie sich klar, ob Ihre Rechte und Bedürfnisse legitim sind – auch ohne die Forderungen an andere. Stellen Sie sich vor, wie Sie für Ihre Rechte und Bedürfnisse eintreten, ohne sie in Bezug zu Ihren Konflikten mit anderen zu setzen.

Vertraute Drehbücher

Überlegen Sie, inwiefern Ihre Herangehensweise an Konflikte von Ihrer Erziehung und Ihren Lebenserfahrungen geprägt wurde. Meine Eltern stritten sich immer wieder kleinlich über dieselben Dinge, weshalb mir ein Vorbild, wie man Konflikte tatsächlich *löst* – darum geht es hauptsächlich in diesem Buch –, fehlte. Das bekam ich erst, als ich von zu Hause auszog und zunächst mit dem Human Potential Movement und anschließend mit der Klinischen Psychologie in Berührung kam. In anderen Familien werden Konflikte vielleicht durch ein dominantes Familienmitglied gelöst, was zur Folge hat, dass diejenigen, die sich fügen müssen, nach außen hin gehorsam und innerlich voller Groll sind. Zu ähnlichen Mustern der Interaktion kommt es bei Kin-

dern möglicherweise mit anderen Kindern – ich beispielsweise hatte Angst, in der Schule gemobbt zu werden – und später dann mit anderen Erwachsenen.
Wir verinnerlichen diese Beziehungsmuster sowohl hinsichtlich unseres Umgangs mit anderen – endlose Streitereien ohne Lösung, aggressives Verhalten, Nachgeben um des lieben Friedens willen – als auch hinsichtlich wie wir uns fühlen. Erkennen wir, dass wir vertraute »Drehbücher« aus unserer eigenen Geschichte nachspielen, kann uns das peinlich sein oder entmutigen. Doch denken Sie immer daran, dass wir so konstruiert sind, dass wir aus unseren Erfahrungen lernen, und dass Sie es allein durch die Bereitschaft, ehrlich mit sich selbst zu sein, schon besser machen. Allein sich der Drehbücher bewusst zu sein, entzieht ihnen einen Teil ihrer Macht über uns. Es dauert, bis wir sie umgeschrieben haben, und so werden Sie sich noch oft dabei ertappen, wie Sie allzu bekannte Sätze wiederholen. So ging es auch mir, bis ich beispielsweise erkannte: *Du lieber Himmel, ich klinge meinen Kindern gegenüber ja schon wieder wie mein Vater.* Mit der Zeit aber wird es Ihnen immer besser gelingen, aus alten Drehbüchern auszusteigen und zu einer effektiven Problemlösung mit anderen zu gelangen.

Ein friedliebender Geist

Versuchen Sie es einmal mit der folgenden kleinen Übung (die Sie natürlich auch modifizieren können, um sie an Ihre Bedürfnisse anzupassen): Ziehen Sie auf einem Blatt Papier mittig eine Linie von oben nach unten, um zwei Spalten zu bekommen. Über die linke Spalte schreiben Sie »Friedvolle Kraft«, über die rechte »Krieg im Kopf«. Schreiben Sie in jede Spalte dann die zugehörigen Gedanken, Gefühle und Absichten. So könnte auf der linken Seite beispielsweise stehen: »Ruhe, das Gesamte betrachten, geduldig, sich nicht von Nebensächlichkeiten ablenken lassen«, während rechts zu lesen ist: »Herzklopfen, dafür werden sie bezahlen, auf eine Sache fixiert, ziemlich unglücklich, ständiges Grübeln, gestresst, angespannt«.

Denken Sie dann über zwei Dinge nach. Erstens: Sie können für sich selbst eintreten – wie, erfahren Sie in den hinteren Kapiteln – und trotzdem in *innerem* Frieden leben. Die anderen mögen einen Krieg gegen Sie führen, der muss aber nicht bis in Ihren Kopf vordringen! Sie müssen sich nicht im Inneren mit ihnen streiten. Sie müssen sich nicht von Rechthaberei und Feindseligkeit überfallen, sich nicht vom Gedankenstrom anderer mitreißen lassen. Denken Sie nur an die neurologischen Turbulenzen hinter den Gedanken: das unglaublich komplizierte, anstrengende und größtenteils willkürliche Rühren flüchtiger neuraler Ansammlungen, bis Kohärenz entsteht, dann Chaos, dann wieder Kohärenz. Sich über die Gedanken eines anderen Menschen zu ärgern ist wie sich über die Gischt eines Wasserfalls zu ärgern. Versuchen Sie, Ihre Gedanken von denen anderer Menschen zu entkoppeln. Sagen Sie sich: *Sie sind dort, und ich bin hier … Ihr Geist ist von meinem getrennt.* Vergegenwärtigen Sie sich jemanden, der diese Kombination aus Kraft und Nicht-Reaktion gegenüber den Angriffen anderer verkörpert; stellen Sie sich vor, was dieser jemand in Ihrer Situation denken und fühlen würde, und lassen Sie sich ganz von dieser Vorstellung durchdringen.

Zweitens: Machen Sie sich bewusst, wie kostspielig der Krieg im Kopf für Sie und andere ist, auch für unschuldige Zuschauer wie etwa Kinder. Wenn ich an die Fehler, die ich in diesem Leben gemacht habe, denke, fällt mir auf, dass ich bei den meisten von ihnen in einen Krieg in meinem eigenen Kopf verwickelt war. Was ist das übergeordnete Wohl, sowohl für Sie als auch für andere? Lassen Sie ihnen ihren kleinen Sieg, um des größeren Glückes willen. Entscheiden Sie sich mit ganzem Herzen für einen friedliebenden Geist.

Wir können uns den Krieg im eigenen Kopf bewusst machen, statt uns in die Vorwürfe, Standpunkte, Drohungen und Schuldzuweisungen anderer hineinziehen zu lassen. Vielleicht ändert sich die Welt da draußen nicht. Doch wenn Sie den Krieg im eigenen Kopf beenden, werden Sie sich besser fühlen und besser handeln – was vielleicht dazu beiträgt, dass sich die Welt ebenfalls zum Besseren wendet.

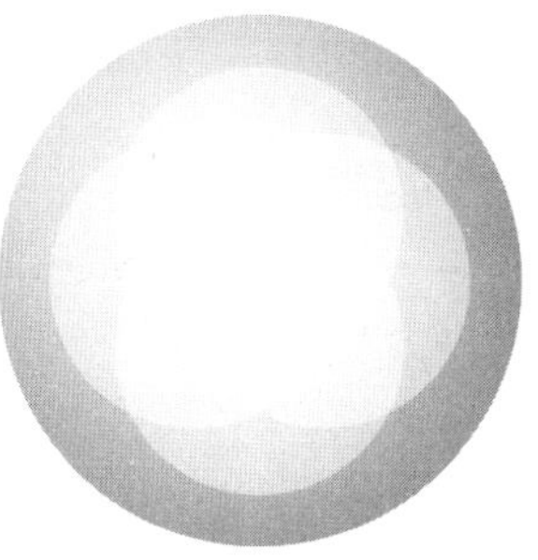

22

Andere akzeptieren

Ich gebe es zu: Ich wünschte, manche Menschen wären anders. Je nachdem, um wen es sich dabei handelt, wünschte ich, sie hörten auf, Dinge zu tun, wie Schranktüren in unserer Küche offen stehen zu lassen, mir Spam-Mails zu schicken oder die globale Erwärmung zu ignorieren. Und ich wünschte, sie begännen, Dinge zu tun, wie freundlicher und hilfsbereiter zu sein. Selbst wenn es mich nicht direkt betrifft, so wünschte ich um mancher Menschen willen, die mir am Herzen liegen, sie wären energiegeladener, weniger ängstlich oder weniger selbstkritisch.

Wie wünschen *Sie* sich andere Menschen? Denken Sie dabei nicht nur an die Menschen in Ihrer unmittelbaren Umgebung, sondern auch an Kollegen, Nachbarn und Teilnehmer am morgendlichen Berufsverkehr. Es ist ganz normal, sich zu wünschen, andere wären anders, ebenso wie es normal ist, sich zu wünschen, man selbst wäre anders (z. B. reicher oder klüger). Es ist in Ordnung zu versuchen, andere auf eine geschickte, ethisch korrekte Art und Weise zu beeinflussen. Problematisch aber wird es, wenn sich das zu Krittelei, Verachtung, Hetze oder jeder anderen Form von *Kampf* auswächst. Stattdessen sollten wir versuchen, andere so zu akzeptieren, wie sie sind – oder eben nicht sind.

Akzeptanz bedeutet, sich der Wahrheit – den Tatschen, der Realität – zu »fügen«, wie auch immer die Wahrheit aussehen mag. Vielleicht gefällt sie uns aus verständlichen Gründen nicht. Mir beispielsweise gefallen die Tatsachen gar nicht, dass viele Kinder tagtäglich hungrig zu Bett gehen, dass meine Mutter und mein Vater nicht mehr da sind und dass ich Menschen verletzte, weil ich die Beherrschung verloren habe. Doch die Dinge sind, wie sie sind, und wir können sie akzeptieren und gleichzeitig versuchen, sie besser zu machen, wenn das möglich ist. Die Akzeptanz verwurzelt uns in dem, was wahr ist – von hier aus müssen wir nach Effektivität, anhaltendem Glück und langfristiger Heilung streben.

Menschen zu akzeptieren bedeutet *nicht,* ihnen immer zuzustimmen, sie zu mögen oder ihre Auswirkungen auf uns herunterzuspielen. Wir können immer noch angemessene Schritte unternehmen. Akzeptanz bedeutet, die Realität des anderen zu akzeptieren. Die mag uns nicht gefallen, wir mögen anderen Dingen oder Eigenschaften den Vorzug geben, wir können ihretwegen traurig oder wütend sein, doch tief in unserem Inneren haben wir unseren Frieden mit ihnen gemacht. Und das allein ist ein Segen. Manchmal kann die Verlagerung hin zur Akzeptanz einen Raum eröffnen, in dem sich die Beziehung verbessern kann.

Der Weg dorthin

Um ganz deutlich zu erfahren, was Akzeptanz ist, sollten Sie mit etwas Einfachem, Direktem und Unbestreitbarem beginnen, etwa mit den Empfindungen des Atmens. Konzentrieren Sie sich einige Atemzüge lang auf das Gefühl, den Atem sein zu lassen, wie auch immer er ist. Denken Sie dabei beispielsweise Folgendes: *Ich akzeptiere, wie sich meine Brust hebt ... Ich akzeptiere, wie sie sich senkt ... dieses Hinein- und Hinausfließen. Ich akzeptiere, dass da jetzt Atmen ist ... Ich akzeptiere die Tat-*

sache des Atmens in diesem Augenblick … Versuchen Sie dann, einen Schritt weiter zu gehen: *Ich akzeptiere die Tatsache, dass dieser Körper Luft braucht … Ich akzeptiere, dass ich atmen muss.* Wie fühlt sich Akzeptanz für Sie an? Was daran bereitet Ihnen Freude, was daran ist Ihnen wichtig?

Akzeptieren, was schwer zu akzeptieren ist

Versuchen Sie es nun mit Dingen, die schwer zu akzeptieren sind. Beginnen Sie mit etwas Kleinem und steigern Sie sich dann allmählich. Hier einige Beispiele: *Ich kann es nicht glauben, dass manche Autofahrer ihren Blinker nicht benutzen … Mir gefällt nicht, wie mein Mitbewohner das Geschirr abspült … Ich wünschte, mein Partner wäre weniger hyperrational und mehr in Kontakt mit seinen Gefühlen.*

Setzen Sie die jeweilige Tatsache dann in einen Kontext mit der Akzeptanz, wie Sie das auch bei der vorherigen Übung getan haben: *Es stimmt, dass* __________ *… Mir ist klar, dass* __________ *… Ich füge mich der Tatsache, dass* __________ *… Ich wünschte von Herzen,* __________ *wäre nicht der Fall, doch das ist es … Ich gebe bei* __________ *nach … Ich akzeptiere* __________. Können Sie diesen Tatsachen mit innerer Weichheit begegnen? Können Sie sich der Art und Weise, wie die Dinge sind, öffnen?

Akzeptanzblockaden verstehen

Bei dem Versuch, andere mehr zu akzeptieren, könnten Sie auf zwei häufig vorkommende Blockaden stoßen.

Zum einen steht der Akzeptanz die mögliche Enttäuschung oder sogar Verzweiflung darüber entgegen, dass der andere wirklich so ist, wie er ist, und wahrscheinlich auch so bleiben wird. Doch denken Sie immer daran: Sie können die schmerzlichen Gefühle, die Ihr Bewusstsein durchziehen, empfinden und trotzdem zu einer tieferen Akzeptanz der Realität dieses Menschen gelangen.

Zum anderen halten wir oft an Dingen fest, die einfach nicht geschehen werden. Auch das kann der Akzeptanz im Wege stehen. Es mag zwar traurig sein, ist aber dennoch durchaus möglich, dass jemand beispielsweise nie zugeben wird, was er getan hat, oder Ihnen nie die Liebe schenken wird, nach der Sie sich sehnen. So kann uns auch unsere Beharrlichkeit, nicht nur unsere Schwäche in Schwierigkeiten bringen, indem wir zu lange nach Gold schürfen, wo schlicht nichts zu holen ist. Empfinden Sie die verständliche Frustration und das verständliche Bedauern – und richten Sie Ihre Energie dann auf lohnenswertere Dinge.

Jemanden voll und ganz akzeptieren

Denken Sie an einen Menschen, der Ihnen wichtig ist. (Sie können diese Übung mit mehreren Personen durchführen.) Denken, sagen oder schreiben Sie Folgendes und spüren Sie nach, wie Sie sich dabei fühlen: *Ich akzeptiere dich voll und ganz … Unzählige Ursachen, große wie kleine, haben dazu geführt, dass du so denkst, sprichst und handelst, wie du denkst, sprichst und handelst … Du bist, wer du bist … Ich lasse dich … Du bist eine Tatsache, und ich akzeptiere die Tatsachen in meinem Leben … Du und ich sind Teile eines größeren Ganzen, das ist, was es ist, und auch das akzeptiere ich.*

Wenn Sie möchten, können Sie auch spezifischer werden und Aspekte der Person benennen, die sie besonders ärgert, etwa so: *Ich akzeptiere, dass du schnarchst … immer zu spät kommst … deine Klamotten auf dem Boden herumliegen lässt … immer noch wütend auf mich bist … wenig Interesse an Sex hast … mit Klauen und Zähnen in dieser Scheidung mit mir ringst … mich nicht wirklich verstehst.*

Denken Sie darüber nach, wie Sie sich möglicherweise mit dem anderen verkeilt haben in dem Versuch, ihn zu ändern. Wenn ich selbst darüber nachdenke, werden mir mein eigenes Drängen, meine eigene Reizbarkeit und meine eigenen Verletzungen bewusst. Vielleicht können Sie einiges davon loslassen, vielleicht sogar alles. Öffnen Sie sich dem Lockerwerden und dem Frieden, die sich einstellen, wenn Sie loslassen können.

Denken Sie darüber nach, wie schön es ist, wenn Sie von jemandem voll und ganz akzeptiert werden. Das ist ein wunderbares Geschenk – das auch wir anderen machen können, wenn wir *sie* voll und ganz akzeptieren. Stellen Sie sich vor, wie es Ihre Beziehung zu jemandem verbessern könnte, wenn dieser Jemand das Gefühl hätte, voll und ganz von Ihnen akzeptiert zu werden. Akzeptanz ist ein Geschenk, das uns selbst beschenkt.

Es ist leicht, wunderschöne Sonnenuntergänge, Auszeichnungen in Gold und ein herzliches Lächeln zu akzeptieren. Es sind die schwierigen Dinge, die wir nur schwer akzeptieren können. Deshalb ist es so wichtig, sich den Frieden bewusst zu machen, der entsteht, wenn wir nicht mehr gegen Realitäten ankämpfen. Sie können immer noch Ihr Möglichstes tun – was leider manchmal nichts ist –, und sich dennoch dem, was wahr ist, öffnen. Das nimmt auch häufig den Konflikten mit anderen ihre Schärfe. Irgendwann stellt sich dann eine Leichtigkeit in Ihrem Herzen ein, eine Weichheit und Klarheit. Und eine hart erkämpfte, ehrliche Freiheit.

23

Entspannen Sie sich – Sie werden jetzt kritisiert

Sie haben es gemerkt: Der Titel dieser Übung ist mit einem Augenzwinkern formuliert. Ich hätte auch schreiben können: Wir verbringen manchmal zu viel Zeit damit, uns Gedanken über Kritik zu machen – aber das war zu lang. Da können Sie sich noch so viel Mühe geben, Verabredungen einhalten, pünktlich sein und so weiter und so weiter. Doch früher oder später wird irgendjemand Sie darauf aufmerksam machen, wie falsch Sie sich verhalten. Häufig kommt die Kritik ganz subtil daher, etwa als Ratschlag, Hilfe oder Lektion, wenn Sie sie nicht wirklich brauchen, als Korrektur oder als negativer Vergleich mit anderen.

Anders ausgedrückt: Kritik ist unvermeidbar. Da wir keine Roboter oder sonstigen Maschinen sind, ist es ganz normal, dass uns Kritik unangenehm ist und uns hin und wieder sogar verletzt. Doch abgesehen vom *inhärenten* Stachel der möglicherweise zutreffenden Kritik selbst, machen wir sie schlimmer, indem wir anschließend noch eigenhändig auf uns eindreschen. Zu diesem »Bonusschmerz« – einer selbst zugefügten Wunde – gehört es beispielsweise, die Kritik im Geist ständig zu wiederholen, auch noch lange nachdem der Kritiker bereits wieder seiner Wege gegangen ist. Darüber hinaus fügen wir uns unnötigen Schmerz zu, wenn wir uns gegen potenzielle *zukünftige* Kritik wappnen oder uns klein machen, um diese zu vermeiden. Dabei kommt es größtenteils später noch nicht einmal zu der befürchteten Kritik! Wir übertragen Erwartungen aus der Kindheit oder Jugend auf unser Erwachsenenleben. Vielleicht mussten Sie damals tatsächlich viel Kritik über sich ergehen lassen, doch heute verbringen Sie Ihre Zeit wahrscheinlich mit anderen – und hoffentlich weniger kritischen – Menschen. Ich persönlich habe in meinem Leben viel zu viel Zeit damit verbracht, mich zu ducken oder zu wappnen, um einer angenommenen Schimpftirade zuvorzukommen … die in Wahrheit sehr unwahrscheinlich war.

Selbst wenn die Kritik kommt – ist sie dann wirklich so schrecklich, wie Sie befürchteten? In der Regel nicht. Sie können sie akzeptieren, sich das Nützliche herauspicken, eigene Schlussfolgerungen bezüglich der Person ziehen, die die Kritik geäußert hat, aus der Kritik lernen und dann weitermachen.

Der Weg dorthin

Stoßen Sie auf Kritik, sollten Sie innehalten und sie im Kopf sortieren, um sicherzugehen, dass Sie sie verstehen. Vielleicht ist sie eng gefasst und spezifisch, doch meist ist sie vage, verwirrend oder übertrieben. Während Sie versuchen, die Kritik zu verarbeiten, können Sie sich schützen, indem Sie dabei auch an Menschen denken, denen Sie am Herzen liegen, und sich an einige der vielen Arten und Weisen erinnern, auf die Sie Gutes tun und gut sind.

Haben Sie die Kritik erst verstanden, können Sie entscheiden, wie Sie mit ihr umgehen wollen. Manchmal ist die Kritik schlichtweg falsch, weil sich der Kritiker hinsichtlich der Fakten irrt oder keinen Einblick in den größeren Kontext hat. Sie haben das Recht, anderer Meinung zu sein als Ihr Kritiker, zumindest im Geiste.

Manchmal stecken hinter der Kritik auch Vorlieben oder Werte, die Sie nicht teilen. So wünschen sich einige Menschen beispielsweise mehr Nähe als andere. Doch nur weil Sie mehr Zeit in Ihrer »Höhle« verbringen wollen, bedeutet das noch lange nicht, dass Sie kalt oder abweisend wären. Es bedeutet ebenfalls nicht, dass Ihr Partner Sie erdrücken oder kontrollieren wollte. Hierbei handelt es sich nur um einen ganz normalen Unterschied hinsichtlich unserer Werte; vielleicht reden Sie miteinander darüber – mit Neugier und Mitgefühl, aber ohne Kritik.

Es gibt auch Fälle, in denen wir etwas getan haben, das tatsächlich der feinfühligen Korrektur bedarf – manchmal *bin* ich zu schnell unterwegs, und meine Frau hat recht, wenn sie mich darauf hinweist, langsamer zu fahren –, doch wird die Kritik mit emotionaler Heftigkeit, als Schuldzuweisung oder als persönlicher Angriff geäußert. Wie wir in Kapitel 11 (»Sich selbst vergeben«) gesehen haben, ist es sehr hilfreich, moralische Versäumnisse von dem zu trennen, was nur der Korrektur bedarf und woraus wir lernen sollten. Sie haben zwei Möglichkeiten: Sie können sich gegen die Art, wie die (berechtigte) Kritik geäußert wurde, verwahren oder sie übergehen und sich darauf konzentrieren, es das nächste Mal besser zu machen.

Gelegentlich tun wir aber auch etwas, das angemessene Reue verdient. Leisten Sie Wiedergutmachung, wenn Sie können, fragen Sie sich, wie viel Reue ein Freund empfinden sollte, der getan hat, was Sie getan haben, und überlegen Sie, ob Sie mehr oder weniger von sich verlangen sollten.

Wenn Sie wissen, dass Sie mit Kritik auf diese Weise umgehen können, werden Sie sich nicht mehr so sehr über sie ärgern und können sich ihr gegenüber mehr öffnen. Sie werden nicht mehr das Bedürfnis verspüren, sich zu verteidigen, die Kritik abzublocken oder einen Gegenangriff zu starten. Sie müssen sich nicht verbiegen, um Kritik zu vermeiden, oder ständig darauf achten, bloß keinen Fehler zu machen.

In den meisten Fällen sollten Sie Kritik in ihren vielen Gewändern schlicht als Fakt des Lebens anerkennen. So ist es eben. In unserem Leben und in unserer Welt gibt es wahrlich schlimmere Probleme – und viel größere Chancen. Es ist an der Zeit, zuversichtlicher und mutiger zu leben.

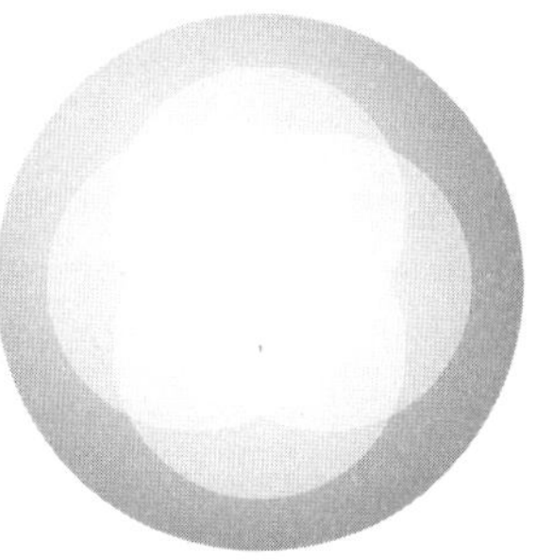

24

Vor der eigenen Tür kehren

Eine grundlegende Annahme in der Sozialpsychologie besteht darin, dass sich in Beziehungen typischerweise ein stabiles Gleichgewicht entwickelt, das Veränderungen widersteht, *auch wenn die Beziehung voller Konflikte und Leid ist.* Als Paartherapeut erlebe ich das immer wieder. Jeder der beiden Partner hat Dinge an der Beziehung auszusetzen. Jeder wünscht sich, der andere würde sich in dieser oder jener Hinsicht anders verhalten. Und jeder hat eine ziemlich gute Vorstellung davon, was sich der andere wünscht. Aber es hilft nichts: Sie stecken fest. Im Wesentlichen sagt Partner A zu Partner B: »Ich verändere mich, wenn du dich veränderst«, worauf Partner B antwortet: »Gut! Du zuerst.« Wir verbringen für gewöhnlich viel mehr Zeit damit, darüber nachzudenken, wie andere uns besser behandeln könnten, als darüber, wie wir sie besser behandeln könnten. Das verstärkt sich bei signifikanten Konflikten. Da werden wir zu wahren Experten, was der andere besser tun könnte und sollte.

Und natürlich hat der andere eine ebensolche Liste.

Das ist ganz normal, kann aber in Sackgassen, zu Teufelskreisen und Eskalationsspiralen in unseren Beziehungen führen. Die

Dinge scheinen hoffnungslos. Wir marinieren uns gewissermaßen emotional im chronischen Gefühl der Verletzung und des Grolls. Die Alternative besteht in dem, was ich *unilaterale* (von einer Seite ausgehende) *Tugend* nenne: nach dem eigenen Kodex leben, auch wenn andere das nicht tun. Richten Sie ruhig etwa 20 Prozent Ihrer Aufmerksamkeit darauf, was die anderen besser machen könnten, die restlichen 80 Prozent jedoch darauf, was Sie selbst besser machen könnten. Kümmern Sie sich maximal vernünftig um die Wünsche und Sorgen anderer – wobei *Sie* entscheiden, was Sie unter »maximal vernünftig« verstehen.

Jetzt denken Sie vielleicht: *Warum muss ich den ersten Schritt machen? Er hat mir so Unrecht getan!* Zuerst vor der eigenen Tür zu kehren – und zwar so, wie *Sie* es für richtig halten – hat jedoch viele Vorteile. Das Gefühl, hilflos zu sein und festzustecken, wird sich umgehend minimieren, weil Sie sich auf die Dinge konzentrieren, über die Sie die Kontrolle haben – also auf sich selbst –, und nicht auf die, über die Sie keine Kontrolle haben – den anderen. Egal was der andere tut, es wird sich gut anfühlen, den besseren Weg gewählt zu haben und sich in der »Wonne der Untadeligkeit« aalen zu können. Außerdem ist dies Ihre gewinnversprechendste Strategie, von anderen besser behandelt zu werden, weil Sie die Emotionalität rausnehmen, sich mit den Problemen des anderen befassen und damit weniger Angriffsfläche bieten. Im Laufe der Zeit wird Sie diese Herangehensweise in eine Position versetzen, in der Sie andere mit mehr Recht darum bitten – und falls nötig, auch darauf bestehen – können, ihrerseits auf Ihre Bedürfnisse und Wünsche zu reagieren.

Der Weg dorthin

Das ist im Grunde ganz einfach: Konzentrieren Sie sich in erster Linie darauf, wie *Sie* die Beziehung verbessern können. Wir können uns um die Ursachen kümmern, die Ergebnisse haben wir nicht in der Hand. Sie können einen Apfelbaum gießen, ihn aber nicht dazu *zwingen,* Ihnen einen Apfel zu schenken. Die mentale Verlagerung weg von der Beschäftigung mit anderen und hin zur eigenen heutigen To-do-Liste kann sich wunderbar befreiend anfühlen.

Authentisch bleiben

Das bedeutet nicht, gute Miene zum bösen Spiel zu machen und so zu tun, als sei alles in Ordnung, wenn es das nicht ist. Es gibt immer ein bestimmtes Spektrum, innerhalb dessen wir authentisch auf einen anderen Menschen reagieren können, und mit unilateraler Tugend zielen wir stets auf das obere Ende dieses Spektrums ab. Wenn beispielsweise Spannungen zwischen Ihnen und einer anderen Person existieren, können Sie höflich bleiben und gleichzeitig kühl, distanziert und förmlich sein. Sie können Ihre Aufgaben erledigen und Ihre Verabredungen einhalten und sich gleichzeitig aus aussichtslosen Kämpfen, den anderen zu verändern, raushalten.

Kümmern Sie sich um sich selbst

Um moralisch integer zu bleiben, sollten Sie gut zu sich selbst sein, unter anderem auf die Art und Weise, wie wir sie in Teil 1 kennengelernt haben. Machen Sie sich die Dinge bewusst, die Ihren Geist trüben und zu Überreaktionen führen, etwa zu wenig Schlaf oder zu viel Alkohol. Bleiben Sie durch den Gedanken an die Vorteile für Sie und andere motiviert.

Kommen Sie Ihren Verpflichtungen nach

Machen Sie sich im Geist oder schriftlich Ihre Verpflichtungen in der betreffenden Beziehung bewusst. Je nach Situation mögen dies ganz greifbare Dinge wie beispielsweise »jeden zweiten Tag den Abwasch erledigen« oder »spätestens freitags 16 Uhr den wöchentlichen Verkaufsbericht abgeben« sein. Es könnte aber auch umfassendere oder emotionalere Punkte wie »in Gesprächen präsent bleiben« oder »im Umgang mit den Schwiegereltern hilfsbereit sein« geben. Berücksichtigen Sie auch *Beziehungsaufgaben* wie »Platz für Wir-Zeit schaffen« oder »nachfragen, wie der andere sich fühlt«. Sie können sich dies wie eine Art Stellenbeschreibung als Mutter oder Vater, Angestellter, erwachsenes Kind alternder Eltern, Ehefrau oder Ehemann, Freund oder schlicht anständiger Mensch vorstellen. Das mag Ihnen zunächst seltsam formell erscheinen, durch die Methode gewinnen Sie jedoch Distanz; die Dinge fühlen sich unpersönlicher an, und Sie sehen besser, was Sie tun sollten, unabhängig davon, wie gut der andere seinerseits seinen Verpflichtungen nachkommt.

Nach dem eigenen Kodex leben

Was verleiht Ihnen ein Gefühl des Selbstrespekts, wenn Sie abends schlafen gehen? Was immer Ihnen dazu einfällt – dies ist Ihr persönlicher Verhaltenskodex. Er mag offensichtlich für Sie sein; dennoch ist es nützlich, ihn sich explizit bewusst zu machen, im Geist oder schriftlich. Er umfasst vielleicht Dinge wie die folgenden: *andere ausreden lassen; sich vor den Kindern keinen Schwips antrinken; den eigenen Standpunkt nicht ständig wiederholen; anderen helfen, wann immer dies möglich ist; Verabredungen einhalten.* Denken Sie an Zeiten zurück, in denen Sie Konflikte austragen mussten: Wünschen Sie sich, Sie hätten sich damals anders verhalten? Wie?

Beschwerden ernst nehmen

Beschwerden sind etwas ganz Normales, die meisten Menschen haben an anderen hin und wieder etwas auszusetzen. In unseren Beziehungen sind wir uns über die Beschwerden der anderen häufig absolut im Klaren oder können nachfragen, wenn wir uns nicht sicher sind. Überlegen Sie angesichts der Beschwerdeliste des anderen – Sie können sie auch Wunschliste nennen, wenn Sie mögen –, was Sie *vernünftigerweise* tun können, um die Liste zu verkleinern. Stellen Sie sich vor, wie es wäre, die Liste Punkt für Punkt abzuarbeiten. Welche Vorteile hätte das für Sie und die Beziehung?

Den richtigen Weg wählen

Es ist wirklich gut zu wissen, was *unilaterale Tugend* für Sie bedeutet. Dann wird vieles im Leben klarer. Machen Sie Ihren Job – wie *Sie* ihn für sich definieren. Das ist nicht immer einfach: Manchmal kommen uns andere in die Quere, und die Situation bleibt schwierig. Wenn Sie jedoch Ihrem Verhaltenskodex treu bleiben, werden Sie dafür mit dem Gefühl des Friedens und des Selbstwerts belohnt.

Beobachten Sie, wie der andere darauf reagiert. Nach einer gewissen Zeit – wir sprechen hier von Wochen oder Monaten, nicht Jahren – können Sie die Beziehung neu bewerten und entscheiden, ob Sie mehr über Ihre eigenen Wünsche und Beschwerden sprechen möchten. Das werden Sie dann von einem viel stabileren Standpunkt aus tun können – in dem Wissen, Ihr Bestmögliches getan zu haben.

TEIL 4

Für sich selbst eintreten

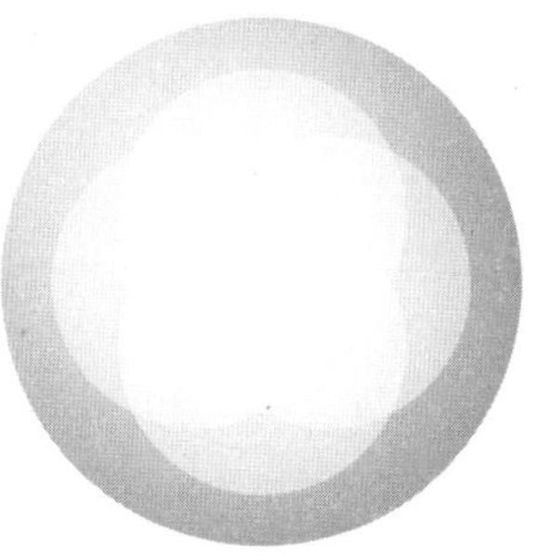

25

Unnötige Ängste loslassen

Es ist normal, in Anwesenheit anderer vorsichtig oder auch nervös zu sein. Ein Beispiel: Wenn jemand in einem Meeting anderer Meinung ist als Sie, fühlen Sie sich wahrscheinlich unbehaglich und machen sich Sorgen darüber, was die anderen denken: *War ich zu vorschnell? Bin ich meinem Chef sympathisch? Halten die anderen mich für nicht ganz so clever?* Wenn Sie dann später nach Hause kommen, ist Ihr, sagen wir, Sohn im Teenageralter schweigsam und unnahbar – wie üblich. Sie möchten ihm sagen, dass sich die kühle Distanz zu ihm furchtbar anfühlt, Sie möchten ihm Ihr Herz ausschütten … sind aber unbeholfen, weil Sie Angst haben, damit alles nur noch schlimmer zu machen. Außerdem ist es in Ihrer Kindheit nie gut ausgegangen, wenn Sie jemandem Ihr Herz ausgeschüttet haben, also sagen Sie nichts – wieder einmal.

Zu anderen sozialen Ängsten gehören die Unsicherheit bezüglich der eigenen Erscheinung, die Angst, vor Publikum oder mit Autoritätspersonen zu sprechen, und die Angst vor Menschen, die anders sind als wir. Manchmal sind diese Ängste berechtigt.

Vielleicht will Sie wirklich jemand unter Druck setzen, verletzen oder ausbeuten. Sicherheit ist unser grundlegendstes Bedürfnis, und es ist überlebenswichtig, Gefahren zu erkennen und gekonnt mit ihnen umzugehen. Dennoch sind viele unserer Ängste bezüglich anderer Menschen *nicht* berechtigt. Es interessiert sie meist nicht wirklich, was wir getan haben, und wenn doch, dann nur flüchtig.

Sollten Sie tatsächlich einmal einer Bedrohung ausgesetzt sein, können Sie entschlossen und voller Selbstvertrauen darauf reagieren statt mit Angst. Für gewöhnlich gesellt sich die Angst zu unseren anderen Reaktionen *dazu.* Manchmal ist sie hilfreich – öfter aber trübt sie unser Denken, steigert das Leid und verschlimmert Konflikte mit anderen. Wir können anderen gegenüber zu wenig ängstlich oder zu ängstlich sein. Was, glauben Sie, kommt wohl häufiger vor?

Richtig: Letzteres. Unnötige Ängste sind alles andere als das Salz in der Suppe – sie machen das Leben bitter.

Der Weg dorthin

Ängstlichkeit kann chronisch werden, zu einer Art Angewohnheit, der man nur schwer wieder entkommt. Manche Menschen haben sogar Angst davor, keine Angst zu haben, da sie dann möglicherweise weniger auf der Hut sind und wieder verletzt werden könnten. Es ist wichtig zu erkennen, *dass Sie potenziellen Bedrohungen gegenüber wachsam sein können, ohne dabei Angst vor ihnen haben zu müssen.*

Machen Sie sich den Preis unnötiger Ängste – nicht informativer, nicht nützlicher Ängste – bewusst. Abgesehen davon, dass wir uns mit ihnen schlecht fühlen, sorgen sie auch dafür, dass wir uns anderen gegenüber klein machen, dass wir zurückhalten, was wir wirklich fühlen, und uns ducken oder aggressiv werden. Wäre es nicht viel schöner, ohne nutzlose Ängste zu leben?

Der Angst den Zahn ziehen

Es ist hilfreich zu wissen, warum sich unser Nervensystem von der Furcht so leicht als Geisel nehmen lässt. Damit unsere Vorfahren überleben konnten, hat sich Mutter Natur ein Gehirn ausgedacht, das dazu neigt, Bedrohungen überzubewerten, Chancen hingegen zu unterschätzen und ganz allgemein unsere Ressourcen, mit Bedrohungen umzugehen und Chancen zu ergreifen, zu verkennen. Das ist in Situationen, in denen es um Leben und Tod geht, auch sehr nützlich – für unser Wohlbefinden und erfüllte Beziehungen aber ist es ausgesprochen schlecht. Es ist also nicht unsere Schuld, dass wir unnötig ängstlich sind; es liegt jedoch in unserer Verantwortung (und ist unsere *Chance)*, uns mit dem Thema auseinanderzusetzen.

Wann immer Ihnen etwas bedrohlich erscheint – etwa wenn Sie sich ausmalen, was alles geschehen könnte, wenn Sie sich einem anderen Menschen gegenüber verletzlich zeigen oder entschlossen auftreten –, sollten Sie sich Folgendes fragen:

- Überschätze ich diese Bedrohung?
- Unterschätze ich hier möglicherweise Chancen?
- Verkenne ich die Ressourcen in mir und meiner Umgebung, mit der Bedrohung umzugehen und potenzielle Chancen beim Schopf zu packen?

Allein schon dieses Innehalten und Sich-klar-Werden kann dazu beitragen, dass wir uns sofort weniger ängstlich fühlen.

Die Turbolader erkennen

Denken Sie an Ihr bisheriges Leben zurück, vor allem an Ihre Kindheit, und daran, was Sie als bedrohlich empfunden haben, was Ihnen Angst gemacht hat, was vielleicht sogar traumatisch war. Wie haben Sie gelernt, mit Bedrohungen und Ängsten umzugehen? Das mag zur jeweiligen Zeit hilfreich gewesen sein, doch nun sind diese Lektionen in Ihren Körper montiert wie

Turbolader, die Ihre Wahrnehmung verzerren, Ihre Emotionen beschleunigen und kippen und Ihre Impulse und Handlungen steuern. Nehmen Sie sich einen Augenblick Zeit und fertigen Sie eine Liste Ihrer »Turbolader« an. Je mehr Sie sich ihrer bewusst sind, desto weniger Macht haben sie über Sie. Vielleicht sagen Sie sich dabei: *Ich bin ja schließlich nicht mehr in der Schule … Er ist nicht mein Vater … Sie haben Kritik an mir geübt, sie haben mich nicht angegriffen … Man hat mich nicht völlig zurückgewiesen, auch wenn es sich im Moment so anfühlt … Die verletzten Gefühle sind in erster Linie emotionale Erinnerungen an früher, sie basieren nicht auf dem, was hier und jetzt wahr ist.*

Haben Sie keine Angst

Vergegenwärtigen Sie sich jemanden, von dem Sie *wissen,* dass ihm etwas an Ihnen liegt, und sagen Sie sich dann: *Ich weiß, dass du mich nicht angreifen wirst.* Formulieren Sie dies so, dass es für Sie glaubhaft klingt. Wie fühlen Sie sich dabei? Versuchen Sie es dann mit folgender Aussage: *Selbst wenn du mich angreifen würdest, würde es mir tief im Inneren noch immer gut gehen.* Nehmen Sie diese Wahrheit und die damit verbundenen guten Gefühle ganz in sich auf. Sagen Sie sich anschließend: *Ich kann auf mich aufpassen, wenn ich mit dir zusammen bin.* Nehmen Sie auch das ganz in sich auf. Und: *Wenn du mich verletzen würdest, würde es mir tief im Inneren trotzdem gut gehen.* Und: *Ich wünsche dir nur Gutes.* Sollte Ihnen diese Übung Schwierigkeiten bereiten, können Sie sie mit anderen Menschen, von denen Sie geliebt werden, probieren. Greifen Sie dabei auf das Gefühl der stillen Kraft zurück, das wir im Kapitel 3 erkundet haben. Versuchen Sie, innerlich einen Ort zu finden, an dem Sie Menschen und Situationen als das erkennen, was sie wirklich sind, an dem Sie sich Ihren eigenen Bedürfnissen widmen und an dem *keine unnötigen Ängste hinzukommen.*

Führen Sie die Übung als Nächstes mit einem Freund, den Sie sich vorstellen, durch … dann mit einer neutralen Person … dann mit jemandem, mit dem Sie Schwierigkeiten haben. Gibt es da wirklich etwas, weshalb Sie ängstlich sein müssten, dann soll es so sein. Machen Sie sich ansonsten bewusst, dass Sie andere realistisch einschätzen und für sich selbst einstehen – ohne sich sinnlos zu ängstigen.

Führen Sie die Übung auch während der Interaktion mit anderen durch. Können Sie mit einem Familienmitglied reden, einem Freund, einer neutralen Person, einem schwierigen Menschen, ohne auch nur im Geringsten *unnötig* besorgt, alarmiert oder unsicher zu sein? Vertiefen Sie das Gefühl, anderen ohne unberechtigte Angst gegenüberzutreten, und nehmen Sie diese Erfahrung ganz in sich auf, sodass Sie zunehmend in diesem Seinszustand wurzeln.

Genießen Sie das Gefühl der Freiheit, das Sie durch diese Übung gewinnen werden, die größere Leichtigkeit im Umgang mit anderen, das Zutrauen. Spüren Sie, wie entspannt, geduldig, offen und fürsorglich Sie anderen gegenüber sein können, wenn Sie keine Angst haben.

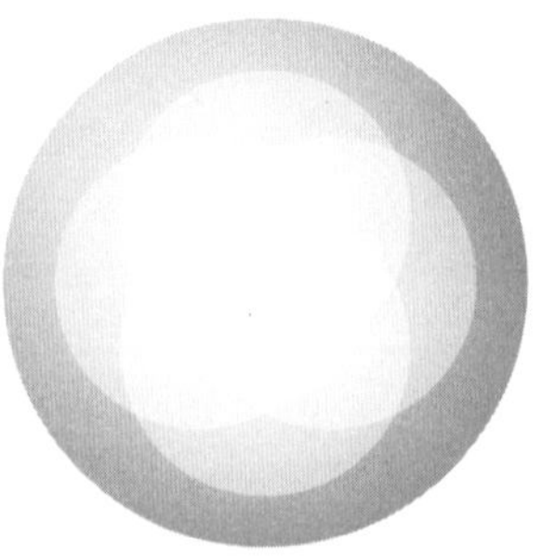

26

Den eigenen Standpunkt finden

Ich war schon mehrmals in Neuseeland – ein Land, das ich sehr mag und respektiere. Dort habe ich ein Maori-Wort gelernt: *tūrangawaewae.* Es bedeutet so viel wie »ein Ort zum Stehen« und ist mir im Laufe der Zeit sehr ans Herz gewachsen.

Ich bin mir sicher, dass ich nicht die ganze Bedeutung des Wortes in seinem kulturellen Kontext kenne. Doch auf einer grundsätzlichen Ebene ist klar, dass wir alle einen Ort zum Stehen brauchen. Einmal einen physischen Ort: Heim und Herd, ein Dach über dem Kopf, ein Bett, in dem wir uns zusammenrollen können. Dazu aber auch geistige oder spirituelle Orte: das Gefühl, geliebt zu werden, unsere ruhige, klare Mitte, das Wissen um Tatsachen, Mitgefühl und Moral, realistische Pläne. Eine verwandte Vorstellung ist die der *Zuflucht:* die Dinge und Menschen, die uns Schutz, Fürsorge und Inspiration schenken. So finden wir vielleicht Zuflucht bei einem Lehrer, dem wir vertrauen, einem Wissensschatz oder einer Gemeinschaft gutherziger Menschen.

Wir brauchen einen Ort zum Stehen, selbst unter den besten aller Umstände. Denn die Herausforderungen nehmen kein Ende.

Vielleicht hat sich Ihr Partner Ihnen gegenüber gerade aufbrausend verhalten, oder Sie haben herausgefunden, dass ein Kollege hinter Ihrem Rücken schlecht über Sie gesprochen hat. Vielleicht haben Sie ein gesundheitliches Problem oder finanzielle Sorgen, oder es ist gerade eine Pandemie ausgebrochen. Wann immer wir von irgendetwas erschüttert werden, ist es besonders wichtig, den eigenen Ort zum Stehen, den eigenen Standpunkt zu finden und zu vertreten.

Der Weg dorthin

Unmittelbaren physischen Halt finden

Beginnen Sie mit Ihrem Körper und dem schlichten, aber nicht zu leugnenden Gefühl, *hier* zu sein. Den Empfindungen des Atmens … dem Gefühl Ihrer Füße auf dem Boden, Ihres Rückens an der Lehne des Stuhls. Sie können im Stehen die Knie ein wenig beugen und sich so geerdet und verwurzelt fühlen. Werden Sie sich gewahr, dass Sie *weiterhin sein werden* – diesen Ausdruck prägte der wegweisende Kinderarzt und Psychoanalytiker Donald Winnicott für das seit unserer Geburt fundamentale Bedürfnis, zu fühlen und zu wissen, dass wir *sind,* dass wir fortdauern. Es scheint so offensichtlich und ist doch so zutiefst beruhigend.
Dieses Gefühl des fortdauernden Seins hilft Ihnen dabei, in der Gegenwart zu bleiben. Wie auch immer die Vergangenheit ausgesehen hat und was auch immer die Zukunft für Sie bereithalten mag: Alles, was *jetzt* wahr ist, ist in der Gegenwart absolut wahr und kann Ihnen nicht genommen werden. Versuchen Sie, Gedanken an die und Ängste vor der Zukunft von der Realität der Gegenwart zu trennen. Was ist genau jetzt wahr? Wahrscheinlich viele gute Dinge. Eine vertrauenswürdige Stabilität im Bewusstsein. Ihr Gehirn funktioniert, Sie können denken und planen und tätig sein. Selbst wenn Sie Stress und Kummer verspüren, geht es Ihnen im Kern Ihres Wesens dann trotzdem grundsätzlich gut? Den meisten Menschen geht es die meiste Zeit über *hier und*

jetzt grundsätzlich gut. Sich diese Tatsache wieder und wieder bewusst zu machen ist ungeheuer beruhigend und ein unglaublich wirkungsvolles Gegengift zur Angst; es ist eine der effektivsten Übungen, die ich kenne.

Sehen Sie sich um. Was in Ihrer Umgebung ist hilfreich, worauf können Sie sich verlassen? Physische Gegenstände wie Stühle und Wände, Gabeln und Bleistifte, Lebensmittel und Wasser. Menschen nah und fern, Freunde und Familie, Ärzte und Psychologen, Lehrer und andere Quellen der Weisheit. Wir gewöhnen uns an das Gute, das da ist, das Gehirn blendet es aus; versuchen Sie also, es bewusst wahrzunehmen, und lassen Sie aus dieser Wahrnehmung ein Gefühl der Bestätigung und des Vertrauens erwachsen.

Klarsehen

Um Ihren Standpunkt zu finden, sollten Sie sich zunächst die relevanten *Fakten* bewusst machen. Wenn es sich nicht gerade um einen Notfall handelt, sollten Sie sich etwas Zeit nehmen, um sich sicher zu sein, was geschehen ist. Beispielsweise was der andere wirklich gesagt hat. In welchem Zusammenhang hat er es gesagt? In welchem Ton und mit welcher offensichtlichen Absicht? Waren andere beteiligt, und wenn ja, wie? Welche Faktoren könnten zu einer Wiederholung des Geschehenen führen? Glaubt der andere beispielsweise, er müsse sich grundsätzlich nicht an Verabredungen mit Ihnen halten?

Manchen gefallen Ihre Bemühungen klarzusehen, den Dingen auf den Grund zu gehen, vielleicht nicht. Das kann vielerlei Gründe haben. Vielleicht will der andere sich schlicht nicht die Zeit nehmen, um darüber zu reden … vielleicht ist er defensiv und nicht bereit, einen Fehler einzugestehen … vielleicht will er absichtlich täuschen. Ist die andere Person daran gewöhnt, der Dominantere in der Beziehung zu sein, kann es nun heftiger zur Sache gehen, wenn Sie dagegenhalten und Weigerungen und Ablenkungen nicht akzeptieren. Sie können voller Mitgefühl Ihr Herz öffnen und trotzdem eine mentale Barriere errichten, um jene fernzuhal-

ten, die vielleicht versuchen vorzudringen, um Sie zu verwirren und einzuschüchtern.
Ist Ihnen die Angelegenheit nicht so wichtig und können Sie absehen, dass das Drängen auf Klarheit Ihrer Beziehung einen Schaden zufügen würde, den die Klarheit nicht wert ist, können Sie hier abbrechen. Oder Sie beschließen, dass das Unbehagen des anderen kein ausreichender Grund ist, um die Dinge nicht zu klären. Lassen Sie mich dies an einem weiteren Beispiel aus meinem Leben verdeutlichen. Ich hatte schon mit vielen Fachleuten zu tun, darunter mit Installateuren, Elektrikern, Anwälten und Ärzten. Jeder von ihnen hat es gut gemeint. Doch manchmal behaupteten sie etwas, das mir nicht einleuchtete, also versuchte ich, mehr darüber zu erfahren. Meist verdrehte meine Frau an dieser Stelle die Augen – hin und wieder zusammen mit dem betreffenden Fachmann. Ich aber fragte – höflich – weiter. Meist stellte sich dann heraus, dass ich etwas falsch verstanden hatte. In einem von zwanzig Fällen jedoch beförderte ich mit meinen Fragen etwas Wichtiges zutage.
Wenn Sie also bei irgendetwas ein komisches Gefühl beschleicht, sollten Sie diesem Gefühl vertrauen. Oft können wir die Dinge zwar nicht bis ins Letzte klären. Doch in der Regel können wir herausfinden, was geschehen ist und wieder geschehen könnte.

Fassen Sie einen Plan

Zu wissen, was zu *tun* ist, und sei es nur der nächste Schritt, ist beruhigend und erdend. Das kann ein ganz einfacher und konkreter Schritt sein, beispielsweise das Aufhängen einer Liste, auf der die zu erledigenden Aufgaben aufgeteilt sind. Es kann aber auch allgemeiner und weitreichender sein wie etwa der Entschluss, sich nach und nach aus der Beziehung zu lösen.
Der Zweck eines Plans ist es, bestimmte Ziele zu erreichen. Was ist Ihnen an dieser Person, an dieser Beziehung am wichtigsten? Was sind Ihre Prioritäten, Ihre Werte? Was liegt Ihnen am Herzen? Welche Pflichten haben Sie anderen und sich selbst gegenüber? Kurzum: *Was ist Ihr Warum?*

Bei dem Versuch, den eigenen Standpunkt zu finden, kann es hilfreich sein, über Folgendes nachzudenken:

- **Persönliche Übungen –** Wie können Sie Ihr eigenes Wohlbefinden und Wirken schützen und stärken? Denn das ist die Voraussetzung für alles andere sowie für das, was Sie direkt unter Kontrolle haben. Sie könnten z.B. beschließen, sich jeden Tag ein wenig Zeit zum Meditieren und dafür zu nehmen, andere zu lieben und dankbar zu sein. Das ist ein ausgezeichneter Plan! Oder Sie fassen den Entschluss, sich von Interaktionen, Menschen oder Medien zurückzuziehen, die Ihnen nur wenig Gutes bringen, dafür aber umso mehr Stress bereiten.
- **Schutz der eigenen Interessen –** Befinden Sie sich aktuell in konkreter Gefahr? Leider ist es traurige Tatsache, dass häusliche Gewalt in jedem Bereich der Gesellschaft immer häufiger zu finden ist. Bei bestehendem oder drohendem körperlichem oder emotionalem Missbrauch lautet die Standardempfehlung, sich zunächst professionelle Hilfe zu holen, bevor man das Problem mit dem anderen angeht. Vielleicht haben Sie es aber auch mit einem unfähigen Vorgesetzten oder einem sabotierenden Kollegen zu tun; dann könnte Ihr Plan darin bestehen, entsprechendes Material zu sammeln und sich nach Verbündeten und Mentoren umzusehen – oder gleich nach einem neuen Job. Nehmen Sie Ihre Gesundheit, Ihre Finanzen und Ihre Vorsorgemaßnahmen einmal genau unter die Lupe – das ist zwar anstrengend, kann aber Defizite aufdecken, die Sie nach und nach abarbeiten können.
- **Zum Wohle anderer –** Vielleicht reagiert ein Lehrer einfach nicht auf die besonderen Bedürfnisse Ihres Kindes, sodass Ihr Plan darin besteht, Ihrem Kind dabei zu helfen, den Rest des Schuljahrs »auszusitzen« oder in eine andere Klasse zu wechseln. Oder Ihre Mutter hatte einen Schlaganfall, und Sie fassen den Plan, ihr mehr Hilfe und Pflege im Alltag zu verschaffen.

Konzentrieren Sie sich bei Ihrem Plan und den Taten, die folgen, darauf, was innerhalb Ihres Einflussbereichs liegt. Schreiben Sie eine Liste und arbeiten Sie sie ab. Es geht fast nichts über effektives Handeln. Meiner Erfahrung als Therapeut nach wissen zwar viele Menschen, was sie tun sollten, tun es aber einfach nicht. Machen Sie einen Schritt, sehen Sie sich um und machen Sie dann noch einen Schritt. Bleiben Sie dran. Handeln mindert die Angst. Und denken Sie immer daran, dass Sie nicht allein sind. Womit auch immer Sie gerade zu kämpfen haben – vom Knatsch mit dem Mitbewohner über die Sorge um Ihr Kind bis zur Angst um Ihr Land: Seien Sie sich gewiss, dass auch andere genau in diesem Augenblick mit denselben oder ähnlichen Problemen zu kämpfen haben. Ihnen sind andere Menschen wichtig, und Sie sind anderen Menschen wichtig. Wir alle leben in einem Geflecht aus Beziehungen, auch wenn dieses Geflecht hier und da Löcher aufweist. Sie können sich mit anderen, die auch manchmal auf wackligen Beinen stehen und versuchen, Halt, ihren Standpunkt, zu finden, kameradschaftlich verbunden fühlen.

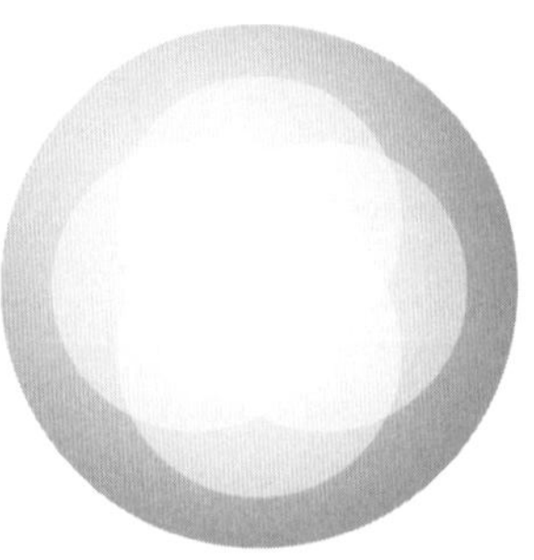

27

Sich Wut zunutze machen, statt sich von ihr beherrschen zu lassen

Mit der Wut ist das so eine Sache. Einerseits weist uns Wut – verärgert oder empört sein, die Schnauze voll haben, aufgebracht, zornig oder stinksauer sein – auf reale Bedrohungen, reale Verletzungen und reales Unrecht hin, das der Korrektur bedarf. Außerdem verleiht sie uns die Energie, die wir brauchen, um etwas gegen Bedrohungen, Verletzungen und Unrecht zu unternehmen. In meiner Familie hatten meine Eltern das Monopol auf Wut. Also unterdrückte ich die meine zusammen mit vielen anderen Gefühlen, und der Weg zur Rückeroberung meines eigenen Innenlebens inklusive der Wut war weit.

In persönlichen Beziehungen und in der Gesellschaft im Allgemeinen sagen die Mächtigen und Privilegierten den anderen, sie sollten sich nicht so aufregen, wenn diese in Wirklichkeit allen Grund und jedes Recht haben, wütend zu sein. Sie können sich auf jeden Fall Ihre eigene Meinung zu einer Situation bilden und selbst entscheiden, ob Sie wütend werden oder bleiben wollen.

Andererseits hat die Wut auch Nachteile:

- Sie hinterlässt nach dem ersten Aufwallen einen ausgesprochen schlechten Nachgeschmack.
- Sie engt unser Blickfeld ein, sodass wir den Gesamtzusammenhang aus den Augen verlieren.
- Sie trübt unser Urteilsvermögen und lässt uns impulsiv und potenziell gewalttätig handeln.
- Sie erzeugt und verstärkt Konflikte mit anderen.

Wut kann sich ungeheuer gerechtfertigt anfühlen, wenn wir angegriffen, ungerecht behandelt, im Stich gelassen oder provoziert werden: *Natürlich bin ich stinksauer, du machst mich wütend, das ist ganz allein deine Schuld!* So zu denken und zu fühlen ist ausgesprochen verführerisch und geht oft mit der Ausschüttung von Dopamin einher, was unsere Belohnungszentren im Gehirn stimuliert. Und dennoch schadet es der Person, die wütend ist. Chronischer Groll stellt ein signifikantes Gesundheitsrisiko dar, er macht uns beispielsweise anfälliger für Herz-Kreislauf-Erkrankungen. Im frühen Buddhismus taucht die Metapher auf, die Wut besitze eine in Honig getauchte Spitze und einen vergifteten Stachel. Vielleicht kennen Sie auch das folgende Sprichwort: »Zorn ist wie Gift nehmen und darauf warten, dass der andere daran stirbt.«

Wut verletzt auch andere, manchmal auf eine Art und Weise, die wiederum verletzend auf uns zurückwirkt. Von den vier Hauptkategorien negativer Emotionen – Wut, Angst, Traurigkeit und Scham – ist es die Wut, die in der Regel die größten Auswirkungen auf andere Menschen hat. Man muss sich nur ein einziges Mal aufbrausend einem anderen gegenüber verhalten, und schon hat sich die Beziehung dauerhaft verändert – wie ich es auch selbst zu meinem unendlichen Bedauern erlebt habe. Wir können uns sehr schnell im Teufelskreis von Groll und Rache verheddern. Zu ähnlichen Prozessen kann es auch in Gruppen kommen: eine Familie gegen die andere, ein Land gegen ein anderes. Gruppen bilden oft eine gemeinsame Identität um gemeinsame Ärgernisse herum, was zahlreiche Anführer im Laufe der Geschichte immer wieder ausgenutzt haben, um ihre eigene Macht auszudehnen. Wie also können Sie zu der Balance finden, in der Sie Ihre Wut anerkennen und nutzen, ohne sich von ihr vergiften zu lassen und ohne dass es durch sie zu unnötigen Problemen in Ihren Beziehungen kommt?

Der Weg dorthin

Wut entfaltet sich häufig über zwei Stadien. Im ersten Stadium wird ihr *der Weg bereitet,* etwa durch zunehmende Erschöpfung, Hunger, Schmerzen, Stress, Frust, eine Verletzung oder schlechte Behandlung. Im zweiten Stadium kommt ein *Trigger,* ein Auslöser, hinzu, etwa eine gedankenlose Bemerkung eines anderen Menschen. Man kann sich das erste Stadium wie einen Haufen Streichhölzer und das zweite wie den zündenden Funken vorstellen.

Vorzeitig verhindern

Achten Sie auf Situationen, in denen sich Wut anbahnen kann, und greifen Sie so früh wie möglich ein. Sie könnten beispielsweise tief ein- und lang ausatmen, eine Minute aus dem Fenster sehen, eine Kleinigkeit essen, an etwas denken, das Ihnen ein Gefühl des Friedens oder der Liebe schenkt, oder zu einer Einstellung gelangen, die Ihnen dazu verhilft, die Dinge nicht unbedingt zu mögen, wie sie sind, sich aber auch nicht unmäßig über sie zu ärgern. Was äußere Faktoren betrifft, könnten Sie das in Ihrer Macht Stehende tun, um die Situation zu verbessern, etwa den Fernseher ausschalten oder einen nervigen Anruf beenden. Auf längere Sicht könnten Sie die Ideen und Werkzeuge in Teil 5 dieses Buchs nutzen, um sich den Problemen in Ihren Beziehungen zu widmen.

Immer schön langsam

Werden Sie getriggert, sollten Sie sich bremsen, bevor Sie etwas sagen oder tun, das Sie später bereuen. Sehr vereinfacht ausgedrückt verarbeitet unser Gehirn eintreffende Informationen – ein Auto, das Sie auf der Autobahn schneidet, eine abfällige Bemerkung Ihres Partners – auf zwei Wegen. Der erste führt rasch durch subkortikale Regionen wie die Amygdala, was die neurohormonelle Stressreaktion in weniger als einer Sekunde in Gang setzen kann. Dann schlägt das Herz schneller, Adrenalin und Cortisol fluten die Blutbahnen, und im Geist kochen Gefühle der Angst und Wut hoch. Beim zweiten Verarbeitungsweg regen sich die präfrontalen Regionen, um herauszufinden, was passiert ist, wie schlimm es ist und was wir unternehmen sollten. Der präfrontale Cortex (PFC) ist ein fantastisches Stück biologischer Ausstattung, aber langsam im Vergleich zum Subcortex, der deshalb bei der Impulsauslösung gewissermaßen die Nase vorn hat. Bremsen wir uns auch nur wenige Sekunden, um uns zu sammeln, kann der PFC aufholen und uns ein Bild vom Gesamtzusammenhang vermitteln, von unseren langfristigen Interessen, davon, dass wir andere brauchen, von anderen Optionen und von einem Schritt-für-Schritt-Aktionsplan.

Hören Sie der Wut zu

Ob Ihre Wut nun wie ein Vulkan ausbricht oder es sich dabei eher um ein unterschwelliges Gefühl der sich zuspitzenden Irritation handelt – sie will Ihnen auf jeden Fall etwas Wichtiges mitteilen. Sie können vorsichtig dabei sein, wie Sie Ihre Wut ausdrücken, und sich ihr dennoch öffnen, um sie näher zu erkunden.

Wie fühlt sich Ihre Wut im Körper an? Welche Art von Gedanken über andere gehen mit ihr einher? Wie fühlen Sie sich dabei, vielleicht ausgenutzt oder schlecht behandelt? Hat Ihre Wut eine Geschichte, etwa in Form einer bestimmten Beziehung oder allgemeiner, weil Sie beispielsweise in Ihrer Kindheit viel herumgestoßen oder als Erwachsener diskriminiert wurden? Welche Wünsche sind mit Ihrer Wut verbunden? Wollen Sie sich zurückziehen oder um sich schlagen?

Liegt der Wut noch etwas Tieferes zugrunde? Vielleicht weichere, frühere Gefühle wie Frustration, Verletzung, Sorge, Schuld oder Ablehnung. Ist Ihre Wut eine Möglichkeit, diese verletzlicheren Gefühle zu unterdrücken?

Hat Ihre Wut eine wichtige Botschaft für Sie? Bahnt sich bei Ihnen vielleicht eine Erschöpfung an, sodass Sie etwas kürzertreten bzw. andere für Sie einspringen sollten – oder beides? Geht es in irgendeiner Beziehung zu weit, und müssen Sie reinen Tisch machen? Ärgert Sie jemand unabsichtlich, weil er es nicht besser weiß, und würde damit aufhören, wenn Sie es ihm sagten? Sind Sie auf sich *selbst* wütend und lassen es an anderen aus? Haben Sie immer wieder Umgang mit jemandem, von dem Sie sich nicht verstanden und nicht respektiert fühlen, und es ist an der Zeit, in dieser Beziehung etwas zu ändern? Vielleicht kommt es Ihnen albern vor, doch fragen Sie im Geiste einmal Ihre Wut, was sie Ihnen zu sagen versucht; möglicherweise kommt etwas Überraschendes dabei heraus.

Es kann sehr hilfreich sein, wenn Sie sich mitten in einem Streit oder einem ärgerlichen Ereignis auf diese Weise mit sich selbst verbinden. Wenn Sie sich wieder beruhigt haben, können Sie die Fragen oben noch einmal daraufhin durchgehen, ob es ein bestimmtes wiederkehrendes Problem in einer Beziehung gibt oder ob die Beziehung im Allgemeinen schwierig ist. Wird Ihre Wut von anderen kleingeredet, für nichtig erklärt oder kritisiert, sollten Sie herausfinden, warum sie das tun. Stecken gute, wenn auch fehlgeleitete Absichten dahinter, oder tun sie es aus purem Eigennutz?

Der Wut nicht das Steuer überlassen

Vor einigen Jahren habe ich den Entschluss gefasst, niemals wieder *aus* Wut zu sprechen oder zu handeln. Ich bezweifle, dass irgendjemand mich als einen von Grund auf wütenden Menschen beschrieben hätte, doch machte mir der Entschluss klar, wie oft das, was ich sagte und tat, von Wut motiviert und durchdrungen war, selbst wenn es sich dabei nur um milde Wutäußerungen wie Augenverdrehen, einen gereizten Ton, entnervte Seufzer, kritische Worte oder herrische Anweisungen handelte. Fragen Sie sich einmal selbst, wie oft Wut aus Ihnen »heraussickert«. Es mag Situationen geben, in denen Sie das Gefühl haben, vom Standpunkt der Wut aus handeln zu müssen, etwa wenn Sie um Ihr Leben kämpfen, mit Ungerechtigkeiten konfrontiert werden oder sich aus einer missbräuchlichen Beziehung befreien. Im Allgemeinen aber können Sie sich selbst treu bleiben, ohne dabei vom Standpunkt der Wut aus zu sprechen oder zu agieren. Sie können Ihre Wut spüren und ihr zuhören, Sie können ihre Energie anzapfen, doch Sie müssen sich nicht von ihr beherrschen lassen.

Je nach Situation können Sie schweigen, wachsam sein und einen besseren Augenblick abwarten. Oder Sie äußern sich, bestimmt und mit Nachdruck. Sie könnten beispielsweise sagen, dass Sie wütend sind, ohne diese Wut am anderen auszulassen. Sie können ein Gespräch unterbrechen, wenn es anfängt, Sie zu ärgern. Sie können Ihre Gefühle der Wut anerkennen und dann darüber sprechen, was unter diesen Gefühlen verborgen liegt, etwa darüber, dass Sie sich missverstanden oder im Stich gelassen fühlen.

Sie werden sehen, dass der Entschluss, nicht mehr aus Wut zu sprechen und zu handeln, Sie in eine bessere Position versetzt. Sie können besser über das sprechen, was der Wut zugrunde liegt. Die anderen können nicht mehr so leicht von dem ablenken, *was* Sie sagen, weil Sie es sagen, *wie* Sie es sagen. Denken Sie an Ihre Vorbilder, an Menschen, die sich durch Stärke und Effektivität auszeichnen und ohne Feindseligkeit und Hass sind; stellen Sie sich vor, wie es wäre, mehr wie diese Menschen zu sein.

Ein weiteres Sprichwort sagt, aus Wut zu handeln ist wie mit bloßen Händen glühende Kohlen nach anderen zu werfen – dabei verbrennen sich beide. In unserer gemeinsamen Menschheitsgeschichte gab es schon viel zu viele Verbrennungen, zu viele vor Wut entbrannte Geister.

Ehrlichkeit, Engagement für andere, gelebtes Mitgefühl, Grenzen setzen, Unrecht bekämpfen, andere beschützen – nichts davon ist selbst Wut oder bedarf der Wut. Wir können aus tiefstem Herzen voll Selbstrespekt und Mut sprechen, absolut frei von Wut.

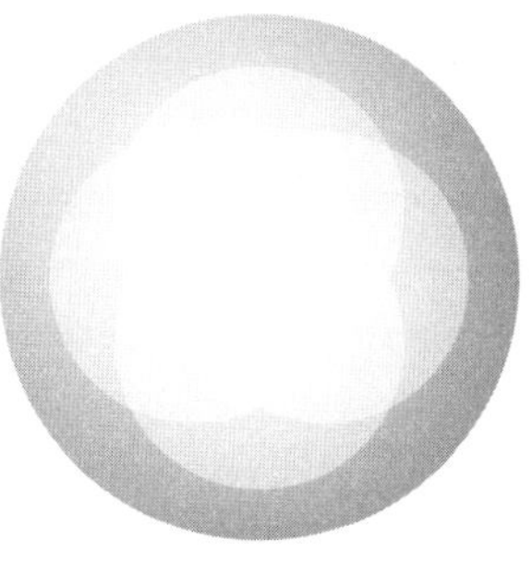

28

Die Wahrheit sagen und fair sein

Wie viele andere auch mache ich mir manchmal Gedanken darüber, wie wir alle friedlich zusammenleben können – sei es nun als Paar oder Familie, in einer Gemeinschaft, in einem Land oder in der ganzen Welt. Und dann fällt mir wieder ein, was sie in der Schule immer zu uns gesagt haben: *Sag die Wahrheit. Sei fair.* Dasselbe verlangen wir auch von unseren Kindern, von einem Freund, vom Chef, von einem Nachbarn. Wenn es Ihr Kind nicht besser weiß und versucht, bei einem Brettspiel zu mogeln, weisen Sie es darauf hin, dass sein Verhalten nicht in Ordnung ist. Wir wollen an der Supermarktkasse unser Wechselgeld korrekt zurückbekommen, wir wollen, dass der Automechaniker ehrlich sagt, was am Auto repariert werden muss. Das alles steht außer Frage. Die in diesem Kapitel behandelten Prinzipien mögen abstrakt scheinen, doch denken wir an ganz gewöhnliche Alltagssituationen – ein Kollege, der uns ins Gesicht lächelt, aber hinter unserem Rücken über uns herzieht, ein untreuer Partner, ein Chef, der unsere Leistungen nicht anerkennt –, wird klar, wie relevant sie sind.

Die Menschen haben nun einmal Meinungsverschiedenheiten und manchmal konkurrieren sie miteinander. Konflikte sind ein ganz normaler Bestandteil so ziemlich jeder Beziehung. Doch ob es sich nun um ein Kartenspiel handelt, um Eltern, die über die Verteilung der Aufgaben im Haushalt streiten, oder um Kandidaten, die versuchen, eine Wahl zu gewinnen – wir erwarten, dass das Spielfeld eben ist. Die Rechte der anderen sind auch unsere Rechte, und die Regeln, die für uns gelten, gelten auch für sie. Wird das von jedem akzeptiert, ist das Gewinnen nur umso süßer, denn dann hat man es sich ehrlich verdient. Und das Verlieren mag bitter sein, aber wenigstens weiß man, dass man nicht betrogen hat.

Ein gutes Vorgehen führt zu guten Ergebnissen. Sind die Ergebnisse also schlecht – vom Mobbing auf dem Spielplatz bis zu einer in Schwierigkeiten geratenen Nation –, sollte man sich vernünftigerweise das (schlechte) Vorgehen ansehen, das zu den Ergebnissen geführt hat. Und in Beziehungen jeder Art gehört zum guten Vorgehen unbedingt, dass man die Wahrheit sagt und fair ist. Das ist zwar noch keine Garantie dafür, dass alles gut läuft, doch werden umgekehrt Beziehungen mit Lügen und Betrügen früher oder später garantiert vergiftet.

Der Weg dorthin

Wir sollten zunächst vor der eigenen Tür kehren. Es mag hitzig werden, zu einem Streit kommen, wir mögen über das Ziel hinausschießen, aber Lügen kommt nicht infrage. Haben wir Fakten falsch verstanden, geben wir das zu – zumindest irgendwann. Wir bestrafen andere nicht für den Versuch, die Wahrheit herauszufinden. Wir sind nicht unaufrichtig, starten keine Gegenangriffe und provozieren nicht, um Verwirrung zu stiften. Wenn wir bei anderen etwas schlecht finden, dann versuchen wir, es nicht selbst zu tun – was nicht heißt, ein Heiliger oder eine Heilige sein zu müssen. Wir halten uns nur an die grundlegenden Standards, die wir uns in jedem Klassenzimmer wünschen.

Doch was, wenn sich andere nicht genauso verhalten?

Erkennen Sie, was Sie sehen

Sagen Sie sich *selbst* die Wahrheit bezüglich des Geschehens. Es mag schockierend (und schwer zu glauben) sein, dass jemand nicht wirklich das Bedürfnis verspürt, ehrlich und fair zu Ihnen zu sein – insbesondere wenn Ihnen dieser Jemand im Grunde sympathisch ist. Beobachten Sie ihn eine Zeit lang, ob er absichtlich unehrlich ist oder nur Unrecht hinsichtlich der Fakten hat. Ist er ein Narzisst oder gar Soziopath – oder einfach nur zerstreut und ahnungslos? Betrachtet er Sie nur als Mittel zu seinem Zweck und nicht als Wesen, das an sich wichtig ist?

Übertreibungen, Verkaufsmaschen, Schimpftiraden, abfällige Bemerkungen und Ellbogentaktik sind eine Sache – wiederholtes Lügen und Betrügen ist eine andere. *Gleichgültigkeit gegenüber dem Aufrichtig- und Fairsein ist ein grundsätzliches Problem.* Und das zu erkennen, wenn es geschieht, ist ausgesprochen erhellend. Sie sind vielleicht nicht in der Lage, etwas da draußen zu ändern, doch zumindest in Ihrem Inneren können Sie auf festem Boden stehen.

Suchen Sie sich Verbündete

Wir alle brauchen Verbündete. Überlegen Sie sich, wer dafür infrage kommen und Ihnen eventuell helfen könnte. Ich beispielsweise habe mich in den verschiedensten Situationen immer wieder an Freunde, Familienmitglieder, Kollegen, Mentoren, Anwälte und staatliche Ordnungsbehörden gewandt.

Umgekehrt brauchen auch andere uns als Verbündete.

Nicht schweigend akzeptieren

Lügen und Betrügen, in der einen oder anderen Form, sind wie Schnorren, weil dabei einer seinen Vorteil aus einem anderen zieht. Während des Großteils der Menschheitsgeschichte lebten wir in kleinen Gruppen oder Dörfern zusammen, in denen es nicht allzu schwer war, diese Art von Schnorrern zu erkennen, bloßzustellen und zu bestrafen. *Bloßstellen* und *bestrafen* sind harte Worte. Doch ohne Bloßstellung und Bestrafung würde das Lügen und Betrügen ohne Konsequenzen bleiben und unsere hominiden und humanen Vorfahren wären nicht in der Lage gewesen, die großartigen Fähigkeiten der Kooperation, Großzügigkeit und Gerechtigkeit zu entwickeln.

Manchmal ist es gefährlich, einen Lügner und Betrüger zu entlarven, beispielsweise wenn es sich dabei um einen Schläger, Hochstapler oder Sexualstraftäter handelt. Dann schützt man nur sich und andere so gut wie möglich.

Wenn Sie aber können, sollten Sie Verletzungen des Wahrheits- und Fair-Play-Gebots unbedingt aufdecken, idealerweise gemeinsam mit Verbündeten. Lügner und Betrüger sind für gewöhnlich sehr gut darin, mit wilden und dramatischen Gegenbehauptungen von sich selbst abzulenken. Deshalb müssen wir den Fokus beharrlich weiter auf die grundlegenden Werte der Ehrlichkeit und Fairness richten und dürfen uns nicht von Nebensächlichkeiten verwirren lassen. Kommen Sie immer wieder auf einfache, aber wirkungsvolle Fragen wie die folgenden zurück: *Warum lügst du immer wieder? Warum musst du betrügen, um zu gewinnen? Bist du vertrauenswürdig?*

Auf der politischen Ebene

Als Psychologe konzentriere ich mich in erster Linie auf die individuelle Ebene. Dennoch entstammen viele der Kräfte, die uns persönlich verletzen, der Ebene der *Politik.* Zwischen ehrlichen und ehrenwerten Menschen mag es zu heftigen Meinungsverschiedenheiten hinsichtlich dessen kommen, wie ein Dorf oder ein Land zu führen ist. Worauf wir uns jedoch immer einigen können, sind die grundlegenden Prinzipien des Nicht-Lügens und Nicht-Betrügens – sowie darauf, dass der Beste gewinnen möge. Darauf *müssen* wir uns einigen. Der zentrale politische Konflikt unserer Zeit ist nicht der zwischen links und rechts. Es ist der zwischen denen, die die Wahrheit sagen und sich fair verhalten, und denen, die das nicht tun.

Lügen kann in jedem Unternehmen zur Kündigung führen. Das Gleiche sollte auch für einen in ein Amt Gewählten gelten. Wir können Lügner auf Twitter kennzeichnen und uns gleichzeitig aus stupiden Streitereien heraushalten. Wir können Journalisten, Wissenschaftler und Anwälte unterstützen, die den Dingen auf den Grund gehen wollen. Wir können uns auf das Fundament einer jeden Demokratie konzentrieren: auf freie, gerechte und inkludierende Wahlen. Wenn jemand lügen und betrügen muss, um in ein hohes Amt zu gelangen und dieses zu halten, dann verfügt dieser Jemand vielleicht über die Rechtsmacht, aber niemals über moralische Legitimität.

Jeder, ob er nun einen hohen oder niedrigen gesellschaftlichen Status besitzt, der lügt und betrügt, und jeder, der solche Menschen unterstützt, würde auf einem Schulhof, in einer Kirche oder einem anderen Gotteshaus, auf dem Markt- oder Dorfplatz sein Ansehen verlieren. Exakt dasselbe muss im gesamten öffentlichen Raum geschehen. Denn wir alle leben in diesem Raum, und was dort passiert, hat für jeden Einzelnen von uns sehr persönliche Konsequenzen.

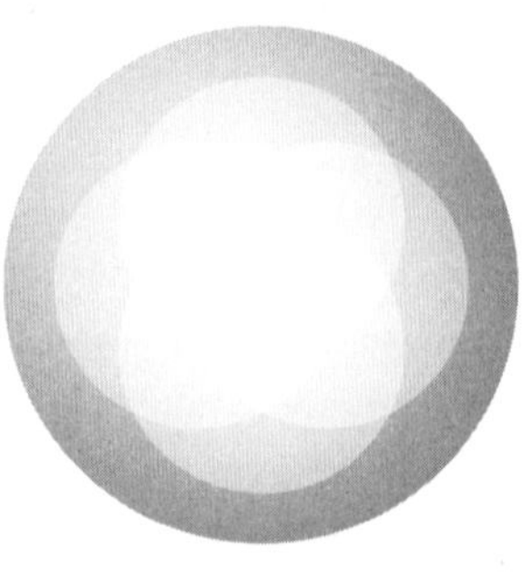

29

Sich nicht tyrannisieren lassen

Macht ist ein inhärenter Aspekt der meisten unserer Beziehungen. In jeder Hierarchie hat der, der eine Stufe weiter oben steht, mehr Macht als der, der eine Stufe weiter unten steht. Manche Menschen üben legitime Autorität über andere aus, etwa der Lehrer über den Schüler. Macht ist also nicht grundsätzlich gut oder schlecht. Die Frage ist, wie wir sie nutzen. Wer Macht über andere hat, ist für diese anderen auch verantwortlich. Wir können unsere Macht für gute Zwecke nutzen, die wir auf eine gute Art und Weise verfolgen. Denken Sie einen Augenblick lang über Macht in Ihren Beziehungen nach. Wer ist im Allgemeinen der Dominantere, wer hat in der Regel das letzte Wort, wer macht normalerweise die Ansagen? Wer hat den höheren Status? Wer ist vermutlich besser informiert, cleverer, kompetenter oder psychisch stabiler? Haben Sie das Gefühl, in einer Schlüsselbeziehung eigentlich nachdrücklicher sein zu müssen, vielleicht hinsichtlich bestimmter Dinge? Oder beschleicht Sie hin und wieder der Gedanke, dass Sie der anderen Person mehr Raum lassen sollten? Ein solches Hinterfragen kann *ausgesprochen* erhellend sein.

Es ist ganz normal, dass es in einer Beziehung mitunter auch mal ruppiger zugeht. Vielleicht ist ein Partner der Rechthaberische, Kontrollsüchtigere oder Penetrantere. Das ist zwar nicht gerade toll, aber weitverbreitet. Und meist wechseln die Rollen auch.
Ganz anders verhält es sich hingegen mit Macht*missbrauch.* Auch er hat viele Gesichter, darunter die Misshandlung schutzbedürftiger Menschen, die körperliche oder emotionale Einschüchterung, die kriminelle Arglist, die strukturelle Diskriminierung und die Tyrannei. Umgangssprachlich bezeichnen wir Letzteres oft auch als Mobbing.
Leider wird in unserer Gesellschaft viel gemobbt, sei es nun zu Hause, in der Schule, in Unternehmen oder in der Politik. Doch wo auch immer: Das Tyrannisieren anderer erzeugt in der Regel einen enormen Leidensdruck. Was also können wir dagegen tun?

Der Weg dorthin

Tyrannen erkennen

Häufig erkennen Sie Tyrannen an einem oder mehreren der folgenden drei Merkmale:

- Tyrannen sind **dominant.** Sie müssen immer das Alpha-Tier, der Platzhirsch, sein, sie sind ständig auf der Suche nach Schwächeren, die sie angreifen können, und es mangelt ihnen an Mitgefühl.
- Tyrannen verhalten sich **defensiv.** Sie können keine Fehler zugeben, würdigen andere herab und vermeiden es, Verantwortung zu übernehmen.
- Tyrannen **täuschen.** Sie erzeugen Missstände, um Unterstützung zu gewinnen, sie betrügen und sie verbergen die Wahrheit, weil ihre Macht auf Lügen basiert.

Machen Sie sich jegliche Unschuld oder Naivität Ihrerseits bewusst, deretwegen Sie es einfach nicht glauben können, dass sich eine andere Person oder Gruppe auf diese Art und Weise verhält. Oder, wie es die Schriftstellerin und Bürgerrechtlerin Maya Angelou formulierte: *Wenn jemand dir zeigt, wer er ist, glaub ihm auf Anhieb.*

Wegbereiter erkennen

Manche Menschen oder Unternehmen tolerieren Tyrannen oder schätzen sie sogar, weil sie Menschen angreifen, auf die sie selbst hinabblicken. Tyrannen kann auf verschiedene Weisen der Weg bereitet werden; manchmal beispielsweise wird so getan, als sei alles normal, manchmal wird fälschlicherweise behauptet, beide Seiten seien schuld. Ob nun auf dem Spielplatz oder im Parlament: Menschen mit »autoritärem Persönlichkeitsstil« – dominanzorientierte, hart strafende Menschen – haben eine Affinität für tyrannische Anführer, meist bilden sie den Kern ihrer Anhängerschaft.

Schützen Sie sich

Gelegentlich müssen wir mit einem Tyrannen zurechtkommen, zumindest eine Weile lang. Seien Sie auf der Hut. Wägen Sie Ihre Optionen ab und tun Sie, was das Beste für Sie und die Menschen, die Ihnen am Herzen liegen, ist.

Haben Sie Mitgefühl

Tief im Inneren herrscht im Kopf des Tyrannen eine wahre Hölle der abgewehrten Gefühle von Schwäche und Scham, die jedoch fortwährend einzudringen drohen. Tief im Inneren geht es dem Tyrannen alles andere als gut. Wenn Sie Mitgefühl mit ihm haben, bedeutet dies *nicht,* dass Sie ihm zustimmen. Für Sie selbst aber kann Mitgefühl außerordentlich beruhigend und stärkend sein.
Und natürlich müssen wir uns um die angegriffenen Personen kümmern. Auch wenn Sie ihnen nicht unmittelbar helfen können, ist Ihr Mitgefühl mit ihnen dennoch authentisch. Es ist

wichtig für *Sie* – und auf eine Weise, von der Sie vielleicht nie erfahren werden, wichtig für die Betroffenen.

Nennen Sie das Kind beim Namen

Sagen Sie sich selbst die Wahrheit. Sagen Sie sie anderen.
Und, falls möglich, sagen Sie sie auch dem Tyrannen und denen, die seiner Tyrannei den Weg bereiten. Das könnte beispielsweise so aussehen: *Du bist ein Tyrann. Du hast betrogen und gelogen, um deine Macht zu erlangen. Du gibst dich tough, bist aber eigentlich schwach und hast Angst. Du kannst mir und anderen vielleicht schaden, aber ich habe keine Angst vor dir. Ich weiß, was du bist.*
Tyrannen wissen, dass ihre Macht auf dünnem Eis fußt. Versuchen Sie, das Lügen, das Betrügen und die Schwäche zu benennen. Die Täuschung, die Illegitimität.

Stehen Sie anderen bei

Tyrannen haben es auf einzelne Individuen oder verwundbare Gruppen abgesehen, um Dominanz zur Schau zu stellen und Angst zu erzeugen – dieses Verhalten bezeichnet man auch als »performative Grausamkeit«. Falls Sie selbst das Ziel sind, sollten Sie versuchen, Verbündete zu finden, die Ihnen beistehen. Werden Sie beispielsweise von einem Kollegen belästigt (oder Schlimmeres), könnten Sie Freunden davon erzählen und sich ihre Unterstützung holen und dann mit Ihrem Vorgesetzten oder der Personalabteilung sprechen, wenn es in Ihrem Unternehmen eine gibt. Sie können andere darum bitten, Tyrannen die Stirn zu bieten; wer nur zusieht, verlängert die Tyrannei.
Gemeinsam können wir uns für Menschen einsetzen, die gemobbt wurden oder werden. Vielleicht erreichen wir dadurch nichts Grundlegendes. Für diejenigen, die anderen in einer solchen Situation beistehen, und diejenigen, denen sie beistehen, macht es allerdings durchaus einen Unterschied, und zwar sowohl einen moralischen als auch einen psychologischen.

Tyrannei bestrafen

Mit »bestrafen« meine ich, Gerechtigkeit walten zu lassen, nicht, Rache zu üben. Für den Tyrannen ist das Tyrannisieren selbst die Belohnung, auch wenn es ihm keine konkreten Vorteile bringt. Es ist wie das lustvolle Bedienen des Hebels eines Spielautomaten, der manchmal sogar den Jackpot ausspuckt: Würden Sie als Tyrann dann aufhören, den Hebel zu bedienen?

Da hilft nur eine Strafe – in einer Sprache, die der Tyrann versteht. Stirnrunzeln und ein »Na, na, na!« werden den Tyrannen nicht weiter beeindrucken. Zudem müssen auch diejenigen, die die Tyrannei möglich gemacht haben, einen Preis dafür bezahlen. Warum sollten sie sonst damit aufhören?

Da Mobbing so weitverbreitet ist, gibt es bereits einige bekannte Möglichkeiten der Bestrafung. Dazu gehören, je nach Situation, die folgenden:

- Voller moralischer Überzeugung das Mobbing als das bezeichnen, was es ist
- Unbegründete Legitimitätsansprüche anfechten
- Die Mobbenden auslachen (sie sind meist sehr dünnhäutig)
- Sich Lügen entgegenstellen, auch der Leugnung des Schadens, der durch das Mobbing angerichtet wird
- Kräfte sammeln und sich gegen den Mobbenden stellen
- Denjenigen, die das Mobbing ermöglichen, die Stirn bieten; sie tragen eine Mitschuld an der Situation
- Rechtliche Schritte unternehmen
- Mobbende aus Machtpositionen entfernen

Den größeren Kontext sehen

Mobbing und Tyrannei werden durch die vorherrschenden Rahmenbedingungen möglich gemacht und gefördert. Manchmal ziehen die Mobbenden ihre Macht aus den Missständen, unter denen andere leiden; beseitigen wir diese Missstände, mindern wir damit automatisch auch die Macht des Tyrannen.

Mobbende wollen unsere Aufmerksamkeit ebenso beherrschen wie alles andere. Außerhalb ihres Einflussbereichs liegt jedoch noch eine größere Welt. Und die enthält so vieles, das funktioniert, das Freude macht, das schön ist, das gut ist. Lösen Sie sich deshalb so weit wie möglich vom ständigen Wiederkäuen Ihrer hilflosen Wut, Ihrer Rachefantasien und Ihrer moralischen Entrüstung über diejenigen, »die nicht genug dagegen unternehmen«. Es ist schon schlimm, dass es den Tyrannen da draußen gibt – lassen Sie ihn nicht auch noch in Ihren Kopf.

TEIL 5

Klug sprechen

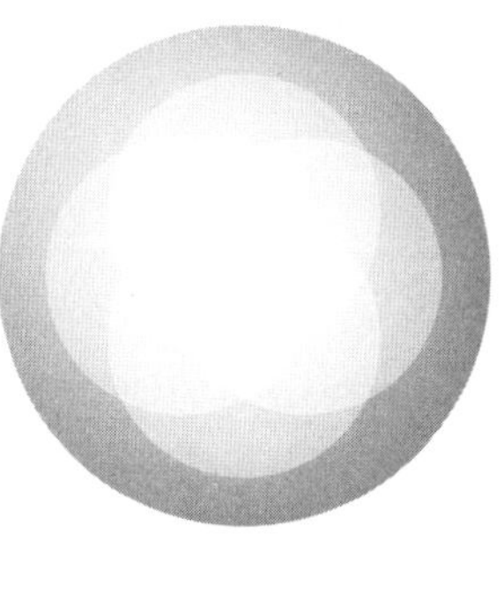

30

Auf seine Worte achten

Als Kinder haben wir manchmal gesungen: *Stock und Stein brechen mein Gebein, doch Worte bringen keine Pein.* Doch so ganz stimmt das nicht. Was wir sagen – und *wie* wir es sagen –, kann großen Schaden anrichten. Denken Sie nur an die Dinge, die man im Laufe Ihres Lebens zu Ihnen gesagt hat, vor allem an die Dinge, die voller Wut, Ablehnung oder Verachtung gesagt wurden, und an die Auswirkungen, die sie auf Sie hatten.

Worte können ganz buchstäblich verletzen, da sich die für emotionalen Schmerz zuständigen Netzwerke in unserem Gehirn mit den für körperlichen Schmerz zuständigen überlappen. Und die Wirkungen können lange anhalten, manchmal sogar ein Leben lang, während die Rückstände verletzender Worte ins emotionale Gedächtnis und in die innere Landschaft unseres Geistes sickern. Außerdem können sie eine Beziehung für immer verändern. Denken Sie etwa an den Welleneffekt von Worten, die zwischen Eltern und Kindern gewechselt werden, zwischen Geschwistern, zwischen Verwandten im Allgemeinen, zwischen Freunden.

Auf seine Worte zu achten bedeutet nicht, sich selbst einen Maulkorb zu verpassen oder umständliche und starre Wörter zu wählen. Sie sollen lediglich wohlüberlegt sprechen und dabei Ihre höchsten Werte und langfristigen Ziele im Hinterkopf behalten. Dafür sind ein paar klare Richtlinien sehr hilfreich, und auf diese möchte ich mich hier konzentrieren.

Der Weg dorthin

Mir haben sechs Prinzipien aus dem frühen Buddhismus sehr geholfen, vielleicht kennen Sie sie auch aus anderen Traditionen oder Philosophien. Ihnen zufolge ist kluges Sprechen immer:

1. **Gut gemeint** – Es entsteht aus einer guten Absicht heraus, nicht aus einer bösen. Es ist konstruktiv, nicht destruktiv. Es versucht zu helfen, nicht zu verletzen.
2. **Wahr** – Es ist faktisch richtig. Sie mögen vielleicht nicht alles sagen, was wahr ist, aber das, was Sie sagen, ist wahr. Es ist weder übertrieben noch aus dem Zusammenhang gerissen.
3. **Förderlich** – Es fördert Ihr Glück und Wohlbefinden sowie das der anderen.
4. **Rechtzeitig** – Es wird zur rechten Zeit geäußert und hat deshalb gute Chancen, gehört zu werden.
5. **Gemäßigt** – Es mag entschlossen, pointiert oder emotional sein, es kann Missstände oder Ungerechtigkeiten anprangern, aber es ist nicht boshaft, hetzerisch, abschätzig oder herablassend.

Und falls möglich ist es auch:

6. **Erwünscht** – Wenn jemand das, was Sie sagen, nicht hören will, sagen Sie es vielleicht nicht. Manchmal entscheiden Sie sich aber auch dafür, es zu sagen, ob dem anderen das nun gefällt oder nicht. In diesem Fall werden Sie wahrscheinlich mehr Erfolg haben, wenn Sie die fünf Prinzipien oben beherzigen.

Natürlich können wir auch locker mit anderen sprechen, wenn die Umstände dies zulassen. Und natürlich läuft in den ersten Augenblicken eines Streits etwas aus dem Ruder.

In wichtigen, kniffligen oder heiklen Situationen aber – bzw. sobald Sie merken, dass Sie eine Linie übertreten haben – ist es an der Zeit, sorgfältig und klug zu kommunizieren. Die sechs Richtlinien oben sind keine Garantie dafür, dass der andere so reagiert, wie Sie sich das wünschen. Doch sie erhöhen die Chancen auf ein gutes Ergebnis des Gesprächs; außerdem können Sie sich dann sicher sein, dass Sie die Selbstbeherrschung behalten haben, gute Absichten hatten und später nichts bereuen müssen.

Denken Sie noch einmal über die genannten Prinzipien nach, wenn Ihnen ein wichtiges Gespräch bevorsteht. Seien Sie im Gespräch dann jedoch ganz Sie selbst: Wenn Sie aufrichtig sind, es gut meinen und nach bestem Wissen und Gewissen immer die Wahrheit sagen, ist es eher schwierig, *nicht* klug zu sprechen! Wird es etwas hitziger, denken Sie daran, dass Ihr Sprechen in Ihrer Verantwortung liegt, egal was der andere tut oder nicht tut. Sollten Sie von den Richtlinien einmal abweichen, gestehen Sie sich und vielleicht auch dem anderen dies ein und kehren dann zu ihnen zurück.

Mit der Zeit und etwas Übung werden Sie von ganz allein »klug sprechen«, ohne bewusst darüber nachzudenken. Und Sie werden überrascht sein, wie wirkungsvoll und konstruktiv Sie im Rahmen der genannten Prinzipien kommunizieren können.

Zum Schluss noch eine Anregung: Wie wäre es, wenn Sie auch mit sich *selbst* klug sprechen würden …?

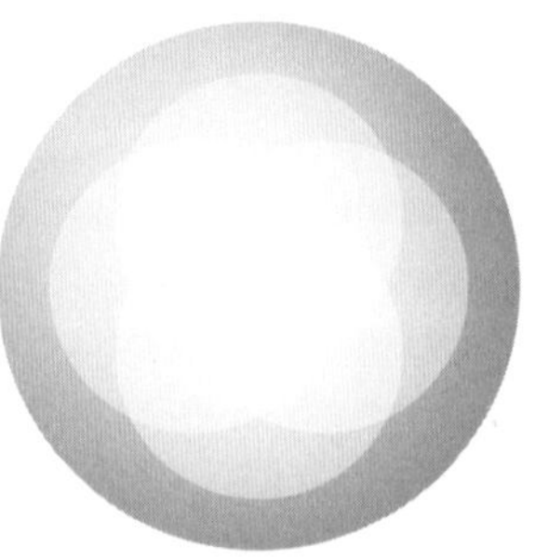

31

Wahrheitsgetreu sprechen

Wenn wir die Wahrheit sagen, klar und angemessen, fühlen wir uns gut. Unser Gegenüber kann auf die Aufrichtigkeit und Echtheit unserer Worte vertrauen. Sagen wir hingegen etwas Falsches, verdrehen wir, was ein Dritter gesagt hat, oder verstellen wir uns, sind die Ergebnisse ganz andere; dann kommt es beispielsweise zu unnötigen Konflikten, wir verpassen Chancen, die Beziehung zu vertiefen, oder wir verspüren ein hohles, trauriges Gefühl in der Magengrube.

Der wichtigste Mensch, dem gegenüber Sie die Wahrheit sagen sollten, sind Sie selbst. Das tun viele Menschen auf zweierlei Weise nicht: Sie übertreiben ihre Schwächen und sie spielen ihre Stärken herunter. Wenn Sie sich zudem sagen, dass etwas wahr ist, obwohl Sie tief im Inneren wissen, dass das nicht stimmt – wenn Sie sich beispielsweise vormachen, in Ihrer Ehe sei alles in Ordnung, wenn die Beziehung tatsächlich kühl und distanziert ist –, bewegen Sie sich auf sehr dünnem Eis. Denn es ist außerordentlich schwierig, sich auf dieser prekären Grundlage ein gutes Leben aufzubauen.

Die Wahrheit ist nicht verhandelbar. Selbst wenn Sie wünschten, sie wäre anders, so bleibt sie doch das, worauf Sie in einer Welt voller Meinungsmache, Verkaufsmaschen, Desinformation oder purem Unsinn zählen können. Die Wahrheit ist unsere Zuflucht.

Der Weg dorthin

Die Wahrheit zu sagen bedeutet nicht zwangsläufig, alles zu sagen. Sie könnten in einem Gespräch nur auf den Kern der Sache eingehen, Kindern nicht mehr aufbürden, als sie verstehen, und es in einem Meeting vermeiden, Ihr Herz auszuschütten. Wir müssen anderen nicht mehr anvertrauen, als angemessen ist. Meine Zwanziger verbrachte ich in einer Kultur des persönlichen Wachstums, in der alle allen immer alles gesagt haben – da kam selbst das intimste, schrägste und wildeste Zeug auf den Tisch. Für einen verschlossenen Menschen wie mich war dieses »Rauslassen« sehr wichtig. Nach einer Weile aber wurde mir klar, dass nur, weil ich etwas sagen *konnte,* dies noch lange nicht hieß, dass ich es auch sagen *sollte.* Einige unserer Gedanken und Gefühle können andere unnötig verletzen, leicht missverstanden oder später gegen uns verwendet werden. Ist es uns erst über die Lippen gekommen – oder ins World Wide Web entlassen –, können wir es kaum mehr zurücknehmen.

Authentisch sein

Die Wahrheit zu sagen bedeutet, aufrichtig, ehrlich und authentisch zu sein. Dann stimmt unser äußerer Ausdruck – Ton, Haltung, Mimik und Wortwahl – mit unserem Innenleben überein. Als ich lernte, wie man sich öffnet, fiel mir das sehr schwer. Ich war ehrlich, doch das hörte sich sehr hölzern an, als würde ich etwas aus einem Telefonbuch vorlesen. Wenn Sie traurig, verletzt, ängstlich oder wütend sind, können Sie diese Gefühle dann auch spüren, während Sie sie äußern? Gibt es eine Emotion, mit der Sie besonders schwer in Kontakt bleiben können? Einen bestimmten Wunsch, den Sie nur schwer einbeziehen oder anerkennen können? Drosseln Sie das Tempo, wenn Sie sprechen, geben Sie Ihren Gefühlen Zeit, zu Ihren Worten aufzuholen, und versuchen Sie, mit dem Gefühl in Verbindung zu bleiben, während Sie ihm Ausdruck verleihen.

Es ist völlig in Ordnung, nicht genau zu wissen, wie man das, was man fühlt, beschreiben soll. Manchmal ist es schwer, Worte dafür zu finden – manchmal gibt es sie auch einfach nicht. Trotzdem können unser Gesicht und der Rest unseres Körpers ungeheuer viel kommunizieren.

Sie werden feststellen, dass Sie im Laufe der Zeit immer mehr von sich offenbaren können. Die meisten Menschen haben etwas, das sie anderen nur schwer zeigen können. In meiner Kindheit und Jugend war das das Gefühl der Unzulänglichkeit, bei anderen mag es Angst, Schwäche oder Wut sein. Vielleicht ist Ihnen einmal etwas passiert – oder Sie haben etwas getan –, das Sie noch nie jemandem erzählt haben. Das vermittelt manchen Menschen das Gefühl, eine Art Lüge zu leben, die sie innerlich auffrisst. Gibt es bei Ihnen etwas, das Sie sicher versteckt haben, bei dem es aber gut wäre, wenn es ans Tageslicht käme? Könnten Sie sich vorstellen, mit dem richtigen Menschen darüber zu sprechen, vielleicht mit einem Therapeuten oder einem Geistlichen, der zur Verschwiegenheit verpflichtet ist? Ist es dann endlich raus, fühlen wir uns meist erleichtert und als Mensch vollständiger.

Worüber wird nicht gesprochen?

Fragen Sie sich bei Ihren Beziehungen, ob über wichtige Dinge nicht gesprochen, ob etwas ausgelassen wird – von Ihnen oder von anderen. Denken Sie an die Verletzung oder Angst, die hinter der Verärgerung steht, an die Rechte oder Bedürfnisse, um die es in einem anscheinend albernen Streit wirklich geht. Steht da vielleicht ein Elefant im Raum, den niemand erwähnt? Vielleicht hat jemand ein Problem mit Wut oder zu viel Alkohol, vielleicht ist jemand deprimiert. Vielleicht drängt ein anstrengender Job – 60, 70 oder mehr Stunden die Woche, inklusive Pendeln und

Wochenendmails – das Familienleben ganz an den Rand. Unsere Beziehungen werden von dem, worüber wir nicht sprechen können, belastet, geschmälert. Es liegt in Ihrem Ermessen, bestimmte Themen anzusprechen, Sie haben jedes Recht dazu. Und wenn die anderen immer wieder versuchen, das Thema zu wechseln, können Sie auch *das* zur Sprache bringen.

Unausgesprochenes aussprechen

Je nach Art der Beziehung bedeutet die Wahrheit zu sagen vielleicht auch, bisher Unausgesprochenes auszusprechen – relevante und wichtige Dinge, die Sie dem anderen nicht gesagt haben, möglicherweise aus gutem Grund. Manches Unausgesprochene verblasst mit den Jahren und spielt keine Rolle mehr. Anderes ist vielleicht nach wie vor wichtig für Sie, doch ist Ihnen noch immer klar, dass es besser unausgesprochen bleibt. Alles andere – wie viel oder wenig es auch sein mag – belastet die Beziehung und schränkt sie ein, während Sie und eventuell der andere darum herumlavieren.

In späteren Kapiteln werden wir uns ansehen, *wie* man bisher Unausgesprochenes auf geschickte Art und Weise ausspricht. An dieser Stelle, schlage ich vor, könnten Sie sich ein wenig Zeit nehmen, um darüber nachzudenken, *was* Sie in Schlüsselbeziehungen vielleicht nicht ausgesprochen haben. Denken Sie an eine bestimmte Person, nehmen Sie ein Blatt Papier zur Hand, schreiben Sie »Unausgesprochenes« oder »Dinge, die ich dir nicht gesagt habe« oben auf das Papier und notieren Sie darunter dann alles, was Ihnen dazu einfällt. Vergessen Sie nicht, dass Sie der betreffenden Person nicht alles sagen müssen, was Sie jetzt aufschreiben – es geht hier zunächst einmal darum, dass Sie sich selbst damit beschäftigen. Vielleicht vervollständigen Sie den folgenden Satz wieder und wieder: *Ich habe dir nicht gesagt, dass* __________. Seien Sie dem gegenüber, was Sie in Ihrem Inneren finden, offen. Vielleicht sind das Zeiten, in denen Sie sich im Stich gelassen fühlten oder wütend waren, vielleicht sind es verletzliche, innige Wünsche, vielleicht ist es aber auch Anerkennung und Liebevolles. Beim Hineinhorchen in Ihre tieferen Schichten finden Sie möglicherweise heraus, dass Sie dem anderen bereits alles Wichtige gesagt haben; dann können Sie ganz beruhigt sein und sich freuen. Wiederholen Sie die Übung mit anderen Menschen in Ihrem Leben. Es nur aufs Papier zu bringen kann schon sehr befreiend sein. Wenn Sie wollen, können Sie dem anderen anschließend einiges von dem, was Sie aufgeschrieben haben, sagen. Warten Sie dafür allerdings den richtigen Zeitpunkt ab. Wichtiges Unausgesprochenes zu identifizieren und es angemessen zum Ausdruck zu bringen ist eine der wirkungsvollsten Übungen für das persönliche Wachstum, die ich kenne.

Akzeptieren Sie zum Schluss die Tatsache, dass niemand im Kommunizieren perfekt ist. Wir lassen immer etwas aus, und das ist auch völlig in Ordnung so. Sie müssen Gesprächen Raum zum Atmen lassen, ohne sich dabei selbst ständig kritisch zu beäugen, ob Sie nun wahrheitsgetreu sprechen oder nicht. Kommunikation ist Ausbesserung. Solange Sie mit grundsätzlicher Aufrichtigkeit und Wohlwollen sprechen, werden Ihre Worte gewissermaßen den Teppich der Wahrheit in all Ihren Beziehungen weben und flicken.

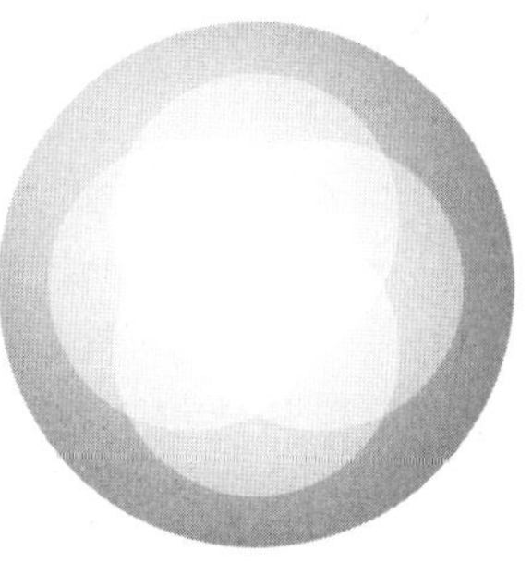

32

Aus dem Herzen sprechen

Einmal bin ich an Weihnachten in den Grand Canyon hinuntergewandert, der Boden der Schlucht befand sich rund 1600 Höhenmeter unterhalb des Rands. Die Wände des Canyons erinnerten mich an einen Schichtkuchen, die Streifen roten und grauen Felsens sprachen von Millionen von Jahren Erosion durch den Colorado River. Das muss man sich einmal vorstellen: Wasser, so nachgiebig und sanft, höhlt ganz allmählich härtesten Stein aus und bringt auf diese Weise ungeheure Schönheit hervor. Manchmal ist das, was uns am schwächsten erscheint, in Wirklichkeit das Mächtigste.

Ebenso scheint es verletzlich, aus offenem Herzen zu sprechen, dabei kann es von wahrer Stärke zeugen. Schlicht und direkt die Wahrheit zu sagen – und ich meine hier vor allem die Tatsachen Ihres Erlebens, die niemand widerlegen kann – hat große moralische Kraft.

Ich erinnere mich noch an einen meiner Klienten, einen Mann, dessen Ehe vom Gewicht unzähliger ungesagter Dinge nach und nach erdrückt wurde. Es waren ganz normale Dinge, etwa der

Wunsch, seine Frau würde sich den Kindern gegenüber weniger gereizt und ihm gegenüber liebevoller verhalten. Der Mann hatte jedoch Angst, dass es das Ende seiner Ehe bedeuten würde, wenn er auch nur etwas davon ansprechen würde. Dabei war es im Gegenteil das *Nicht*-darüber-Reden, durch das sich immer mehr Verletzungen und Feindseligkeiten ansammelten und das die Beziehung erstickte. Wie zwei Menschen auf separaten kleinen Eisbergen trieben sie in gefrorenem Schweigen immer weiter auseinander. Schließlich ließen sie sich scheiden.

Wenn Sie ein Problem in Ihrer Beziehung ansprechen wollen, ist es zwingend notwendig, dies aus offenem Herzen heraus zu tun; in der Regel wird dies auch dazu führen, dass sich der andere Ihnen gegenüber ebenfalls offenherziger verhält. Und falls nicht, spricht der Gegensatz zwischen Ihnen und der anderen Person für sich.

Der Weg dorthin

Aus dem Herzen zu sprechen kann sich furchteinflößend anfühlen. Wenn Sie gerade erst begonnen haben, auf diese Weise zu kommunizieren, sollten Sie sich ein Thema, einen Menschen und einen Augenblick aussuchen, die »passen«, bei denen also wahrscheinlich alles gut gehen wird.

Bevor Sie sprechen

Verankern Sie sich in guten Absichten: die Wahrheit zu sehen und zu sagen, sich und der anderen Person zu helfen. Überlegen Sie dann, was Sie grundsätzlich sagen wollen. Konzentrieren Sie sich dabei auf Ihr Erleben – Ihre Gedanken, Gefühle, körperlichen Empfindungen, Wünsche und alles andere, was durch Ihr Bewusstsein strömt. Mit Ihrem Erleben lässt sich schwer streiten, über Situationen, Ereignisse, die Vergangenheit oder Problemlösungen dagegen schon.

Versuchen Sie, in Ihrem Inneren das Gefühl des Selbstvertrauens, der Zuversicht herzustellen. Glauben Sie an Ihre Aufrichtigkeit, an die Wahrheit selbst. Machen Sie sich bewusst, dass die anderen vielleicht nicht mögen werden, was Sie zu sagen haben, dass Sie aber das Recht haben, es zu sagen, ohne sich dafür rechtfertigen zu müssen. Machen Sie sich bewusst, dass aus dem Herzen zu sprechen einer Beziehung für gewöhnlich guttut, auch wenn das, was gesagt wird, für den anderen schwierig ist.

Wenn Sie sprechen

Atmen Sie tief ein und aus und kommen Sie in Ihrem Körper an. Es kann hilfreich sein, sich rasch einige Menschen zu vergegenwärtigen, denen Sie am Herzen liegen. Machen Sie Ihre Kehle, Ihre Augen, Ihre Brust und Ihr Herz weich. Verbinden Sie sich mit Wohlwollen, ja sogar Mitgefühl für den anderen. Rufen Sie sich noch einmal ins Gedächtnis, was Sie sagen wollen. Atmen Sie erneut tief ein und aus und beginnen Sie zu sprechen.

Versuchen Sie, in Verbindung mit Ihrem Erleben zu bleiben, während Sie davon sprechen, und versuchen Sie nicht, den anderen zu überzeugen und das Problem zu lösen (das kommt, wenn überhaupt, später; siehe Kapitel 43–45). Kommen Sie immer wieder auf den für *Sie* wesentlichen Punkt zurück, welcher auch immer das ist, vor allem dann, wenn der andere impulsiv wird oder versucht, das Thema zu wechseln. Gestatten Sie anderen Aspekten oder tieferen Schichten Ihres Herzens, zum Vorschein zu kommen. Sie müssen nicht alles wissen, was Sie sagen werden, bevor Sie zu sprechen beginnen.

Erlauben Sie es sich, das Gespräch zu beenden, wenn der andere einfach nicht bereit ist zuzuhören. Vielleicht ist dann ein anderer Zeitpunkt besser. Vorrangiges Ziel ist hier nicht, den anderen dazu zu bewegen, sich zu ändern – das kann er tun oder auch nicht –, vorrangiges Ziel ist es, aus offenem Herzen zu sprechen. Gegebenenfalls können Sie den anderen bitten, dies ebenfalls zu tun.

Danach können Sie sich sicher sein, Ihr Bestes getan zu haben. Es ist mutig und schwer, vor allem am Anfang, aus dem Herzen zu sprechen. Aber es ist in Beziehungen, die sich irgendeiner Tiefe rühmen wollen, ausgesprochen notwendig.

33

Fragen stellen

Wer Fragen stellt, bekommt Unmengen nützlicher Informationen und zeigt anderen, dass er aufmerksam ist. Er vermittelt den Eindruck, interessiert zu sein, dass ihm die Dinge nicht gleichgültig sind, dass ihm das Thema wichtig ist, dass ihm die *anderen* wichtig sind. Fragen bringen Dinge zum Vorschein, sodass Sie und andere sie sehen können. Fragen zu stellen kann hitzige Gespräche bremsen und so dafür sorgen, dass sie nicht außer Kontrolle geraten. Fragen geben uns Zeit nachzudenken, sie verhindern, dass wir voreilige Schlüsse ziehen und Fehler machen, die wir später bereuen. Vielleicht gefallen den anderen Ihre Fragen nicht immer – weil Sie beispielsweise klarstellen, dass nicht Sie es waren, der den Bock geschossen hat –, doch haben Sie trotzdem das Recht, sie zu stellen. In gewisser Weise öffnet uns das Stellen von Fragen das Tor zum riesigen, mysteriösen Inneren eines anderen Menschen. Was um alles in der Welt geht dort drinnen vor? Brodelnde Leidenschaften, wehmütige Sehnsüchte, Erinnerungen und Fantasien, ein ganzer Chor von Stimmen, Schichten und Tiefen, und all das wirbelt und wogt vor sich hin. Wirklich faszinierend. Und je besser wir andere kennen, desto besser kennen wir uns selbst.

Der Weg dorthin

Als Therapeut verdiene ich mit dem Stellen von Fragen meinen Lebensunterhalt. Außerdem bin ich schon sehr lange verheiratet – ich sage nur: durch dick und dünn – und habe zwei Kinder großgezogen. Oder, wie man in der Medizin sagt: Zu einem guten Urteil gelangt man durch Erfahrung … und zu Erfahrung gelangt man durch schlechte Urteile. Hier also einige Lektionen aus meinem Erfahrungsschatz!

Mit guten Absichten fragen

Wir müssen Fragen nicht wie der Oberstaatsanwalt höchstpersönlich stellen. Sie können durchaus versuchen, den Dingen auf den Grund zu gehen – wenn Sie beispielsweise herausfinden wollen, was Ihr Sohn nun tatsächlich am Samstagabend vorhat oder welche Rolle Sie in einem anstehenden Meeting spielen sollen –, sollten Fragen aber nie so stellen, dass sich der andere angegriffen fühlt.

Freundlich fragen

Fragen – insbesondere eine ganze Reihe von Fragen – gestellt zu bekommen kann sich übergriffig, überkritisch oder überwachend anfühlen. Denken Sie nur einmal daran, wie oft Kindern Fragen als Auftakt zur Schelte oder Bestrafung gestellt werden. Erkunden Sie vorher, ob Ihre Fragen beim anderen willkommen sind. Stellen Sie sie nicht wie eine Maschinengewehrsalve. Geben Sie dazwischen immer wieder auch etwas von sich selbst preis, das dem emotionalen Niveau des anderen mehr oder weniger entspricht. Warum sollte der andere schließlich alle Karten auf den Tisch legen, wenn Sie Ihre in der Hand behalten?

Interessiert bleiben

Wir alle merken es, wenn die Aufmerksamkeit unserer Zuhörer abschweift. Versuchen Sie also, bei dem zu bleiben, der gerade spricht, statt sich einer soeben hereingekommenen Textnachricht zuzuwenden oder sich darauf zu konzentrieren, was Sie als Nächstes sagen wollen. Versuchen Sie, mit dem »Geist des Anfängers« oder dem »Geist des Nicht-Wissenden« an die Sache heranzugehen: neugierig, offen, geduldig. Worüber wüssten Sie gern mehr? Versuchen Sie, das Lebendige, Frische, Saftige, Bedeutungsvolle, Nützliche oder Tiefsinnige in einem Gespräch zu finden. Weit geöffnete Augen, ein Nicken, das zum Fortfahren ermuntert, oder hier und da eine kleine Pause – all das sind Signale für den Sprechenden, dass er weitersprechen soll.

Weiterfragen

Haben Sie das Gefühl, dass in den Antworten des anderen immer noch eine problematische Unklarheit oder schlicht mehr liegt, das Sie wissen wollen, können Sie die Frage noch einmal stellen, dieses Mal vielleicht anders. Oder Sie erklären – ohne Vorwurf –, warum Ihnen noch immer unklar ist, was der andere sagt. Es ist schon beinahe erschütternd, wie oft Menschen die Fragen, die sie gestellt bekommen, nicht wirklich beantworten. Sie können mit zusätzlichen Fragen versuchen, einen Schlüsselpunkt festzuklopfen oder tiefere Schichten in den Gedanken, Gefühlen und Absichten des anderen aufzudecken.

Fragen, um ein Problem zu lösen

Fragen zu Fakten oder Plänen sind normalerweise ziemlich einfach. Da gestalten sich Fragen zum unergründlicheren und häufig auch emotional aufgeladenen Terrain des Innenlebens eines anderen Menschen schon schwieriger. Hier einige Vorschläge:

Wie war __________ für dich? Was fühlst du bezüglich __________?

Was schätzt du an __________? Was, denkst du, ist gut gelaufen? Was war beruhigend? Was hat dir an __________ gefallen?

Was ärgert dich an __________ oder bereitet dir deswegen Sorgen? Was macht dir Angst [was frustriert dich, macht dich traurig, verletzt dich, macht dich wütend]? Was fühlst [oder willst] du noch außer __________?

Woran hat dich das erinnert? Welcher Kontext [welche Geschichte] ist hier für dich wichtig [z. B. ein früherer Streit zwischen uns beiden, bei der Beförderung wieder einmal übergangen zu werden]?

Was wünschst du dir, wäre stattdessen geschehen? Was ist hier das Wichtigste für dich?

Was denkst du über mich? Was magst du an mir? Was magst du nicht an mir? Was hätte ich lieber sagen oder tun sollen? Wenn ich mich deiner Meinung nach um eine oder zwei wichtige Sachen kümmern sollte – welche wären das dann?

Wie wäre es, wenn du bekommen würdest, was du dir wünschst? Wie wäre es, wenn du von mir bekommen würdest, was du dir wünschst? Wie wünschst du dir, soll es von nun an sein?

Gibt es sonst noch etwas? Könntest du mir mehr über __________ erzählen?

Eine innige Freundschaft vertiefen

Mit der Zeit kann eine Partnerschaft zwar immer noch in Ordnung sein, sich aber ein wenig eintönig, distanziert, ja sogar abgestanden anfühlen. Eine gute Möglichkeit, sie wieder zu beleben, besteht darin, etwas Neues über den anderen zu erfahren – entsprechende Beispielfragen finden Sie unten (vielleicht kennen Sie einige der Antworten auch schon). Sie versuchen hier nicht, den Therapeuten zu spielen, Sie schlüpfen lediglich in die Rolle des interessierten Freundes. Und Sie können selbst entscheiden, wie tief Sie mit Ihren Fragen gehen wollen. Zudem können Sie sich mit den Fragen abwechseln – und natürlich eigene hinzufügen.

Was ist deine früheste Erinnerung?

Hattest du als Kind einen Lieblingsverwandten oder eine Lieblingsverwandte? Was habt ihr gemeinsam unternommen?

Woran hast du als Kind beim Einschlafen gedacht? Woran denkst du heute?

Was hast du als Kind besonders gern gemacht? Hast du irgendwelche speziellen Erinnerungen daran? Was machst du heute allein am liebsten? Was machst du heute mit mir zusammen am liebsten?

Hattest du als Kind ein Haustier?

Wie war dein erster Kuss?

Wie war es, als du zu Hause ausgezogen bist? Bist du gern ausgezogen? Oder nicht?

Was, denkst du, waren die großen Wendepunkte in deinem Leben?

Woran denkst du gern, was stellst du dir gern vor?

Wenn du eine Figur aus Herr der Ringe *[oder eine andere Figur aus der Literaturgeschichte] sein könntest, welche wäre das dann? Warum?*

Wenn du vor 20 000 Jahren in einer Jäger-und-Sammler-Gemeinschaft gelebt hättest, welche Rolle(n) hättest du dort wahrscheinlich gespielt?

Wenn du eine Milliarde Menschen dazu bringen könntest, fünf Minuten am Tag etwas Bestimmtes zu tun, was wäre das?

Eine Möglichkeit, an die Übung heranzugehen, ist die, sich gemeinsam Bilder aus der Kindheit oder auch aus dem Erwachsenenleben anzusehen. Wenn Sie die Gesichter der Menschen darauf genau betrachten, können Sie sich schon ein wenig vorstellen, wie das Leben für den Betreffenden wohl gewesen ist, und das wiederum könnte zu weiteren guten Fragen führen.
Sie können dieselbe Frage auch mehrmals stellen und dann die Rollen tauschen: *Was magst du an mir? Was wünschst du dir in unserer Beziehung? Was brauchst du, um mir zu vertrauen? Was wünschst du dir für dich selbst für die Zukunft?* Sagen Sie beim Antworten spontan, was Ihnen dazu einfällt, es sei denn, es wäre etwas sehr Verletzendes, oder Sie würden etwas preisgeben, wozu Sie einfach noch nicht bereit sind. Achten Sie darauf, ob Sie Ihre Antworten im Kopf zensieren, und überlegen Sie, ob es auch in Ordnung wäre, offenherziger zu sprechen. Wenn Sie die Frage stellen, sollten Sie jegliche Antwort akzeptieren; bedanken Sie sich und stellen Sie die Frage dann erneut. Es ist auch »erlaubt«, den anderen zu bitten, etwas zu spezifizieren, bevor Sie die Frage wiederholen. Wollen Sie eine Antwort weiterverfolgen, merken Sie sie sich, sodass Sie später darauf zurückkommen können. Dieses Vorgehen kann uns sehr rasch sehr tief führen. Nachdem Sie die Frage vielleicht zehnmal gestellt haben,

enthält die Antwort vielleicht nichts Neues mehr; sie wird sich vollständig anfühlen, zumindest für den Augenblick, und Sie können die Rollen tauschen oder mit einer anderen Frage fortfahren.

Alles in allem kann ich nur sagen: Ja, stellen Sie Fragen! Normalerweise freuen sich die anderen darüber. Vertrauen Sie dabei nur auf Ihre guten Absichten und Ihr gutes Herz.

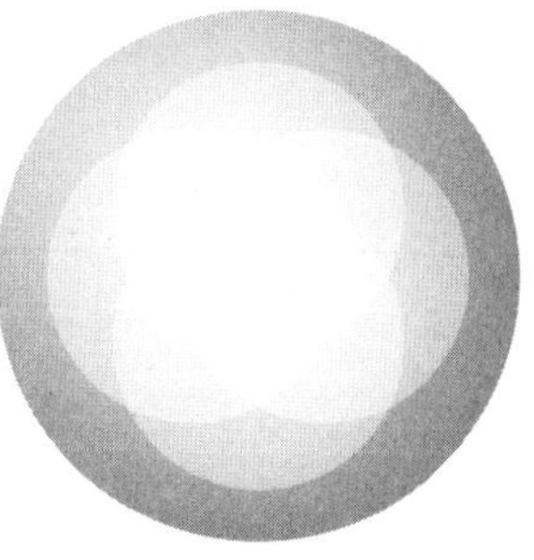

34

Wertschätzung zum Ausdruck bringen

Eine der wirkungsvollsten Methoden, Ihre Beziehungen zu verbessern, ist gleichzeitig eine der einfachsten: Sagen Sie den Menschen, was Sie an ihnen schätzen. Dabei geht es nicht um Schmeichelei oder Manipulation. Sie sollten in gutem Glauben das äußern, was Sie für wahr halten. Sie könnten sich damit beim anderen bedanken, Ihre Unterstützung anbieten oder Ihrem Respekt Ausdruck verleihen. Und hoffentlich wird Ihre Wertschätzung vom Empfänger seinerseits wertgeschätzt. Falls er sie aus irgendeinem Grund ablehnen sollte, wissen Sie zumindest, dass Sie aufrichtig waren.

Es ist absolut angemessen anzuerkennen, wenn andere ein Ziel erreicht, guten Charakter bewiesen oder schlicht unter ungünstigen Bedingungen die Zähne zusammengebissen und nicht aufgegeben haben. Der Mensch ist ein soziales Wesen, das wahrgenommen und wertgeschätzt werden will. Wenn Sie bei der Arbeit oder zu Hause einen guten Job machen und niemand auch nur ein Wort darüber verliert, fühlt sich das nach einer Weile seltsam oder noch schlimmer an.

Denken Sie an Menschen, die Ihnen am Herzen liegen. *Welche guten Eigenschaften besitzen sie? Sind sie anständig und ehrenwert? Haben sie Ihnen geholfen oder anderweitig zu Ihrem Wohlergehen beigetragen? Wenn Sie ihnen ein Empfehlungsschreiben ausstellen müssten, was würde darin stehen?* Fragen Sie sich anschließend: *Welche von den zahlreichen Möglichkeiten, diesen Menschen gegenüber meine Wertschätzung zum Ausdruck zu bringen, habe ich genutzt?* Vielleicht verleihen Sie Ihrer Wertschätzung in Ihren Beziehungen bereits Ausdruck – was meiner Erfahrung nach allerdings recht ungewöhnlich wäre. Meist denken wir einfach nicht daran, sind diesbezüglich unbeholfen oder scheuen uns aufgrund eines größeren Konfliktes davor. Nur allzu leicht halten wir andere für selbstverständlich oder beschweren uns über sie.
Erinnern Sie sich an eine Gelegenheit, als jemand Ihnen wirklich gedankt, Ihre Arbeit gelobt, Ihre Bemühungen anerkannt oder über die guten Eigenschaften tief in Ihrem Inneren gesprochen hat. Das hat Ihnen vermutlich viel bedeutet, vielleicht hat es auch Ihre Beziehung gestärkt. Ähnlich positive Auswirkungen hat es, wenn Sie anderen sagen, was Sie an ihnen schätzen.

Der Weg dorthin

Wir können anderen gegenüber unsere Wertschätzung im Allgemeinen auf zweierlei Weise zum Ausdruck bringen: durch Dankbarkeit und Lob.
Denken Sie an einen Menschen, der Ihnen wichtig ist, und überlegen Sie, wofür Sie ihm dankbar sind. Was tut er Ihnen Gutes? Setzt er sich für Sie ein? Ist er immer freundlich und herzlich zu Ihnen? Sie können für kleine Dinge dankbar sein, beispielsweise dafür, dass derjenige bei der Arbeit immer Ihre Kaffeetasse ausspült, oder für große, beispielsweise dafür, dass er gemeinsam mit Ihnen Ihre Kinder großzieht. Wie fühlt es sich an, diesem Menschen gegenüber dankbar zu sein?
Überlegen Sie als Nächstes, was an diesem Menschen lobenswert ist. Was bewundern, verehren oder respektieren Sie an ihm?

Welche Talente und Fähigkeiten hat er? Welche positiven Charakterzüge? Inneren Stärken? Was hat er geleistet? Womit musste er fertigwerden? Ist er witzig, kreativ, gefühlvoll? Kümmert er sich um andere? Um die Welt? Was mögen Sie an ihm? Welche inneren Qualitäten lieben Sie besonders an ihm? Wie fühlt es sich an, all das bei diesem Menschen anzuerkennen?

Wenn Sie über Ihre Beziehung zu diesem Menschen nachdenken, erkennen Sie dann etwas zu wenig bei ihm an? Was, denken Sie, würde er wirklich gern von Ihnen hören? Vielleicht ist dieser Mensch ein Kind oder jemand, der zu Ihnen aufblickt. Womit würden Sie ihm eine große Freude machen?

Fragen Sie sich anschließend, wie Sie Ihrer Dankbarkeit besser Ausdruck verleihen und wie Sie diesen Menschen besser loben könnten. Stellen Sie sich vor, was Sie sagen würden und wie und wann Sie es sagen würden. Es ist in Ordnung, dass jeder Mensch seiner Wertschätzung anders Ausdruck verleiht und dass jeder sich anders über sie freut. Stellen Sie sich die Vorteile vor, die es für Sie, den anderen und die Beziehung hätte, wenn Sie Ihre Wertschätzung zum Ausdruck brächten.

Machen Sie es sich auch bewusst, wenn Sie auf die eine oder andere Weise zögern, Ihre Wertschätzung auszudrücken. Vielleicht ist man in Ihrer Familie mit Wertschätzung bisher immer eher sparsam gewesen, vielleicht passt sie nicht so recht zu den Normen in Ihrer Kultur. Vielleicht bekommen Sie dadurch das Gefühl, verletzlich zu sein oder sich abhängig zu machen, dass der andere sich nun über Sie oder Ansprüche an Sie stellt oder dass Ihre berechtigten Beschwerden durch die Wertschätzung neutralisiert werden oder an Berechtigung verlieren. Oder dass sie den anderen dazu ermutigt, immer mehr von Ihnen zu verlangen, wie ein durstiger Vampir, der Sie nach und nach aussaugt. Versuchen Sie, sich von diesen Hindernissen zu lösen, und fragen Sie sich, wie viel an ihnen tatsächlich dran ist. Sie können andere wertschätzen und trotzdem ein starker, selbstsicherer Mensch sein. Sie können beispielsweise die guten Ideen eines Kollegen wertschätzen und ihn dennoch bitten, seine Arbeit rechtzeitig zu erledigen. Sie können jemandem, der danach dürstet, Ihr Lob

aussprechen und in Ihrer Beziehung zu ihm trotzdem Grenzen setzen – *ihn* zu nähren muss *Sie* nicht zwangsläufig auszehren.
Denken Sie nun an eine schwierige Beziehung, vielleicht sogar eine voller ernsthafter Konflikte. Können Sie auch diesem Menschen für irgendetwas dankbar sein? Es ist auch in Ordnung, wenn Sie nichts finden – wenn Sie jedoch etwas finden, sollten Sie versuchen, es wertzuschätzen. Überlegen Sie, was an diesem Mensch Sie loben könnten, auch wenn er darüber hinaus zahlreiche größere Fehler hat. Wie könnten Sie ihm Ihre Wertschätzung ausdrücken? Vielleicht durch eine schlichte faktische Feststellung im Vorbeigehen, über die sich schwer streiten lässt. Wie könnte die Wertschätzung Ihre Beziehung zu diesem Menschen verbessern?
Wenn Sie sich das, was Sie an anderen schätzen, bewusst machen, fühlen Sie sich auch in der eigenen Haut für gewöhnlich wohler. Es hilft ebenfalls dabei, die Dinge, die Sie am anderen ärgern, in einen größeren Zusammenhang zu stellen; so ärgern Sie sich weniger oder können besser darüber sprechen.

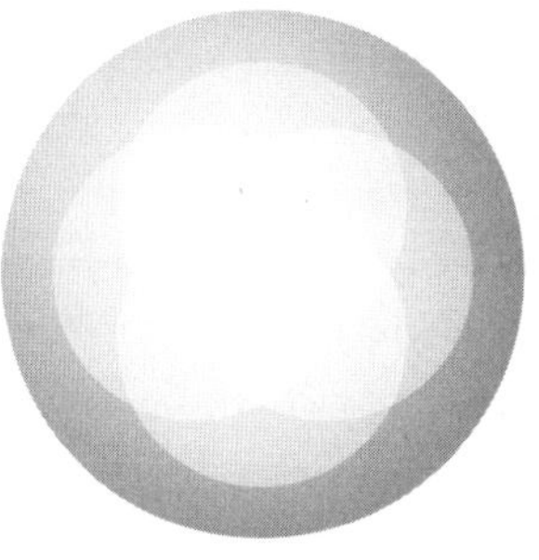

35

In milderem Ton

Ich erinnere mich an Situationen, in denen ich erschöpft oder verärgert war und dann etwas mit einem scharfen Unterton gesagt habe, der einfach nicht nötig oder hilfreich war. Manchmal waren es die Worte selbst – absolute Formulierungen wie *nie* oder *immer* oder Übertreibungen wie *Das war dumm.* Häufiger aber war es der Tonfall, begleitet von einem missbilligenden Blick, etwas harsch oder beleidigt Geäußertes.
Sprachwissenschaftler wie etwa Deborah Tannen haben drei Elemente identifiziert, aus denen sich der Großteil unserer Kommunikation zusammensetzt:

- **Expliziter Inhalt** – »Im Kühlschrank ist keine Milch mehr.«
- **Emotionaler Subtext** – Dieser mag neutral, positiv oder negativ sein.
- **Implizite Aussage über die Natur der Beziehung** – Kritisiert der Sprecher jemanden oder kommandiert er jemanden herum? Steht der Sprecher über dem anderen, unter dem anderen oder auf gleicher Stufe mit ihm?

Das zweite und das dritte Element – das, was ich mit *Tonfall* meine – haben meist die größten Auswirkungen darauf, wie sich die Interaktion entwickelt, und mit der Zeit kann sich da ganz schön viel ansammeln. Ein wiederholt kritischer, arroganter, enttäuschter, verächtlicher oder vorwurfsvoller Ton kann eine Beziehung enorm ins Schwanken bringen. Die Arbeit von John und Julie Gottman beispielsweise hat gezeigt, dass in der Regel mehrere positive Interaktionen notwendig sind, um eine einzige negative wettzumachen. Abgesehen von den Auswirkungen auf die Beziehung gibt es noch die direkte Auswirkung auf die andere Person. Ein unnötig negativer Tonfall erzeugt unnötiges Leid.
Mehr auf den eigenen Tonfall zu achten wird Sie mehr mit sich selbst in Verbindung bringen, Ihnen bewusster machen, was sich in Ihnen aufstaut, sodass Sie sich früher und unmittelbarer darum kümmern können. Ihren Ton zu mildern wird dazu führen, auf eine ruhigere, herzlichere Weise zu sprechen. So fällt es anderen auch schwerer, durch das, *wie* Sie etwas sagen, von dem, *was* Sie sagen, abzulenken. Zudem versetzt es Sie in eine bessere Position, wenn Sie andere darum bitten wollen, ebenfalls in milderem Ton zu sprechen.

Der Weg dorthin

In milderem Ton zu sprechen bedeutet nicht, zuckersüß oder falsch zu sprechen. Wer nicht mehr schnippisch, kurz angebunden, spöttisch oder provokativ spricht, stärkt seine kommunikativen Fähigkeiten. Er bringt die Dinge in der Regel fundierter und selbstbewusster zur Sprache. Er opfert zwischenmenschliches Kapital nicht der kurzfristigen Befriedigung, die uns ein harscher Ton verschaffen mag.
Achten Sie deshalb auf Ihren Ton, insbesondere wenn Sie ohnehin schon unter Druck stehen oder gestresst, frustriert, müde oder hungrig sind. Beachten Sie die Natur der jeweiligen Beziehung und die Empfindlichkeit des anderen bezüglich Ihres Tons. Hüten Sie sich auch vor einem negativen Tonfall, der sich in ein

scheinbar mildes Gewand kleidet, etwa ein Augenverdrehen, einen entnervten Seufzer oder eine kleine Herabsetzung.
Denken Sie an Ihre eigentlichen Ziele – im Leben ganz allgemein oder hinsichtlich der anderen Person. Ist ein harscher Ton diesen förderlich? Welcher Ton wäre besser? Können Sie ohne negativen Unterton sagen, was wichtig ist? Können Sie sich einer Verletzung, Ihrer Wut oder einem ganz praktischen Problem geradeheraus widmen, ohne dabei durch Ihren Tonfall Dampf ablassen zu müssen?
Achten Sie auf Ihre Wortwahl. Übertreibungen, Vorwürfe, Nörgeleien, Beleidigungen, Flüche, Drohungen, Pathologisierungen (»Du bist ja krank!«) und unfaire Bemerkungen (»Du bist wie dein Vater«) sind wie das Anzünden einer Zigarette in einem gasgefüllten Raum. Versuchen Sie, eine provokative oder aufhetzende Sprache zu vermeiden. Suchen Sie nach zutreffenden, konstruktiven und anständigen Worten und dringen Sie zum Kern der Sache vor.
Seien Sie auch vorsichtig bei Mails und anderen Textnachrichten. Haben Sie erst auf »Senden« geklickt, gibt es kein Zurück mehr, und der Empfänger missinterpretiert den Inhalt vielleicht oder leitet die Nachricht an andere weiter. Ja, Telefonieren ist altmodisch, dafür ist es beim Telefonieren aber auch leichter, Missverständnisse aus dem Weg zu räumen. Wenn ich an die eine oder andere Mail, die ich geschrieben habe, zurückdenke, zucke ich noch heute, nach Jahren, zusammen.
Man kann auch auf spielerische Art und Weise sarkastisch, bissig oder spöttisch sein. Manchmal verschleiern wir durch Humor eine darunterliegende Verletztheit oder Wut, die der andere dennoch spüren kann. Vielleicht wird aber auch einfach falsch verstanden, was Sie auf diese Weise ausdrücken. Sie dachten vielleicht, Sie machten nur einen Witz – doch so muss es beim anderen noch lange nicht ankommen.
Versuchen Sie, Augen, Hals und Herz zu entspannen. Dadurch wird sich automatisch auch Ihr Ton mildern. Ich stelle mir manchmal vor, man würde mich in einer bestimmten Situation per Video aufnehmen und dieses Video würde dann später bei

der Hochzeit eines meiner Kinder oder auf meiner eigenen Beerdigung gezeigt. Probieren Sie das auch einmal – ohne deswegen gleich paranoid zu werden, natürlich. Sie müssen nicht perfekt sein; doch wie würden Sie sich in diesem Video gern sehen? Falls Sie doch einmal in einen harscheren Ton abgleiten, sollten Sie dies so schnell wie möglich – das kann eine Minute, nachdem es Ihnen passiert ist, sein – wiedergutmachen. Manchmal hilft es auch, die Gründe dafür zu erklären – nicht, sich zu rechtfertigen oder zu verteidigen –, um den Kontext herzustellen: »Es tut mir leid; ich bin müde und hungrig, es war ein harter Tag.« Übernehmen Sie Verantwortung für Ihren Ton und seine Wirkung und verpflichten Sie sich wieder zu einer klareren, saubereren und direkteren Ausdrucksweise.

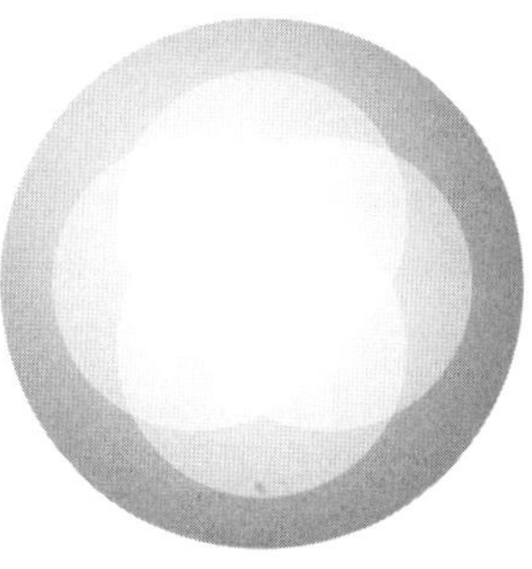

36

Kein Spielverderber sein

Nehmen wir einmal an, Sie hätten gerade einen Geistesblitz gehabt, eine tolle Idee, die voller Enthusiasmus in Ihnen aufkeimt. Vielleicht ein neuer Impuls für ein bestimmtes Projekt in der Arbeit oder ein Vorschlag, was Sie an diesem Samstag gemeinsam mit Ihrem Partner unternehmen könnten. Die Idee ist noch nicht ganz ausgereift, aber sie gefällt Ihnen, und Sie probieren sie gewissermaßen an, ob sie auch passt. Wenn andere darauf dann neutral oder positiv reagieren, selbst wenn sie den einen oder anderen praktischen Einwand haben, fühlen Sie sich wahrscheinlich unterstützt und angespornt. Ist die erste Reaktion auf Ihre Idee hingegen negativ, konzentrieren sich die anderen also auf Schwierigkeiten oder Risiken – *und seien diese noch so berechtigt geäußert* –, fühlen Sie sich vermutlich zumindest ein wenig ernüchtert, niedergeschlagen oder sabotiert. Überlegen Sie, ob Ihnen dies als Kind oder auch Erwachsener möglicherweise schon häufiger passiert ist.

Ähnliches gilt auch für den umgekehrten Fall. Kommt jemand mit einer Idee oder einem Vorhaben zu Ihnen und Sie reagieren darauf erst einmal mit Zweifeln und Einwänden, wird sich dieser

Jemand aller Wahrscheinlichkeit nach nicht gut fühlen, Punkt. Außerdem wird der Betreffende in Zukunft vermutlich zögern, wieder zu Ihnen zu kommen. Gab es eine solche Situation vielleicht schon einmal in einer Ihrer Beziehungen?
Das Gleiche kann auch in unserem Kopf geschehen. Wenn Sie einen Eimer kaltes Wasser über Ihre Hoffnungen und Träume schütten, dann mögen Sie zwar auf der sicheren Seite sein, erfahren aber nie, was alles daraus entstehen hätte können. Spielen Sie für sich selbst den Cheerleader und feuern sich an? Oder kommen Sie immer gleich mit Zweifeln, Kostenanalysen und Gründen ums Eck, warum etwas auf keinen Fall funktionieren kann?

Der Weg dorthin

Die folgenden Punkte lassen sich sowohl auf Ihre Reaktion auf die Ideen anderer (und seien sie noch so abwegig) anwenden als auch auf Ihre Reaktion auf die eigenen Inspirationen. Darüber hinaus können Sie andere bitten, über die Punkte nachzudenken, sollten sie gerade im Begriff sein, Ihnen die Suppe zu versalzen.
Sagen Sie manchmal reflexhaft Nein, wenn andere oder Sie selbst ganz aufgeregt mit einer neuen Idee ankommen? Sind Sie ein notorischer Schwarzmaler oder Spielverderber? Hat es in Ihrem Leben Fälle gegeben, in denen Ihre Eltern oder andere Menschen überschwänglich waren und diese Überschwänglichkeit später zu Problemen geführt hat? Prägt diese Geschichte Sie vielleicht heute noch, auch wenn die Situationen und Menschen ganz andere sind?
Wir hoffen alle darauf, dass unsere Freunde, unsere Kollegen und unser Partner unsere Ideen, Pläne oder Träume unterstützen. Noch viel grundlegender wünschen wir uns in unseren wichtigen Beziehungen, dass der andere uns *ganz allgemein* unterstützt; wir wünschen uns einen »Ko-Enthusiasten«, der ebenso beflügelt und leidenschaftlich und offen für neue Möglichkeiten ist wie wir selbst. Nicht jemanden, der erst einmal die Schwachpunkte an der Idee aufzeigt, sondern jemanden, der sich mitreißen lässt. Nicht

jemanden, den wir mitschleppen, den wir wie einen Ballon mit Loch ständig neu aufpumpen müssen. Gibt es jemanden, der sich wünscht, *Sie* wären ein »Ko-Enthusiast«? Gibt es kleine, einfache Dinge, die Sie tun könnten, um mehr Begeisterung und Unterstützung in eine bestimmte Beziehung zu bringen?

Vergessen Sie nicht, dass Sie immer noch Nein sagen können. Nur weil ein neuer Vorschlag auf dem Tisch liegt, müssen Sie diesem Vorschlag noch lange nicht folgen. Es ist in Ordnung, wenn Sie erst einmal in Ruhe abwarten, bis die Dinge ein wenig mehr Gestalt angenommen haben. Auch wenn Sie davon überzeugt sind, dass eine bestimmte Idee blöd, verrückt oder Schlimmeres ist, müssen Sie sie nicht kommentieren – Sie können auch warten, bis sie von ganz allein in sich zusammenfällt.

Wenn Sie sich jedoch äußern – sich selbst oder einem anderen gegenüber –, sollten Sie mit dem beginnen, was an der Idee richtig oder nützlich ist. Sie können es dabei belassen und hören, was der andere dazu zu sagen hat. Haben Sie Bedenken, ist es in der Regel am hilfreichsten, wenn Sie sie zur rechten Zeit zum Ausdruck bringen und der andere sie auch hören will. (Das gilt natürlich nicht für Fälle, in denen beispielsweise die Sicherheit eines Menschen auf dem Spiel steht.) Konzentrieren Sie sich dabei auf relevante Bedenken, holen Sie nicht zu weit aus.

Werfen Sie einen Blick auf Ihre Familie und Freunde, werfen Sie einen Blick auf sich selbst: Welche Herzenswünsche, großen Träume, aufgeschobenen Versprechen und verrückten Ideen warten unbedingt darauf, umgesetzt zu werden?

Was könnten Sie heute und morgen tun, um ihnen den Weg zu ebnen?

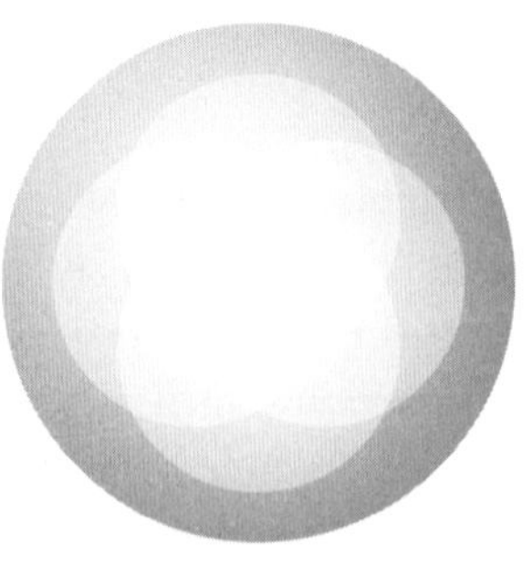

37

Geben, was der andere will

Beziehungen setzen sich aus Interaktionen zusammen, und Interaktionen setzen sich aus einem Hin und Her zusammen, wie Ballwechsel beim Tennis. Ein Wendepunkt in einer Interaktion ist es, wenn der eine sein Gegenüber um etwas bittet, das er will. (Zu diesem Wollen gehören Wünsche, Bedürfnisse, Anliegen, Hoffnungen und Sehnsüchte.) Das kann etwas ganz Einfaches und Konkretes sein, etwa: *Reich mir doch bitte mal das Salz.* Es kann aber auch etwas Komplexes und nicht Greifbares sein wie: *Bitte gehe eine Liebesbeziehung mit mir ein.* Manche Menschen verleihen dem, was sie wollen, klar Ausdruck, viele tun das nicht. Je wichtiger der Wunsch ist, desto höher ist die Wahrscheinlichkeit, dass er zögerlich oder auf Umwegen vorgebracht wird.

Denken Sie an eine Beziehung, die Ihnen sehr wichtig ist. Wie klar haben Sie dem, was Sie wollen, darin Ausdruck verliehen? Wie fühlen Sie sich, wenn sich der andere aufrichtig bemüht, Ihnen zu geben, was Sie wollen?

Wenn ich selbst über diese beiden Fragen nachdenke, wird mir erstens klar, dass es mir nicht immer leichtfällt, um das, was ich will, zu bitten, vor allem dann, wenn mich die Bitte verletzlich macht – ich sollte also nachsichtiger sein, wenn andere ihre Wünsche vage, verhalten oder verschleiert ausdrücken. Zweitens wird mir klar, dass ich generell versuchen sollte, anderen zu geben, was sie wollen, *wenn das vernünftig und möglich ist.* Unter dem Aspekt der Menschlichkeit ist das einfach freundlich und fürsorglich; unter dem Aspekt des Eigeninteresses ist es zudem eine gute Möglichkeit, Beschwerden vorzubeugen, Wohlwollen aufzubauen und sich in eine stärkere Position zu versetzen, selbst um das zu bitten, was man will.

Damit meine ich *nicht,* Menschen Dinge zu geben, die diesen, Ihnen oder anderen schaden. Und wird das Wollen rüde, fordernd oder drohend vorgebracht, ist das ebenfalls wenig hilfreich: Dann sollte der Betreffende darüber nachdenken, seinen Ton zu ändern. Natürlich entscheiden Sie selbst, ob eine Bitte vernünftig und zu erfüllen ist und wie Sie darauf reagieren wollen.

Der Weg dorthin

In beinahe jeder Beziehung geben Sie dem anderen wahrscheinlich bereits viel von dem, was er will. Spannungen und Probleme entstehen um das herum, was er sich *sonst noch* wünscht und nicht zu bekommen glaubt. Denken Sie noch einmal an eine Ihnen wichtige Beziehung und fragen Sie sich: *Was wünscht sich der andere noch von mir?* Ein ungehörter Wunsch oder eine ungehörte Bitte, eine nicht erfüllte Sehnsucht bedeuten, dass der andere etwas, das er will, nicht bekommt. Alles Enttäuschende, jede dauerhafte Quelle der Reibung – auch hier geht es um Wünsche, die aus der Sicht des anderen nicht erfüllt wurden.

Vielen Menschen fällt es schwer, ihren innigsten Wünschen Ausdruck zu verleihen, es macht ihnen Angst. Versuchen Sie deshalb, sich durch das oberflächliche Durcheinander zu dem durchzukämpfen, was für den anderen wirklich Vorrang hat. Welche leiseren, tieferen, früheren Wünsche und Sehnsüchte könnten dahinterliegen?

Ahnen oder wissen Sie dann, was der andere will, können Sie selbst entscheiden, wie Sie darauf reagieren wollen. Ihre Wünsche sind nämlich auch wichtig: Sie können nicht endlos geben, ohne selbst genügend zu bekommen. Wenn Sie in einer Familie oder Kultur aufgewachsen sind, die Ihnen beibrachte, Geben sei unbedingt seliger denn Nehmen, ist es besonders wichtig für Sie zu verstehen, dass Sie beim Geben nicht zwangsläufig leer ausgehen müssen. Es gibt da diesen idealen Punkt, an dem wir uns auf das größtmögliche *vernünftige* Maß für den anderen einsetzen.

Die meisten Menschen wollen ziemlich einfache Dinge wie beispielsweise die folgenden:

Ich wünsche mir mehr Chancen, mich in der Arbeit zu beweisen.

Bitte klapp den Toilettensitz nach unten.

Frage mich jeden Tag etwas über mich selbst und höre mir aufmerksam zu, wenn ich auf die Fragen antworte.

Sei nett zu mir.

Sei weiter mein Geliebter/meine Geliebte, nicht nur der Vater/die Mutter unserer Kinder.

Bitte bring den Spaten, den du dir ausgeliehen hast, wieder zurück.

Erledige deinen Teil der Hausarbeit.

Halte vor anderen zu mir.

Interessiere dich dafür, wie es mir geht.

Sag mir, was du an mir schätzt oder magst.

In vielen Fällen ist es tatsächlich nicht so schwer, dem anderen zu geben, was er will. Es ist eher eine Frage, ob *Sie* es wollen.
Für mich persönlich war es eine wahre Offenbarung zu erkennen, dass anderen zu geben, was sie wollen, *nicht* bedeutet, vor ihnen zu kuschen. Es hat sogar drei Vorteile: Sie üben sich in Fürsorge, vermeiden unnötige Konflikte und können mit mehr Recht selbst um das, was Sie wollen, bitten.
Probieren Sie es aus: Wählen Sie etwas Vernünftiges, das Sie nicht ohnehin schon tun, und tun Sie es eine Stunde oder eine Woche lang für den anderen, ohne darüber ein Wort zu verlieren. Wählen Sie dann etwas anderes aus und warten Sie, was passiert. Fertigen Sie im Kopf oder auf Papier eine Liste der zur Debatte stehenden Dinge in der betreffenden Beziehung an und arbeiten Sie die Liste ab. Wenn es sich richtig für Sie anfühlt, können Sie mit dem anderen auch darüber sprechen, was Sie tun. Und wenn Sie möchten, sprechen Sie über das, was *Sie* wollen (siehe dazu Kapitel 43, »Sagen, was man will«). Probieren Sie die Methode auch mit anderen Beziehungen aus.
Bei dieser Übung scheint die Latte sehr hoch zu liegen. Haben Sie den Schalter im Kopf aber einmal umgelegt, fühlt sie sich eher an wie ein Spaziergang hügelabwärts mit dem Wind im Rücken. Sie kümmern sich dabei jedoch nach wie vor um Ihre eigenen Bedürfnisse und lassen sich nicht von anderen herumschubsen.
Stellen Sie sich vor, wie es ist, mit Menschen zusammen zu sein, die auf sich achtgeben und gleichzeitig, so gut sie nur können, Ihnen geben, was Sie wollen. So ist es auch, wenn Sie mit sich *selbst* zusammen sind und für sich dasselbe tun.

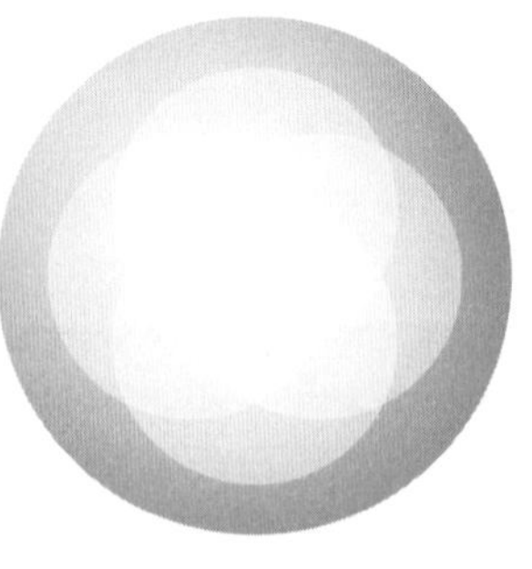

38

Den eigenen Anteil sehen

Taucht in Situationen oder Beziehungen irgendeine Art von Schwierigkeit auf, ist es nur natürlich, sich darauf zu konzentrieren, was der *andere* vielleicht falsch gemacht hat. Das mag eine Zeit lang auch ganz nützlich sein, weil es hervorhebt, was einem selbst wichtig ist. Die Medaille hat aber auch eine Kehrseite: Zum einen bereitet es Stress, sich auf die Missetaten anderer zu fixieren, und zum anderen ist es so schwerer, das Gute im Gegenüber zu sehen – ebenso wie den Anteil, den man vielleicht selbst an der Sache hat.

Dazu ein Beispiel: Sie arbeiten mit jemandem zusammen, der Sie unfair kritisiert, während er in anderen Bereichen vielleicht Gutes tut. Zusätzliche Faktoren wie klatschsüchtige Kollegen und Kolleginnen könnten beteiligt sein. Und vielleicht spielen Sie dabei ja auch selbst eine Rolle, wenn auch unabsichtlich.

Um es klipp und klar zu sagen: *Manchmal haben wir an dem, was geschehen ist, tatsächlich keinen Anteil,* etwa wenn Sie von einem betrunkenen Autofahrer angefahren werden, während Sie bei Grün über die Straße gehen. In anderen Situationen ist die Rolle, die wir spielen, wenn überhaupt nur klein und rechtfertigt keinesfalls das schädliche Verhalten anderer. Das Wissen, erkennen und gegebenenfalls sagen zu können, was *nicht* Ihr Anteil ist, verschafft Ihnen den Raum einzugestehen, *was* Ihr Anteil ist. Wir haben normalerweise mehr Einfluss auf uns selbst als auf andere Menschen. Ich konnte nie meinen Frieden mit etwas machen, das mich geärgert hat, bis ich die Verantwortung für meinen Anteil an der Sache übernommen hatte – der sich manchmal auch auf null belief. Doch die *Bereitschaft,* den eigenen Anteil zu sehen, lässt uns auf unser aufrichtiges Bemühen und unsere Güte vertrauen, was ein wahrer Quell inneren Friedens ist.

Der Weg dorthin

Da es nicht leicht ist, einen direkten Blick auf das zu werfen, was wir vielleicht selbst zu einer Situation beigetragen haben, sollten Sie zunächst Ihre inneren Ressourcen betrachten: Vergegenwärtigen Sie sich das Gefühl, umsorgt zu sein; machen Sie sich einige Ihrer vielen guten Eigenschaften bewusst; erinnern Sie sich an die Vorteile, die es für Sie und andere hat, wenn Sie Ihren eigenen Anteil am Geschehen sehen.

Denken Sie dann an eine schwierige Situation oder Beziehung und überlegen Sie:

- Hat der andere Sie und vielleicht weitere Beteiligte wirklich schlecht behandelt und wenn ja, wie?
- Hat der andere Ihnen und vielleicht weiteren Beteiligten auch Gutes getan?
- Welchen Einfluss auf die Situation/Beziehung hatten Dritte, hatte die Gesellschaft, hatte die Geschichte?

Machen Sie sich anschließend Ihren eigenen Anteil an der Sache bewusst, wie auch immer dieser aussehen mag. Dabei ist es hilfreich, Gedanken, Worte oder Taten den drei Kategorien zuzuordnen, mit denen wir uns in Kapitel 11 (»Sich selbst vergeben«) beschäftigt haben:

- **Unschuldig –** Ich war einfach da, als es geschah; ich habe nichts falsch gemacht; mir wurden Dinge vorgeworfen, die ich nicht getan habe; ich wurde aufgrund meines Geschlechts, meines Alters, meiner ethnischen Zugehörigkeit, meines Aussehens oder einer anderen Quelle der Diskriminierung angegriffen.
- **Gelegenheit, es das nächste Mal besser zu machen –** Mir ist jetzt klar, dass andere ein bestimmtes Wort verständlicherweise als beleidigend empfinden; mir ist jetzt klar, dass ich überreagiert habe; ich habe beschlossen, meiner Rolle als Vater gerechter zu werden oder meinem Partner mehr Aufmerksamkeit zu schenken.
- **Moralische Versäumnisse –** Ich habe meinen eigenen Integritätskodex verletzt und verdiene ein wenig gesunde Reue. Wir begehen alle hin und wieder moralische Versäumnisse; wir sind alle hin und wieder unfair, würdigen andere herab, hegen Groll, lügen, behandeln Menschen, als seien sie nicht wichtig, missbrauchen Macht, sind rücksichtslos oder benutzen emotionale Kälte als Waffe.

Zwischen Kategorie 2 und 3 zu unterscheiden ist wirklich wichtig, sowohl bei uns als auch bei anderen. Häufig verpassen wir die Gelegenheit, es besser zu machen, weil wir glauben, dadurch ein moralisches Versäumnis einzugestehen. Manchmal wird jemandem ein moralisches Versäumnis vorgeworfen, wenn sein Verhalten tatsächlich nur einer kleinen Korrektur bedarf – die dann natürlich noch weniger gern vorgenommen wird. Was dem einen als Sache der kleinen Korrektur erscheint, mag dem anderen wie ein moralisches Versäumnis vorkommen – entscheiden Sie selbst. Wenn Sie die Verantwortung für Ihren Anteil am Geschehen übernehmen, sollten Sie dies mit Selbstmitgefühl tun. Denken Sie immer daran, dass dieser Anteil von allen möglichen guten Eigenschaften umgeben ist – allein die Bereitschaft, Ihren Anteil zu sehen, zeugt schon von Ihrer grundsätzlichen Güte. Machen Sie sich das bewusst und nehmen Sie das Wissen ganz in sich auf. Gestatten Sie es Wellen der Traurigkeit oder Reue, durch Sie zu strömen, während Sie Ihren Anteil am Geschehen sehen. Lassen Sie sie kommen – und wieder gehen. Suhlen Sie sich nicht in Schuldgefühlen, denn das untergräbt das Erkennen des eigenen

Anteils und das Ergreifen entsprechender Maßnahmen. Und vergessen Sie nicht, dass Ihr Anteil den Anteil anderer nicht minimiert. Wenn Sie den eigenen Anteil sehen, kann das im Gegenteil anderen dabei helfen, sich ihren Anteil bewusst zu machen. Versuchen Sie, Ihren Frieden mit dem, was geschehen ist, zu machen. Wenn Sie Ihren Anteil daran klar und von ganzem Herzen sehen, widersetzen Sie sich nichts. Und niemand kann Ihnen etwas über Ihren Anteil erzählen, das Sie nicht schon wissen. Erleichterung, ein Weichwerden und Öffnen, das aufwallende Gefühl Ihres eigenen guten Herzens stellen sich ein.

Überlegen Sie dann ganz in Ruhe, ob Sie irgendetwas Kluges und Hilfreiches tun können. Vielleicht können Sie mit dem oder den Beteiligten sprechen, in Zukunft etwas anders machen oder Wiedergutmachung leisten. Lassen Sie sich Zeit dafür und vertrauen Sie darauf, dass Sie schon wissen werden, was zu tun ist.

Wenn Sie erkannt haben, wie gut es tut, Ihren Anteil am Geschehen zu sehen, können Sie diese Erkenntnis ganz in sich aufnehmen. Sie haben sie verdient! Denn anzuerkennen, was man selbst zu einer schwierigen Situation beigetragen hat, ist eines der schwersten – und in meinen Augen ehrenvollsten – Dinge, die ein Mensch tun kann.

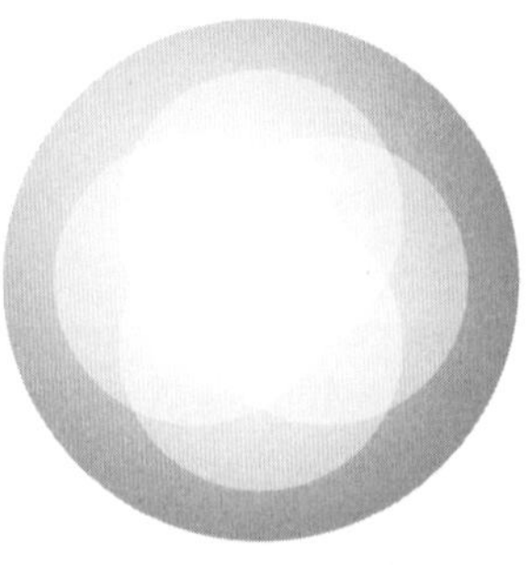

39

Einen Fehler zugeben – und weitermachen

Erinnern Sie sich an eine Gelegenheit, als jemand Sie schlecht behandelt, im Stich gelassen, barsch angesprochen, sich geirrt, etwas falsch verstanden oder Ihnen anderweitig Unrecht getan hat, auch wenn derjenige nicht die Absicht hatte, das zu tun (das alles bezeichne ich im weitesten Sinne als *Fehler*). Hat sich derjenige dann geweigert, seinen Fehler zuzugeben, fühlten Sie sich vermutlich irritiert, frustriert und weniger bereit, der betreffenden Person in Zukunft zu vertrauen. Nicht eingestandene Fehler lasten schwer auf Beziehungen. Gibt derjenige seinen Fehler hingegen zu, fühlen wir uns wieder sicher und lassen meist Milde walten – und sind obendrein eher bereit, selbst einen Fehler zuzugeben.

Als ich einmal mit unserem erwachsenen Sohn essen gegangen bin, sprach er mich darauf an, wie stur ich manchmal auf meiner Meinung beharrte, als er noch ein Kind war. Ich redete daraufhin eine Weile um den heißen Brei herum, musste dann aber zugeben, dass er mit dem, was er sagte, recht hatte – und drückte ihm meine Bewunderung dafür aus, dass er den Mut gehabt hatte, es anzusprechen. Ich versprach ihm, mich in Zukunft anders zu verhalten. Danach fühlten wir uns beide besser und konnten uns wieder angenehmeren Dingen zuwenden – dem Sushi beispielsweise!

Der Weg dorthin

Denken Sie immer daran, dass es in Ihrem ureigensten Interesse liegt, Fehler zuzugeben und dann weiterzumachen. Einen Fehler einzugestehen mag zunächst wie Schwäche wirken oder wie ein Freifahrtschein für andere, nun ihrerseits nach Lust und Laune Fehler zu machen. Tatsächlich aber muss man charakterlich sehr gefestigt sein, um das tun zu können, und wenn man es tut, stärkt es die eigene Position eher, als dass es sie schwächt.
Trennen Sie im Kopf Ihren Fehler von den anderen Aspekten der Beziehung. Versuchen Sie, den Fehler nicht größer zu machen, als er wirklich ist. Spezifizieren Sie Ihren Fehler genau – in dieser Hinsicht haben Sie das letzte Wort. Versuchen Sie ebenfalls, nicht in Schuldgefühlen oder Selbstkritik steckenzubleiben; schenken Sie sich selbst Mitgefühl und Respekt, so, wie wir es in Teil 1 erkundet haben.
Geben Sie Ihren Fehler dem anderen gegenüber in klaren Worten zu. Seien Sie dabei einfach und direkt. Sie können auch den Kontext erläutern – vielleicht waren Sie müde oder haben sich über etwas anderes geärgert –, doch vermeiden Sie es, sich zu rechtfertigen oder zu entschuldigen. Manchmal, vor allem in ohnehin angespannten Situationen, ist es besser, den Fehler ohne weitere Erklärungen einzugestehen.
Bringen Sie der anderen Person Empathie und Mitgefühl hinsichtlich der Konsequenzen, die Ihr Fehler für sie hat, entgegen. Erinnern Sie sich daran, warum das auch für *Sie* gut ist. Bleiben Sie für einen angemessenen Zeitraum beim Thema des Fehlers, aber lassen Sie es nicht zu, deswegen wieder und wieder gescholten zu werden.
Wenn es relevant ist, könnte es nützlich sein, der anderen Person zu sagen, wie sie Ihnen dabei helfen kann, den Fehler in Zukunft

zu vermeiden. Wenn sie Sie beispielsweise in Meetings weniger unterbrechen würde, wäre es für Sie leichter, den verärgerten Ton aus Ihrer Stimme zu nehmen. Wenn sich Ihr Partner mehr an der Hausarbeit und der Kindererziehung beteiligen würde, würden Sie am Ende eines langen Tages mehr Geduld bei Zank zwischen den Kindern aufbringen. Wenn Sie möchten, können Sie dabei auf die folgende hilfreiche Formulierung zurückgreifen: *Ich möchte X in Zukunft wirklich nicht mehr tun und übernehme die Verantwortung dafür, dass ich X getan habe. Ich mache dir keinen Vorwurf wegen X. Umgekehrt würde es mir sehr helfen, wenn du Y tätest; dürfte ich dich darum bitten?* Achten Sie darauf, nicht in Gegenvorwürfe zu verfallen. Sie äußern hier nur eine ganz offensichtlich vernünftige Bitte, der der andere dann nachkommt oder nicht. Darauf haben Sie keinen Einfluss, weshalb Sie sich auch lediglich darauf konzentrieren sollten, X zu vermeiden.

Geben Sie sich und vielleicht auch dem anderen das Versprechen, den Fehler in Zukunft nicht mehr zu machen. Sollte Ihnen das einmal nicht gelingen, können Sie auch das zugeben und sich weiterhin bemühen, den Fehler zu vermeiden. Ein solches Versprechen zeigt, dass Ihre Worte keine bloße Geste sind, um sich den anderen vom Hals zu schaffen; es schenkt Ihnen Selbstrespekt und beruhigt den anderen.

Ist der richtige Zeitpunkt gekommen, beenden Sie die Diskussion um Ihren Fehler – und gehen zu schöneren Themen über, zu einem produktiveren Umgang miteinander. Und dazu, sich selbst leichter und ungetrübter zu fühlen.

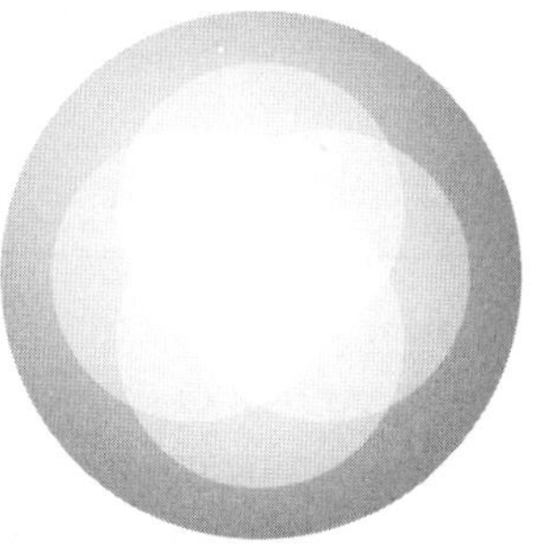

40

Das »Verfahren« einstellen

Vor einigen Jahren war ich wirklich in einer Art Verfahren gegen jemanden gefangen. Es war eine Kombination aus Kritik vonseiten der betreffenden Person, Verärgerung meinerseits, weil sich Dritte in der Angelegenheit nicht für mich ausgesprochen hatten, und einem allem zugrunde liegenden Gefühl der Verletzung. Es ist nicht so, dass man mir nicht Unrecht getan hätte – man *hat* mir Unrecht getan. Das Problem war nur, dass ich in diesem »Verfahren« zugunsten meines Standpunkts voreingenommen und voller Wut war und nur ich-ich-ich dachte. Jedes Mal, wenn ich über die Sache grübelte, kochte die Wut erneut in mir hoch. Es war schrecklich. Außerdem kam es immer wieder zu Problemen mit anderen, die mich zwar unterstützten, sich aber nur ungern in den Streit hineinziehen lassen wollten. Das Grübeln und Hadern zog fast meine gesamte Aufmerksamkeit und Energie von schöneren und produktiveren Dingen ab.

Haben zwei Menschen Probleme miteinander, führen sie meist eine detaillierte Liste, was sie dem anderen jeweils vorzuwerfen haben. Das ist leider schmerzliche Normalität. Es ist aber sehr hilfreich, den anderen so zu sehen, wie er ist, das Unrecht anzuerkennen, das einem selbst oder anderen angetan wurde, sich selbst Mitgefühl entgegenzubringen, zu unterstützen und angemessene Schritte zu unternehmen – und all das ohne ein wütendes, selbstgerechtes Verfahren gegen den Betreffenden zu eröffnen.

Der Weg dorthin

Denken Sie an eine schwierige Beziehung und überlegen Sie, ob Sie in ihr das Verfahren gegen die betreffende Person eröffnet haben. Wahrscheinlich geht es auf eine Kränkung, einen Groll oder einen Konflikt zurück. Distanzieren Sie sich, soweit es geht, davon und fassen Sie die Sache für sich zusammen. Überlegen Sie, ob sie durch Ihre eigene Geschichte intensiviert oder geprägt wurde, eventuell auch durch frühere Beziehungen, die bis in die Kindheit zurückreichen können. Als ruhiges, schüchternes Kind konnte ich beispielsweise die »coolen Kids« nicht ausstehen, die die Gruppen anführten, aus denen ich in der Schule ausgeschlossen wurde. Auch heute noch können diese alten Verletzungen eine starke Reaktion in mir auslösen, wenn ich das Gefühl habe, irgendwo außen vor zu sein.

Denken Sie als Nächstes über die folgenden Fragen nach:

- Wie macht sich das Verfahren für Sie vielleicht bezahlt? Hilft Ihnen beispielsweise die Kritik an der anderen Person über die Traurigkeit hinweg, die Sie angesichts der Ereignisse in dieser Beziehung empfinden?
- Welchen Preis zahlen Sie – und möglicherweise auch andere – dafür, in dem Verfahren festzustecken? Leiden Sie deswegen beispielsweise an Schlafstörungen, oder hat es gemeinsame Freunde in eine schwierige Lage gebracht?
- Sind die Vorteile den Preis wert?
- Können Sie sich selbst Mitgefühl entgegenbringen, während Sie über all das nachdenken?

Achten Sie darauf, ob sich ein solches »Verfahren« anbahnt. Sie können das körperlich spüren, etwa an einem verkniffenen, verärgerten Ausdruck im Gesicht, einem verkrampften Gefühl im Magen und einem allgemeinen »Überdrehen«. Probieren Sie dann, diesen Prozess zu unterbrechen. Konzentrieren Sie sich auf die darunterliegenden zärtlichen Gefühle in Ihrem Inneren und bringen Sie ihnen Mitgefühl entgegen. Schweift Ihr Geist zu dem Verfahren ab, lenken Sie Ihre Aufmerksamkeit wieder sanft auf die zärtlicheren Gefühle und körperlichen Empfindungen. Lassen Sie die mit dem Verfahren verbundenen Emotionen durch Sie hindurchströmen und dann weiterziehen. Gestatten Sie sich einen klaren, weiten Blick, wie vom Gipfel eines hohen Berges. Fühlen Sie Ihre eigene Aufrichtigkeit, Ihr gutes Herz. Stellen Sie das Verfahren ein, lassen Sie es los, als drehten Sie Ihre Hand um und ließen ein schweres Gewicht fallen.
Was für eine Erleichterung!

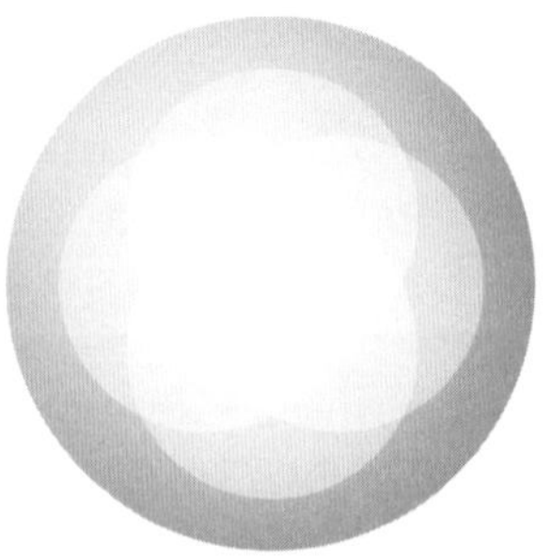

41

Unrecht nicht mit Unrecht vergelten

Es ist leicht, andere gut zu behandeln, wenn man von ihnen gut behandelt wird. Schwierig wird es erst, wenn Letzteres nicht der Fall ist. Es ist nur natürlich, dass wir zurückschlagen wollen, wenn wir angegriffen werden. Das fühlt sich dann auch gut an – zumindest für eine Weile. Es kann aber auch dazu führen, dass der andere daraufhin überreagiert, und das wiederum führt schließlich zu einem Teufelskreis. Vielleicht mischen sich Dritte ein, und das Wasser wird immer trüber. Wir machen nicht wirklich eine gute Figur, wenn wir aus der Wut heraus handeln, und andere merken sich das. Mit der Zeit wird es immer schwieriger, sich vernünftig mit Problemen auseinanderzusetzen. Und kommen wir erst zur Ruhe, bleibt ein schaler Nachgeschmack zurück.

Wie also können wir uns für uns selbst stark machen, ohne alles niederzuwalzen, was schlimme Folgen für uns und andere hat?

Der Weg dorthin

Sie können die folgenden Vorschläge sowohl im Eifer des Gefechts als auch als allgemeine Herangehensweise an schwierige Beziehungen nutzen.

Kommen Sie in Ihre Mitte

Dieser Schritt kann nur einige Atemzüge oder, wenn Sie mögen, einige Minuten in Anspruch nehmen. Hier die psychologische Erste Hilfe kurz im Überblick:

- **Innehalten –** Nur selten bringt Sie das, was Sie *nicht* sagen oder tun, in Schwierigkeiten. Bei meiner Arbeit mit Paaren versuche ich in erster Linie, sie zu entschleunigen, um unkontrollierbare Kettenreaktionen zu verhindern.
- **Mitgefühl mit sich selbst haben –** In etwa so: *Aua, das hat wehgetan. Ich bringe meinem eigenen Leid Wärme und Fürsorge entgegen.*
- **Sich auf die eigene Seite stellen –** Hier nehmen Sie die Haltung *für sich,* nicht *gegen andere* ein. Sie sind Ihr eigener Verbündeter, Sie machen sich für sich selbst stark.

Bewerten Sie die Bedeutung des Geschehenen

Gegen welche wichtigen Werte oder Prinzipien hat der andere möglicherweise verstoßen? Auf einer Skala von 1 bis 10 (1 ist ein böser Blick, 10 ein Atomkrieg): Wie schlimm ist das, was der andere getan hat oder tut? Welche Bedeutung messen Sie dem Ereignis bei – und ist sie hinsichtlich dessen, was geschehen ist, angemessen? Ein Ereignis hat an sich noch keine Bedeutung; es bekommt sie erst, wenn wir sie ihm geben. Hat das Ereignis eine 3 auf der »Schrecklichkeitsskala« bekommen, warum dann darauf mit einer 5 (oder 9!) auf der 1-bis-10-Ärgerskala reagieren?

Betrachten Sie das große Ganze

Nehmen Sie sich einen Augenblick Zeit und konzentrieren Sie sich auf Ihren Körper als ganzen … das Zimmer als ganzes … Heben Sie Ihren Blick zum Horizont oder Himmel … Stellen Sie sich vor, wie sich Land und Himmel, von wo auch immer Sie sich gerade befinden, in die Weite erstrecken … und spüren Sie, wie beruhigend und klärend dieses Gefühl des größeren Ganzen ist. Platzieren Sie dann das, was der andere getan hat, im größeren Rahmen Ihres jetzigen Lebens. Es könnte nur ein sehr kleiner Teil davon sein. Platzieren Sie auf ähnliche Weise das, was geschehen ist, in der ganzen langen Spanne Ihres Lebens; auch hier macht es vermutlich nur einen sehr kleinen Teil aus.

Abgesehen von dem Unrecht, das Ihnen geschehen ist, gibt es sicherlich viele, viele gute Dinge in Ihrem Leben. Machen Sie sich einige davon bewusst. Dutzende über Dutzende wirklich guter Dinge, so viele im Vergleich zu den schlechten.

Holen Sie sich Unterstützung

Wurden wir schlecht behandelt, brauchen wir »Zeugen« dafür, auch wenn diese nichts an der Sache ändern können. Suchen Sie sich Menschen, die Sie ausgewogen unterstützen, die weder hochpuschen noch herunterspielen, was geschehen ist. Holen Sie sich Rat – von einem Freund, einem Therapeuten, einem Anwalt oder, falls nötig, der Polizei.

Schaffen Sie sich eine Perspektive

In den nächsten Kapiteln mache ich Ihnen spezifische Vorschläge, wie Sie über schwierige Dinge sprechen, Konflikte lösen und notfalls eine Beziehung auf ein für Sie sichereres Maß reduzieren können. Die Vorschläge hier sind allgemeiner.

Hören Sie auf Ihre Intuition, auf Ihr Herz. Haben Sie bezüglich der Beziehung irgendwelche Leitprinzipien? Können Sie Schlüsselschritte unternehmen, die in Ihrem Einflussbereich liegen? Welche Prioritäten haben Sie, beispielsweise die eigene Sicherheit oder die anderer? Wenn Sie sich selbst einen kleinen Brief mit einem guten Rat schreiben würden, was würde darin stehen?

Erkennen Sie an, dass das eine oder andere Unrecht nie wiedergutgemacht werden kann. Das soll schlechtes Benehmen weder mildern noch entschuldigen. Aber manchmal kann man einfach nichts tun. Ist das der Fall, versuchen Sie, die Trauer über den angerichteten Schaden, der nie wieder behoben werden kann, mit Selbstmitgefühl zu verbinden.

Wählen Sie den besseren Weg

Wenn Ihnen Unrecht getan wurde, ist es besonders wichtig – und besonders schwer! –, die unilaterale Tugend aus Kapitel 24 (»Vor der eigenen Tür kehren«) zu praktizieren. Machen Sie sich Ihre eigenen Ge- und Verbote bewusst. Mir hat in bestimmten Situationen und bei bestimmten Menschen geholfen, mich an gewisse »Richtlinien« zu erinnern, etwa: *Bleib fokussiert – folge den ablenkenden Vorwürfen nicht. Atme. Bleib gemäßigt und bei der Sache. Hab nicht das Gefühl, dich »beweisen« oder rechtfertigen zu müssen.* Verbinden Sie sich mit dem Gefühl der Ruhe und Zentriertheit.

Wenn Sie weiterhin Umgang mit dem betreffenden Menschen haben, sollten Sie darüber nachdenken, wie Sie sich in bestimmten Situationen diesem Menschen gegenüber verhalten wollen, etwa bei Familienfesten, einem Mitarbeitergespräch oder einem zufälligen Treffen mit dem Ex in Anwesenheit des derzeitigen Partners. Sie können geschickte Reaktionen auf verschiedene Dinge, die der Betreffende vielleicht sagt oder tut, im Geist »proben«. Das mag jetzt ein wenig übertrieben klingen, hilft Ihnen aber dabei, es auch wirklich zu tun, wenn es hitzig wird.

Versuchen Sie, sich aus Streitereien herauszuhalten. Es ist eine Sache, mit jemandem auf die Lösung eines Problems hinzuarbeiten. Eine ganz andere ist es, sich wiederholt in Kämpfe und Gezänk verwickeln zu lassen. Sich zu streiten wirkt ätzend auf eine Beziehung, wie Säure. Mit Mitte 20 befand ich mich in einer wirklich ernsthaften Beziehung, doch haben unsere regelmäßigen Streitereien schließlich nur noch verbrannte Erde hinterlassen, auf der die Liebe, die man für eine Ehe braucht, dort nicht mehr wachsen konnte.

Wird der andere hitzig – spricht er lauter, provoziert, bedroht oder beschimpft er Sie –, treten Sie bewusst einen Schritt zurück (auch räumlich), atmen einige Male langsam und tief ein und aus und verbinden sich mit dem Gefühl der ruhigen Kraft in Ihrem Inneren. Je mehr der andere die Beherrschung verliert, desto beherrschter können Sie selbst bleiben.

Vielfach wird Ihnen dann klar werden, dass *Sie sich dem anderen schlicht nicht entgegenstellen müssen.* Seine Worte können davontreiben wie ein Windstoß, der unterwegs ein paar Blätter aufwirbelt. Sie müssen nicht kampflustig sein. Ihr Schweigen ist keine Zustimmung. Es bedeutet auch nicht, dass der Punkt an den anderen geht – und selbst wenn er das tut: Was bedeutet das noch in einer Woche, in einem Jahr?

Für den Fall, dass Sie Ihren Standpunkt wieder und wieder klarmachen, dass Sie darauf bestehen, dass Sie recht haben und der andere nicht, dass Sie in Rage geraten, sollten Sie eine Alarmglocke in Ihrem Inneren installieren, die Sie daran erinnert, dass Sie zu weit gegangen sind. Atmen Sie tief durch und formieren Sie sich neu. Sprechen Sie aus, was Sie auf dem Herzen haben, aber auf eine weniger aggressive oder allwissende Art. Sagen Sie weniger, um mehr zu kommunizieren. Oder sagen Sie gar nichts mehr, zumindest eine Zeit lang.

Vielleicht sagen Sie dem anderen auch, dass es nun zu einem Streit gekommen ist, den Sie eigentlich gar nicht wollen. Wenn der andere versucht, den Streit aufrechtzuerhalten, müssen Sie ihm noch lange nicht folgen. Zum Streiten braucht es zwei – zum Beenden des Streits nur einen.

Wenn es sein muss, können Sie auch den Kontakt zu dem Menschen, der Ihnen Unrecht getan hat, abbrechen – eine Zeit lang oder für immer. Verlassen Sie das Zimmer (oder Gebäude), legen Sie den Hörer auf, schreiben Sie keine Nachrichten mehr.

Machen Sie sich Ihre Grenzen bewusst und was Sie ganz konkret, ganz praktisch tun werden, wenn jemand diese Grenzen überschreitet.

Machen Sie Ihren Frieden

Die Menschen werden tun, was sie nun einmal tun, und realistisch gesehen ist das nicht immer gut. Sie enttäuschen aus vielerlei Gründen: Ihnen schwirren eine Million Dinge im Kopf herum, das Leben ist hart, sie hatten Probleme in der Kindheit, sie haben keine feste Moral, ihr Denken ist getrübt, ihr Herz ist kalt, oder sie sind wahrhaft egozentrisch und gemein. So sieht es aus in der Welt da draußen, und sie wird nie perfekt sein.

Und so müssen wir den Frieden in unserem Herzen finden, auch wenn er in der Welt da draußen nicht zu finden ist. Den Frieden, der entsteht, wenn wir Augen und Herz offenhalten, tun, was wir können und dabei loslassen.

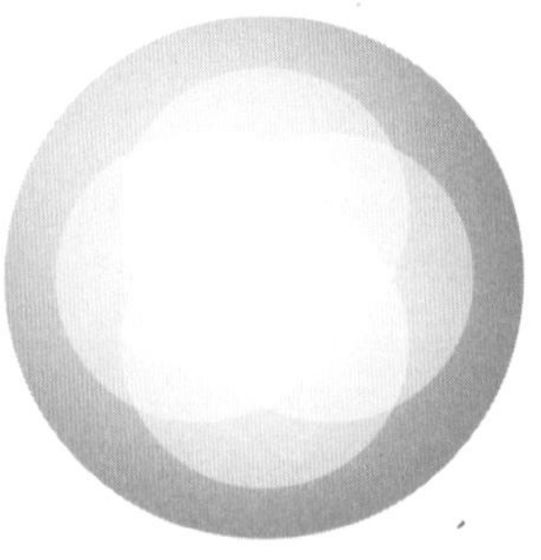

42

Über das Reden reden

Ich habe mit vielen Menschen gearbeitet, die Probleme miteinander hatten. Die Einzelheiten variierten. Doch das darunterliegende Problem war im Großen und Ganzen immer dasselbe: Sie konnten nicht effektiv über ihre Probleme reden. Man erhob die Stimme, der Ton wurde schärfer, man schweifte immer wieder vom Thema ab, man ging in die Luft, das Gespräch entgleiste, Drohungen wurden ausgestoßen, und zum Schluss endete alles in frostigem Schweigen. Im Extremfall wird auch geschrien, Kinder sehen voller Angst zu, man wirft sich Boshaftigkeiten an den Kopf, und die Polizei muss eingeschaltet werden.

Ein gutes Vorgehen führt zu guten Ergebnissen, und schlechte Ergebnisse resultieren aus einem schlechten Vorgehen. Sind die Ergebnisse in unseren Beziehungen also nicht so gut, muss zwangsläufig unser *Vorgehen* verbessert werden.

Reden wir mit anderen über das Reden, verlagert sich der Fokus weg von den spezifischen Problemen, die zur Debatte stehen und die emotional aufgeladen, ja sogar explosiv sein können. Wir werfen dadurch gewissermaßen einen Blick aus der Vogelperspektive auf die Beziehung, was an sich schon beruhigend ist. Anschließend kann darüber gesprochen werden, wie man in Zukunft vielleicht respektvoller und effektiver miteinander redet.

Der Weg dorthin

Gemeinsame Ziele und Richtlinien

Auch wenn es nur einer ist, der das Gespräch regelmäßig zum Entgleisen bringt, sollten Sie versuchen, die Sache als »Wir-Problem« – und »Wir-Chance« – statt als Korrekturmaßnahme am anderen zu sehen. Stellen Sie klar, dass die Regeln für Sie beide gelten. Beziehen Sie sich auf Ihre gemeinsamen Ziele, beispielsweise das Großziehen der Kinder selbst nach einer Scheidung, produktive Meetings oder eine harmonische Freundschaft, in der sich jeder gehört und respektiert fühlt. Betonen Sie Ihren Wunsch, den anderen zu verstehen und ihm in seinen Bedürfnissen so weit wie möglich entgegenzukommen, etwa so: *Ich möchte gern wissen, was ich getan habe, das dich so verletzt hat; bitte sag es mir, ohne mich dabei anzuschreien.* Oder: *Wie du möchte auch ich sicherstellen, dass X nicht noch einmal zu kurz kommt; können wir also irgendwie ausmachen, woran es diesmal lag?*

Die Emotionen rausnehmen

Wenn Sie über das Reden reden müssen, könnte die Situation bereits emotional aufgeladen sein und die Beteiligten könnten sich defensiv verhalten. Deshalb sollte das Thema auf eine Art und Weise angesprochen werden, die nicht zu zusätzlichen Spannungen führt. Dabei ist es hilfreich, das Augenmerk auf die Zukunft zu richten, statt sich über die Vergangenheit zu beklagen. So könnten Sie beispielsweise sagen: *Wenn jemand bei der Arbeit einen Vorschlag macht, könnten wir dann zunächst sagen, was an der Idee wir gut finden, bevor wir potenzielle Probleme ansprechen?*

Unter Umständen müssen Sie aber auch auf etwas beharren, etwa so: *Wenn du weiter so mit mir sprichst, lege ich auf.* Im Allgemeinen jedoch werden Bitten eher gehört als Forderungen: *Ich versuche nicht, darüber zu bestimmen, wie du sprichst. Ich möchte dich nur fragen – es ist eine Bitte, kein Befehl –, ob wir um der Kinder willen nicht anders miteinander sprechen könnten.*

Ohne jemandem die Schuld zu geben, könnten Sie Ihre eigenen Bedürfnisse oder Vorlieben ansprechen: *Ich hatte einen sehr herrischen und lauten Stiefvater; wenn du heftig wirst, fällt es mir sehr schwer, offen zu bleiben für das, was du sagst.* Sie könnten Ihre Bitte auch mit Bezug auf kulturelle Unterschiede – weder gut noch schlecht, nur anders – äußern: *In deiner Familie sind die Menschen lebhaft und ausgelassen und reden durcheinander. Ich bin anders aufgewachsen, bei uns waren alle etwas steifer und haben nacheinander geredet. Im Allgemeinen gefällt es mir, wie es bei euch war; wenn wir allerdings über etwas sehr Wichtiges sprechen, fände ich es schöner, wenn du mich ausreden lassen könntest, bevor du antwortest.*

Meine Beispiele sind natürlich von meinem Hintergrund als in Kalifornien aufgewachsener Therapeut geprägt, Sie können sie jederzeit an Ihre Sprechweise und Situation anpassen. Sie mögen Ihnen hin und wieder wie ein Eiertanz vorkommen, doch meiner (schmerzhaften) Erfahrung nach hilft es, zusätzliche Konflikte zu vermeiden, wenn man beim Reden über das Reden eine Extraportion Vorsicht walten lässt.

Wann über das Reden reden?

Auch im Fluss eines Gesprächs oder Meetings können Sie kleine Vorschläge machen, um die Dinge wieder in die richtige Spur zu lenken. So könnten Sie beispielsweise fragen: *Entschuldigung, ich habe ein wenig den Faden verloren. Worüber sprechen wir hier?* Oder Sie könnten sagen: *Ich zumindest glaube, dass es jetzt etwas zu hitzig wird; ich hoffe, wir können alle wieder etwas runterkommen.* Sie könnten aber auch sehr direkt sein, etwa so: *Bitte,*

ich unterbreche dich nicht und würde es sehr schätzen, wenn du mich auch nicht unterbrechen würdest. Oder: *Wenn dich etwas an mir ärgert, würdest du dann bitte direkt mit mir darüber sprechen, anstatt es anderen zu erzählen?*
Reichen diese Kommentare aus – toll. Falls nicht, könnten Sie spezifisch darauf eingehen, wie Sie und der andere miteinander umgehen. Ist die Situation relativ entspannt, könnten Sie beispielsweise sagen: *Mir ist aufgefallen, dass wir über alles Mögliche reden, aber nicht zum Punkt kommen, wenn wir über X sprechen. Ich weiß, dass ich selbst einen großen Anteil daran habe. Können wir darüber sprechen, was uns helfen würde, zum Punkt und zu einer Lösung zu kommen?* In ernsthaften und explosiven Konflikten könnte es hingegen eher angemessen sein zu sagen: *Ich würde gern mit dir und einem Therapeuten [oder Vermittler] darüber sprechen, wie wir miteinander reden, und Grundregeln für die Zukunft aufstellen. Wann würde es dir denn passen?* Oder Sie könnten sagen: *Weil du so wütend und bedrohlich bist, werde ich nicht mehr persönlich mit dir sprechen. Ich werde nur noch schriftlich mit dir kommunizieren, etwa über Mails. Schickst du mir irgendetwas Beleidigendes, leite ich es an meinen Anwalt weiter.*
Im Übrigen brauchen Sie keinerlei Erlaubnis, um über das Reden zu reden. Ebenso wenig brauchen Sie die Zustimmung anderer, um Grenzen zu setzen. Sie müssen sich nicht verbiegen, um auch nur die kleinste Möglichkeit zu vermeiden, dass der andere Ihnen vorhält, Sie kritisierten ihn. Und versucht der andere, das Thema zu wechseln, kommen Sie einfach wieder zum Thema zurück.

Erwünschtes und nicht Erlaubtes

Sowohl in entspannteren als auch in angespannteren Situationen ist es gut, ganz konkret und spezifisch zu definieren, wie Sie in Zukunft gern mit dem anderen sprechen würden (und umgekehrt). Hier einige Vorschläge dazu:

Erwünschtes

- Praktizieren Sie das »kluge Sprechen« (siehe Kapitel 30, »Auf seine Worte achten«), indem Sie sich mit guten Absichten, wahr, förderlich, rechtzeitig und gemäßigt äußern.
- Bringen Sie einander Empathie entgegen.
- Sagen Sie, was Sie mögen oder welchen Dingen Sie zustimmen, bevor Sie sagen, was Sie nicht mögen oder welchen Dingen Sie nicht zustimmen.
- Nehmen Sie sich Zeit, nach der Arbeit den Kontakt zueinander herzustellen, bevor Sie Probleme angehen.
- Falls angebracht, können Sie eine vereinfachte Form der »gewaltfreien Kommunikation«, entwickelt von dem Psychologen Marshall Rosenberg, anwenden: *Wenn X passiert* [spezifisch und objektiv formuliert, nicht: *Wenn du dich wie ein Idiot benimmst], fühle ich mich Y* [Emotionen, nicht: *habe ich das Gefühl, dass du ein Idiot bist], weil ich Z brauche* [Grundbedürfnisse wie *Sicherheit, Respektiertwerden, emotionale Nähe zu anderen, Nicht-herumkommandiert-Werden].*
- Wechseln Sie sich mit den jeweiligen Themen ab und geben Sie einander ungefähr die gleiche Redezeit.
- Bleiben Sie aufmerksam.
- Fragen Sie, ob der Zeitpunkt zum Reden passt.
- Denken Sie über Ihre Wirkung – auch die unbeabsichtigte – auf jemanden mit einem anderen Hintergrund nach.
- Machen Sie eine Pause, wenn es zu hitzig wird. Vereinbaren Sie, wann Sie das Gespräch fortführen wollen, gehen Sie ihm nicht aus dem Weg.

Nicht Erlaubtes

- Klatsch und Tratsch übereinander mit Kollegen, Freunden, Kindern oder Familie oder der Versuch, die Glaubwürdigkeit des anderen zu untergraben
- Lügen, Unsinn, Irreführendes, Täuschendes
- Schreien, auf den Tisch hauen, mit Sachen nach dem anderen werfen

- Sich gegenseitig beschimpfen
- Sich gegenseitig beleidigen
- Herablassend, gönnerhaft oder verächtlich sein
- Bei einem heiklen Thema mit der Tür ins Haus fallen
- Diskutieren, wenn man hungrig, müde oder betrunken ist
- Nebensächlichkeiten einwerfen, vor allem hetzerische
- Bei bestimmten Themen mauern
- Defensiv sein oder zum Gegenangriff übergehen, um einem Problem auszuweichen
- Drohen oder gar Gewalt anwenden

Sie können sich selbst eine Liste mit Erwünschtem und nicht Erlaubtem anfertigen und sie dann zu Hause am Kühlschrank aufhängen oder jemandem schicken als Vorschlag für Grundregeln, wie Sie in Zukunft miteinander kommunizieren sollten. Sie könnten sich auch ein Buch zu dem entsprechenden Thema suchen, das Sie beide mögen, und es als eine Art Gebrauchsanweisung für Ihre Beziehung nutzen. Es gibt viele exzellente Ratgeber zum Thema, eines meiner Lieblingsbücher dazu ist *Sag mir, was du wirklich meinst* von dem Kommunikationsexperten Oren Jay Sofer.

Weichen Sie einmal von den Richtlinien ab, nehmen Sie das zur Kenntnis und kehren zu ihnen zurück. Weicht der andere davon ab, ist es wichtig, ihn darauf hinzuweisen und zu bitten, sich wieder an die Regeln zu halten – ansonsten wird er es vermutlich immer wieder tun. Wenn jemand sagt, dass er den Umgang mit Ihnen verbessern will, sich dabei aber nicht an die ausgemachten Regeln hält, wandert dies ganz oben auf die Liste der Dinge, über die Sie sprechen sollten. Kommt es danach immer noch laufend zu Grenzüberschreitungen, müssen Sie vielleicht die größtmögliche Distanz zwischen sich und den anderen bringen.

Sie können auch einmal über etwas hinwegsehen und einen eher lockeren Gesprächsstil akzeptieren, solange Sie sich dadurch nicht beleidigt oder verletzt fühlen. Achten Sie jedoch im Allgemeinen darauf, wie andere mit Ihnen und wie Sie mit anderen reden und wie sich Interaktionen entfalten, vor allem in wichtigen Beziehungen. Sie haben absolut legitime Rechte und Bedürfnisse. Und mit großer Sicherheit wollen viele andere Menschen genauso behandelt werden, wie Sie behandelt werden wollen. Sie sind also keineswegs überempfindlich oder ein »Weichei«. Ihnen kommt es auf einen besseren Umgang mit anderen, auf bessere Beziehungen an, und Sie sind bereit, sich an die Regeln dafür zu halten.

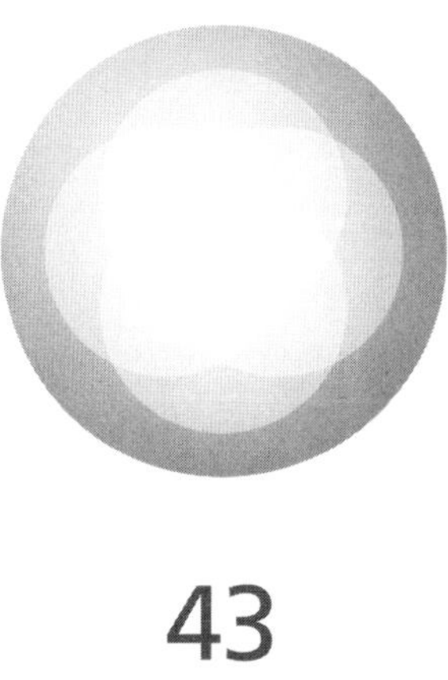

43

Sagen, was man will

Bereits wenn wir auf die Welt kommen, wollen wir etwas. Vom ersten Atemzug an wollen wir Trost, Nahrung und das Gefühl, dass sich andere um uns kümmern. Kinder wollen Dinge von ihren Eltern. Und wir wollen Dinge von unseren Kindern – beispielsweise, dass sie uns um drei Uhr morgens schlafen lassen! Etwas zu wollen ist ganz normal. Weil wir voneinander abhängen, ist es nur natürlich, dass wir etwas voneinander wollen.
Im Laufe der Kindheit und mit dem Übergang ins Erwachsenenalter wird unser Wollen immer komplexer. Es zu äußern kann emotional aufgeladen oder verhalten sein, wenn wir es nicht gleich ganz unterdrücken. Das kommt zwar häufig vor, ist jedoch ein zentrales Hindernis in unseren Beziehungen. Sie können keine Übereinkünfte mit anderen hinsichtlich Ihrer Wünsche treffen, wenn Sie nicht sagen können, was genau Sie sich wünschen.

Der Weg dorthin

Wir werden uns hier darauf konzentrieren, wie *Sie* Ihr Wollen verdeutlichen und kommunizieren können. Das kann Ihnen auch dabei helfen, das Wollen anderer besser zu verstehen und besser darauf zu reagieren. Wenn Sie sich dieses Kapitel in Bezug auf sich selbst durchgelesen haben, können Sie an einen wichtigen Menschen in Ihrem Leben denken und überlegen, was er im Allgemeinen wollen könnte – und im Besonderen von Ihnen.

Machen Sie sich Ihr Wollen bewusst

Manchen Wünschen können wir leicht Ausdruck verleihen, etwa: *Bitte öffne die Tür.* Potenziell schwieriger ist es mit Wünschen oder Bedürfnissen, bei denen mehr auf dem Spiel steht. Je nach Situation gehören dazu auch die folgenden:

Ich möchte in diesem Team eine führendere Rolle spielen.

Ich will für meine Leistungen in dieser Firma mehr Anerkennung.

Ich wünsche mir deine volle Aufmerksamkeit, wenn wir uns unterhalten.

Kannst du manchmal einfach nur zärtlich zu mir sein, ohne Sex?

Ich brauche mehr Zeit für mich selbst.

Du musst deinen Anteil an der Hausarbeit erledigen.

Können wir ein- oder zweimal in der Woche Sex haben?

Ich will keine Kinder, weiß aber, dass du welche willst.

Wir müssen mehr Geld sparen für unseren Ruhestand.

Ich bin traurig und möchte getröstet werden.

Ich will dir meine ganze Liebe schenken.

Sind Sie bei dem einen oder anderen Beispiel zusammengezuckt und haben vielleicht gedacht: *Ui – das könnte ich nie sagen!*, als Sie die Liste oben gelesen haben? Es ist ganz normal, Gefühle und Hemmungen zu haben, die das, was wir wollen, in uns einschließen und es uns sehr schwer machen, darüber zu sprechen. Ich beispielsweise hatte bis Mitte 20 große Schwierigkeiten damit, meine Sehnsucht, geliebt zu werden, zum Ausdruck zu bringen.

Achten Sie auf die Gefühle und vielleicht auch Blockaden, die auftauchen, wenn Sie im Begriff sind, um etwas Wichtiges zu bitten. Hier einige Beispiele:

- Vielleicht haben Sie einen Kloß im Hals, ein mulmiges Gefühl in der Magengegend, zunehmend Angst, auch vor der Reaktion des anderen, oder in einer Beziehung mit wiederkehrenden Konflikten das Gefühl des vorprogrammierten Scheiterns.
- Achten Sie darauf, ob Sie um den heißen Brei herumreden, indem Sie zu Euphemismen greifen, sich vage oder abstrakt ausdrücken, oder Nebenkriegsschauplätze eröffnen (sich beispielsweise an einem einzelnen falschen Wort festbeißen), statt zu sagen, was Sie wirklich wollen.
- Denken Sie auch an Ihre Erziehung: Vielleicht waren in Ihrer Kindheit Themen wie Sex oder Geld tabu. Wie haben Ihre Mutter und Ihr Vater ihren Wünschen Ausdruck verliehen? Wie haben sie reagiert, wenn Sie äußerten, was Sie wollten?
- Denken Sie auch an Ihre Sozialisierung in Bezug auf Ihr Geschlecht, Ihre soziale Stellung, Religion oder die Gesellschaft im Allgemeinen, in der Sie aufgewachsen sind oder heute leben. Welche Wünsche oder Bedürfnisse erwartet man von Menschen »wie Ihnen« und wie sollen sie sie ausdrücken?

Je mehr Sie sich Ihre Reaktionen auf Ihr Wollen bewusst machen, desto weniger Macht haben diese über Sie. So sind Sie mit der Zeit immer besser in der Lage zu sagen, was Sie wirklich wollen.

Wissen, was man will

Stellen Sie sich jemanden vor, der sehr gütig ist und Sie unterstützt. Das kann jemand sein, den Sie gut kennen, ein Lehrer oder ein Geistwesen. Dieser Jemand fragt Sie, was Sie sich in Ihrem tiefsten Inneren vom Leben im Allgemeinen sowie in bestimmten Beziehungen, in bestimmten Situationen oder bei bestimmten Problemen wünschen. Was wollen Sie von bestimmten Menschen? Wie wollen Sie von ihnen gesehen werden? Was wünschten Sie sich, sollen sie sagen oder tun? Denken Sie an vergangene Ereignisse, die nicht gut gelaufen sind, etwa an einen schlimmen Streit. Was wünschten Sie sich, hätte der andere anders machen sollen? Was soll er in Zukunft anders machen? Nehmen Sie sich für diese Fragen ein wenig Zeit und halten Sie dann die Antworten fest, die auftauchen, entweder im Geist oder auf Papier. Wie fühlt es sich an, wenn Sie dem, was Sie wollen, in dieser Übung, in diesem sicheren und aufnahmebereiten Raum, voll und ganz Ausdruck verleihen? Auf dieses Gefühl können Sie vertrauen, Sie können es wertschätzen. Suchen Sie sich Menschen, bei denen es sich zumindest teilweise einstellt, und tun Sie, was immer Sie können, damit es sich mit der Zeit immer mehr einstellt.

Was wir wollen, hat für gewöhnlich zwei Aspekte: (1) eine *Erfahrung*, die (2) das Ergebnis einer *Handlung* oder *Situation* ist. Die Erfahrung selbst ist das Gold, und die Handlung oder Situation ist der Zweck zu diesem Mittel. Wenn Sie sich beispielsweise wünschen, dass ein Kollege mehr Wert auf Ihre Meinung legt, ist das Wertlegen – in Form von Lob oder einem respektvollen Ton – das Mittel zum Zweck der Erfahrung, sich würdig, zugehörig oder erwünscht zu fühlen. Dieser scheinbar offensichtliche Punkt hat enorme Auswirkungen: Er bedeutet, dass *wir gar nicht so sehr auf bestimmte Handlungen oder Situationen angewiesen sind, um die Erfahrungen zu bekommen, nach denen wir uns sehnen.* Sie können sich auf vielerlei Weisen würdig, wertgeschätzt und umsorgt fühlen. Wir können fixiert darauf sein, dass bestimmte Menschen bestimmte Dinge auf eine bestimmte Art und Weise sagen, damit wir eine gewünschte Erfahrung machen. Tun sie das – schön; aber was, wenn sie es nicht tun? Wenn Sie also Ihr Wollen erkunden, sollten Sie dabei besonderes Augenmerk auf die *Erfahrungen* legen, nach denen Sie suchen, auch in ihren tieferen, leiseren Ausprägungen. Überlegen Sie sich, was die anderen noch tun könnten, um Ihnen diese Erfahrungen zu verschaffen. So sind Sie flexibler in Ihren Bitten an sie und bekommen die gewünschten Erfahrungen mit größerer Wahrscheinlichkeit.

Wenn Sie möchten, dass andere etwas Bestimmtes *tun*, ist es hilfreich, so klar und konkret wie möglich darum zu bitten. Eine solche Klarheit hat vielfältige Vorteile, darunter die folgenden:

- Sie reduziert potenzielle Missverständnisse.
- Sie verleiht Ihnen Selbstrespekt (Sie haben es wirklich gesagt!).
- Sie versichert anderen, dass das, worum Sie bitten, machbar ist.
- Sie stellt in Konfliktsituationen sicher, dass der andere mit unmissverständlicher Deutlichkeit weiß, was Sie wollen.
- Sie bildet die solide Grundlage für Übereinkünfte und ist eine einfache Möglichkeit zu prüfen, ob die Übereinkunft eingehalten wurde oder nicht.

Denken Sie an eine Beziehung, die Ihnen wichtig und die vielleicht auch schwierig ist. Wie wäre es, wenn der andere Ihnen geben würde, was Sie wollen? Was würde er beispielsweise in einem Meeting über Sie sagen? Welches Gehalt würden Sie bekommen? Welche Unterstützung bekämen Sie in der Firma? Oder zu Hause: Wie oft in der Woche würde sich der andere um das Abendessen kümmern? Mit welchem Ton würde er niemals mit den Kindern reden? Wie würde er Sie anfassen? Wann würden Sie Sex haben?

Versuchen Sie, vage Gefühle in spezifische Bitten zu verwandeln. Angenommen, Sie wollten sich in Gegenwart eines anderen »besser« fühlen. Was genau bedeutet das? Was könnte derjenige tun, damit Sie sich in seiner Gegenwart besser fühlen? Vielleicht würden ein herzlicherer Ton, weniger Kritik und mehr Anerkennung gegenüber Ihren Beiträgen helfen. In den meisten Beziehungen, sogar in Arbeitsbeziehungen, können Sie um all diese Dinge bitten. Angenommen, Sie wollten, dass Ihr Partner und Ko-Elternteil zu Hause »mehr tut«. Was genau bedeutet das? Vielleicht, dass er jeden Abend die Küche fegt oder sich überlegt, wie man dem Kind bei seiner Leseschwäche helfen kann.

Zu dem, was wir von anderen wollen, gehört auch, was in ihrem Kopf passiert, nicht nur das, was sie sagen und tun. Je nach Situation wünschen wir uns vielleicht, der andere sei geduldiger, willensstärker in puncto Alkoholgenuss, interessierter an dem, was in uns vorgeht, oder eher bereit, die Verantwortung für seinen Anteil an einem Konflikt zu übernehmen. Das bedeutet nicht, der Gedankenpolizei beizutreten. Wenn *Sie* sich für den besseren Weg in Ihrem Kopf entscheiden, können Sie auch andere darum bitten, dies zu tun.

Sagen Sie es

Häufig drücken wir das, was wir wollen, implizit aus, etwa durch ein Anlehnen an den Partner, wenn wir uns eine Umarmung wünschen. Reicht ein Blick oder eine Andeutung aus, ist das schön. Wenn aber nicht, müssen Sie expliziter werden. Im nächsten Kapitel beschäftigen wir uns damit, wie man hinsichtlich dessen, was man selbst und was der andere will, zu einer Übereinkunft gelangen kann. Hier geht es darum, wie Sie das, was Sie wollen, verdeutlichen können.

Je schwerer es Ihnen fällt, über etwas zu sprechen, desto wichtiger ist es, sich selbst zu unterstützen, bevor Sie loslegen. Vorschläge dazu finden Sie in den Kapiteln in Teil 1 dieses Buchs: So könnten Sie beispielsweise versuchen, in stiller Kraft zu ruhen, sich selbst zu akzeptieren und sich klarzumachen, dass Sie ein guter Mensch sind. Stellen Sie sich vor, ein weises Wesen sei bei Ihnen, während Sie zu sprechen beginnen, ein Wesen, das Sie respektiert und ermutigt. Versuchen Sie, dem anderen Wohlwollen entgegenzubringen; Sie wollen ihm nicht schaden oder ihm wehtun, auch wenn ihm das, was Sie wollen, unangenehm sein könnte.

Stellen Sie so gut es geht eine gemeinsame Grundlage mit dem anderen her. In ihrer bahnbrechenden Arbeit mit Paaren haben John und Julie Gottman herausgefunden, dass ein langsamerer, weicherer Übergang zu einem wichtigen Thema in der Regel bessere Ergebnisse bringt als ein abruptes und heftiges Hineinspringen. Nehmen Sie sich gegebenenfalls etwas Zeit, um eine emotionale Verbindung zum anderen herzustellen. Sprechen Sie zuerst über neutrale oder angenehme Themen. Können Sie dem anderen gegenüber Ihre Wertschätzung oder Herzlichkeit zum Ausdruck bringen? Was geht derzeit im anderen vor? Da Sie wollen, dass der andere Ihnen zuhört, wäre es klug, ihm ebenfalls zuzuhören. Das ist keineswegs manipulativ, denn zur Manipulation gehört Täuschung unbedingt dazu; was Sie sagen, ist für Sie echt, auch wenn es daneben noch dem Zweck dient, die Grundlage für ein tiefergehendes Gespräch zu legen.

Der brillante Paartherapeut Terry Real betont immer wieder, wie wichtig es ist, einen »Wir-Zusammenhang« aufzubauen, statt in Begriffen wie »du dort« und »ich hier« zu denken. Sie könnten das, was Sie wollen, in diesem Kontext ansprechen; Sie könnten sagen, dass es Ihre gemeinsame Beziehung fördert und auf Ihre gemeinsamen Ziele hinarbeitet. In einem Arbeitsumfeld könnte das etwa so klingen: *Ich schätze unsere Arbeitsbeziehung und habe einen Vorschlag, wie wir gemeinsam noch effektiver sein können. Könnten wir darüber sprechen? Wenn nicht jetzt – wann würde es dir besser passen?* Zu Ihrem Partner könnten Sie sagen: *Du bist mir sehr wichtig, und wie wir miteinander umgehen, wirkt sich auch auf unsere Kinder aus. Ich fühle mich seit einiger Zeit ein wenig verunsichert und würde gern mit dir darüber sprechen, wie wir die Dinge besser machen könnten. Wäre das in Ordnung für dich?*

Diesen »Wir-Zusammenhang« im Laufe eines Gesprächs wiederherzustellen kann hilfreich sein, vor allem dann, wenn es so scheint, als zögen sich die Beteiligten mit hinuntergeklapptem Visier in ihre jeweiligen Ecken zurück. Versuchen Sie, die Zustimmung des anderen zu diesem Gespräch zu bekommen, statt ihn damit zu überrumpeln. Er hat vielleicht das Gefühl, dass das, was Sie wollen, mit einer gewissen Kritik an ihm verbunden ist, weshalb der »Wir-Zusammenhang« neben der Zustimmung zum Gespräch ihn entspannter und zugänglicher machen könnte. Sie haben allerdings trotzdem das Recht zu sagen, was Sie wollen, auch wenn der andere es *auf gar keinen Fall* hören will.

Im Gespräch selbst könnte es dann hilfreich sein, die Erfahrungen zu erwähnen, die Sie sich wünschen, und das Normale und Universelle an ihnen zu betonen. So könnten Sie beispielsweise Folgendes zu Ihrem Vorgesetzten sagen: *Ich würde mich sehr freuen, wenn ich in Zukunft noch herausforderndere Projekte bekäme. Ich finde es toll, wenn ich mich richtig anstrengen muss und damit etwas Wichtiges für unser Team tun kann.* Zu Ihrem Partner könnten Sie sagen: *Ich weiß, dass dir etwas an mir liegt, würde das aber gern ein klein wenig öfter hören; das würde mir wirklich sehr guttun.* Vielleicht können Sie sogar den Mut aufbringen, Ihre innigsten Wünsche zu offenbaren: *Du bist etwas ganz Besonderes für mich, und ich wünsche mir, etwas ganz Besonderes für dich zu sein.*

Sprechen Sie über die Vergangenheit, wenn es sein muss, aber bemühen Sie sich, *Beschwerden über die Vergangenheit in Bitten für die Zukunft umzuwandeln.* Man kann sich ewig darüber streiten, was nun wirklich passiert ist, wer was getan hat und wie schlimm es war oder nicht. Sie müssen sich aber nicht über die Vergangenheit streiten, um übereinzukommen, was Sie *ab jetzt* tun wollen. Das ist so voller Hoffnung! Und wenn Sie Ihr Wollen als Bitte formulieren, fällt es dem anderen leichter, es zu hören, ohne sich herumkommandiert zu fühlen. Sie können für gewöhnlich niemanden zwingen, etwas zu tun. Was Sie aber tun können, ist, den anderen um etwas zu bitten – klar, überzeugend und notfalls bestimmt. Sie sind keineswegs ein Schwächling, wenn Sie um etwas bitten. Warten Sie ab, was der andere tut, und entscheiden Sie dann, wie Sie darauf reagieren wollen.

Geht der andere immer wieder auf die Vergangenheit ein oder macht Ihnen Vorwürfe, können Sie die Aufmerksamkeit wieder auf die Zukunft lenken, wie in folgendem Beispieldialog:

PERSON A: Mir gefällt es gar nicht, wenn wir uns anschreien, und ich wünsche mir, wir würden damit aufhören.

PERSON B: *Du* schreist *mich* doch immer an!

A: [denkt: *Das stimmt nicht! Aber sich über die Vergangenheit zu streiten lenkt nur von dem ab, was ich mir für die Zukunft wünsche.]* Wie auch immer es war – ich möchte, dass wir uns ab jetzt nicht mehr anschreien. Denn das macht mich wirklich fertig.

B: Du gibst mir schon wieder die Schuld – dafür, dass dich etwas ärgert.

A: Ich mag es nicht, wenn *ich* schreie, nicht nur wenn du schreist. Ich werde dich nicht mehr anschreien und bitte dich darum, mich ebenfalls nicht mehr anzuschreien. Okay?

B: Ich schreie nicht. Du übertreibst.

A: Dann sollte es ja kein Problem für uns sein, uns nicht mehr anzuschreien. Also kein Anschreien mehr ab jetzt?

B: Von mir aus.

A: Das ist mir wirklich wichtig. Du sagst, du schreist mich nicht an. Das weiß ich zu schätzen, und ich werde dich auch nicht anschreien.

B: Du versuchst immer, über mich zu bestimmen. Genau wie über unseren Sohn.

A: [denkt: *Wow, das war unter der Gürtellinie – mit unserem Sohn nachtreten! Hier passieren gerade Dinge, über die ich später vielleicht noch sprechen will, doch jetzt bleibe ich beim Nicht-Anschreien.]* Ich versuche tatsächlich, *Einfluss* auf unsere Beziehung zu nehmen, so, dass wir uns nicht mehr anschreien. Wenn das bestimmen heißt, trifft es auf uns beide zu. Ich bin nur froh, dass wir uns

> ab jetzt nicht mehr anschreien. Ich weiß es wirklich zu schätzen, dass du bereit bist, mit mir darüber zu sprechen. Ich glaube, das wird sehr gut für unsere Beziehung und unsere Familie sein.

In dem Dialog oben hat sich A nicht von Nebensächlichkeiten ablenken lassen und sich auch nicht dafür entschuldigt, etwas zu wollen – in diesem Fall, mit dem Schreien aufzuhören. Zu sagen, was wir wollen, kann uns Angst machen und auf den anderen potenziell bedrohlich und irritierend wirken. Jeder Wunsch, der wichtig genug ist, um darüber zu sprechen, ist vermutlich für beide Parteien emotional aufgeladen. Je mehr Sie das im Hinterkopf behalten und je zentrierter und ruhiger Sie bleiben, während Sie sagen, was Sie wollen, desto höher ist die Wahrscheinlichkeit, dass Sie es auch bekommen.

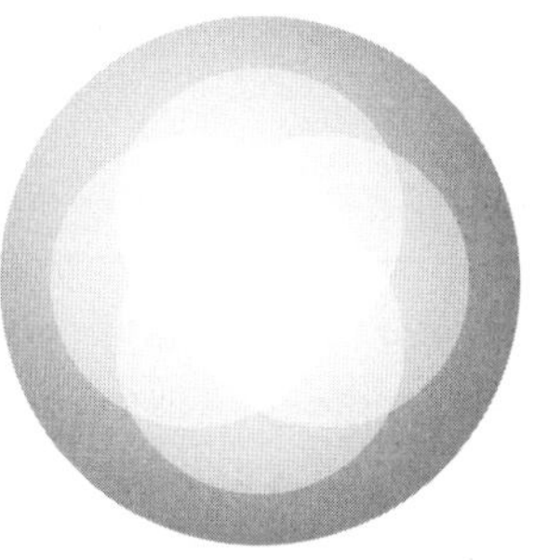

44

Zu einer Übereinkunft gelangen

Viele Situationen verlangen nach einer Übereinkunft, etwa wenn innerhalb eines Arbeitsteams die Rollen getauscht werden sollen, bei einem Kinderwunsch oder bei der Suche nach einem neuen Mitbewohner. Die meisten unserer Arrangements mit anderen sind nicht von vornherein vorgegeben. Wir müssen sie erst *treffen* – durch den Prozess der Übereinkunft.
Gelangen wir zu guten Übereinkünften, die wir bei Bedarf auch anpassen, laufen unsere Beziehungen gut. und wir können gemeinsam Wundervolles erschaffen und bewirken. Gelangen wir hingegen nicht zu einer Übereinkunft, schwelen Konflikte, und wir verpassen Gelegenheiten. Beziehungen basieren auf Vertrauen, und die Basis des Vertrauens wiederum ist die gegenseitige Übereinkunft. Wird diese nicht eingehalten oder wiederholt missverstanden oder hält sich einer der Beteiligten nicht an die grundlegendste aller Übereinkünfte – sich an Vereinbarungen zu *halten* –, erschüttert dies das Fundament einer jeden Beziehung, manchmal sogar so sehr, dass die Beziehung daran zerbricht.

Mir als Jemandem, der es gar nicht mag, wenn über ihn bestimmt wird, hat es sehr geholfen zu erkennen, dass Übereinkünfte tatsächlich befreiend sein können. Sie verhindern, dass Probleme zu viel Zeit und Aufmerksamkeit in einer Beziehung in Anspruch nehmen, stellen sicher, dass uns andere die benötigte Unterstützung geben, und bieten eine Vertrauensplattform, von der aus wir uns ins Leben stürzen können.

Der Weg dorthin

Gemeinsamkeiten finden

Stellen Sie sich eine typische Situation bei der Arbeit oder zu Hause vor, in der Sie versuchen, zu einer Übereinkunft zu gelangen, etwa darüber, wie lange die Kinder fernsehen dürfen, wie Ihnen Ihr Vorgesetzter dabei helfen soll, eine Beförderung zu bekommen, oder ob Sie und Ihr Partner in eine sicherere Gegend ziehen sollten. Vielleicht drängt Sie jemand dazu, etwas zu tun, dessen Sie sich nicht sicher sind – oder Sie sind derjenige, der drängt. Vielleicht bitten Sie um eine bestimmte Art von emotionaler Unterstützung. Denken Sie an Dinge, die Sie sich von anderen wünschen, aber nicht bekommen, weil diese ihnen noch nicht zugestimmt haben. Angenommen, Sie hätten gesagt, was Sie wollen, oder der andere hätte es. Was nun?

Ein guter erster Schritt ist es zu betonen, worüber Sie sich bereits einig sind. Welchen Fakten stimmen Sie beide zu, welche Dinge sind Ihnen beiden wichtig, welche gemeinsamen Werte haben Sie? Beim Verhandeln von Unterschieden sollte man zunächst nach Gemeinsamkeiten suchen. Sie könnten sich beispielsweise darüber einig sein, eine effektive Arbeitsgruppe zu bevorzugen, in Meetings höflich zueinander zu sein oder dass Ihre Kinder gesund und glücklich sein sollen. Häufig sind sich die Menschen hinsichtlich des *Zwecks* einig, auch wenn sie hinsichtlich der *Mittel* dazu unterschiedlicher Meinung sind. Versuchen Sie also, gemeinsame Ziele hervorzuheben, sowohl zu Beginn einer Diskussion als auch dann, wenn das Argumentieren über Methoden hitzig wird.

Macht der andere einen Vorschlag, sollten Sie zunächst sagen, was Sie daran gut finden. Versuchen Sie, den Umfang einer Uneinigkeit so zu reduzieren, dass sie verhandelbar wird. Bei der Arbeit könnten Sie beispielsweise Folgendes sagen: *Ich mag deine neue PR-Strategie, mache mir aber Sorgen bezüglich der Kosten.* Zu einem geschiedenen Ko-Elternteil könnten Sie sagen: *Wir werden uns beide neu verabreden – komisch, oder? –, ich glaube aber nicht, dass wir denjenigen den Kindern vorstellen sollten, es sei denn, es ist etwas Ernstes.* Zu einem Freund könnten Sie sagen: *Ja, lass uns auf jeden Fall gemeinsam zu Mittag essen. Ich möchte aber unbedingt draußen essen.*

Ich neige dazu, ziemlich objektiv, analytisch und lösungsorientiert zu sein (das haben Sie wahrscheinlich schon gemerkt!). Deshalb versuche ich, mich immer an eine Art Mantra zu erinnern: *Beginne mit dem, was verbindet* – mit Empathie, gemeinsamen Ansichten und Werten, mit der Feststellung, worüber man sich bereits einig ist, und mit dem Begrenzen der Dinge, die übrig bleiben.

Effektiv verhandeln

Selbst in den unverbrüchlichsten und glücklichsten Beziehungen muss verhandelt werden. Die folgenden Vorschläge sollen Ihnen dabei helfen, dass die Verhandlungen gut laufen. Um sie für sich konkret und relevant zu machen, können Sie an einen wiederkehrenden Konflikt mit jemandem denken und wie die Vorschläge darauf anwendbar wären.

Immer nur ein Problem auf einmal in Angriff nehmen

So verlockend es auch sein mag, ein Ärgernis nach dem anderen aufzuzählen, die Dinge miteinander zu vermischen oder jemanden mit Klagen zu überschütten – effektiv ist das nicht. Stattdessen sollten Sie ein Problem herausgreifen, es benennen, dabeibleiben und versuchen, es zu lösen. Im natürlichen Fluss des Gesprächs kann es notwendig werden, es zu vertiefen, doch es bleibt ein und dasselbe Problem. Zu einem Freund könnten Sie sagen: *Dein Kommentar zu meinem Post hat mich verletzt, aber es geht dabei nicht um bestimmte Worte. Es geht darum, dass wir Freunde sind, die nett zueinander sein sollten.* Taucht etwas anderes auf, das vorher gelöst werden muss, sollten Sie den Themawechsel deutlich kennzeichnen und signalisieren, dass Sie später trotzdem noch einmal auf das ursprüngliche Problem zurückkommen müssen. Etwa so: *Ja, stimmt, wir müssen über die Reparatur der Bremsen im Auto sprechen, aber danach sollten wir darauf zurückkommen, wohin wir in den Urlaub fahren.*

Eine Art Meta-Problem in Beziehungen ist es, wer seine Probleme aufs Tapet bringen darf, wessen Probleme hinsichtlich Aufmerksamkeit und Lösungsbestreben Priorität haben. Heben Sie nach Möglichkeit Ihre Themen hervor und widersetzen Sie sich jeglichem inneren – und äußeren – Druck, der das verhindern will. *Sie haben eine Stimme, die es verdient hat, gehört zu werden.* Wenn Sie über X sprechen wollen, der andere aber über Y, müssen Sie entscheiden, wer zuerst an der Reihe ist – wobei absolut klar sein sollte, dass *beide* an die Reihe kommen. Notfalls sollten Sie im Voraus vereinbaren, wie viel Zeit auf jedes Thema verwendet werden soll. Es kann hilfreich sein, mit dem Problem des anderen anzufangen, um Ihren guten Willen zu zeigen.

Bringt der andere immer wieder Nebensächlichkeiten zur Sprache, sollten Sie darauf hinweisen und dann zum Thema zurückkehren. Sagen andere Personen Dinge, die für Ihr Thema nicht relevant sind – eine sarkastische Bemerkung über einen Ihrer Freunde, ein Vorschlag zu einer Angelegenheit, die absolut nichts mit dem Thema zu tun hat –, lassen Sie sie ziehen und machen sich gegebenenfalls eine Notiz im Kopf, später darauf zurückzukommen. Kehren Sie immer wieder an den Punkt zurück, der das Potenzial hat, zu einer neuen, guten Übereinkunft zu gelangen. Konzentrieren Sie sich auf das gewünschte Ergebnis. Sie müssen beispielsweise niemanden bezüglich vergangener Ereignisse kritisieren, wenn Sie sich mit ihm über die Zukunft längst einig sind.

Beschleicht Sie das Gefühl, dass der andere gar nicht die Absicht hat, mit Ihnen zu einer Übereinkunft zu gelangen, sollten Sie versuchen, *darüber* zu reden. Sie könnten beispielsweise Folgendes sagen: *Vielleicht irre ich mich ja, aber kann es sein, dass du dich gar nicht mit mir einigen willst? Bist du wütend auf mich, und ist es deshalb ein schlechter Zeitpunkt, um über das Problem zu reden? Oder willst du einfach nicht auf irgendetwas festgelegt werden?* Hoffentlich wird Sie das wieder auf den Weg in Richtung Übereinkunft bringen. Und falls nicht, könnten Sie eine Pause einlegen und das Gespräch später fortsetzen. Vielleicht müssen Sie die Beziehung aber auch überdenken und Ihre Erwartungen an den anderen zurückschrauben.

Die Dinge konkret machen

Man kann sich ewig über hochtrabende Werte und abstrakte Vorstellungen streiten, etwa darüber, was Gleichheit am Arbeitsplatz bedeutet, was Eltern ihren Kindern erlauben sollten oder was rücksichtsvoll sein heißt. Versuchen Sie stattdessen, konkret und spezifisch zu sein, insbesondere dann, wenn der Sache ohnehin schon Missverständnisse oder, freier heraus, Ausflüchte vorausgegangen sind. Sprechen Sie beispielsweise eher darüber, wie lange das Meeting dauern soll, was auf der Tagesordnung steht und welche Aufgaben die Beteiligten dabei haben. Zu Hause könnten Sie darüber sprechen, welche Rechte und Pflichten wer hat und ob die Zahnpastatube nach dem Benutzen nun zugeschraubt werden soll oder nicht. Bei einem Paar mit gemeinsamen Finanzen könnte sich der zunächst unüberwindbar scheinende Konflikt zwischen »Geizhals« und »Verschwender« auf 20 Euro mehr oder weniger reduzieren, die man pro Woche fürs Essengehen ausgeben will – viel machbarer, oder?

Einzugrenzen und zu konkretisieren, worum man bittet, hilft dem anderen dabei zu erkennen, dass es vielleicht gar keine so große Sache ist, die er für Sie tun soll. Es ist oft erstaunlich einfach, ein Problem zu lösen und andere glücklich zu machen. Wünscht sich Ihr Partner beispielsweise innigere Gespräche, könnten 20 Minuten ein paar Mal pro Woche dafür schon sehr viel sein. Stellen Sie klar, wie schön Sie es fänden, wenn der andere X, Y oder Z täte.

Stellen Sie auch klar, wer was wann und wie macht. Sagen Sie, worauf Sie sich Ihrer Meinung nach geeinigt haben, und bitten Sie den anderen darum, das ebenfalls zu tun. Versuchen Sie, jegliche Unklarheit und Zweideutigkeit zu minimieren, denn sie führen nur dazu, dass sich einer früher oder später im Stich gelassen fühlt.

Geben, um zu bekommen

In den meisten unserer Beziehungen findet irgendeine Form von Austausch statt. Natürlich sollte man darüber keine Strichliste führen, doch auf Dauer sollte die Geben-Nehmen-Bilanz schon einigermaßen ausgeglichen sein. Versuchen Sie also herauszufinden, was Sie tun könnten, damit der andere Ihnen entgegenkommt. Zu einem Freund könnten Sie beispielsweise sagen: *Wenn* ich *fahre, gehen wir dann in* mein *Lieblingsrestaurant?* Bei der Arbeit könnte sich das etwa so anhören: *Danke, dass du den Bericht geschrieben hast. Dafür mache ich gern Kopien davon für das Meeting.* Und ganz allgemein könnten Sie es mit der folgenden schlichten, aber ausgesprochen wirkungsvollen Frage versuchen: *Was kann ich tun, damit du mir meine Bitte erfüllst?* Häufig hängen größere Themen zusammen, weshalb es auch völlig in Ordnung ist, einen diesbezüglichen »Deal« zu machen. Ein geradezu klassisches Muster in Partnerschaften ist beispielsweise das von *Nähe und Distanz:* Je mehr Nähe der eine sucht, desto mehr zieht sich der andere zurück … was natürlicherweise dazu führt, dass Person A noch mehr Nähe sucht oder zu klammern beginnt. Deshalb könnte sie sagen: *Ich werde dir mehr Raum geben,* und Person B könnte erwidern: *Danke, und ich werde versuchen, dir öfter zu sagen, dass ich dich liebe.* Bei einem Paar mit Kindern will der eine häufig, dass man sich gemeinsam mehr um die Kinder kümmert, während der andere sich wünscht, die intime Beziehung zum Partner aufrechtzuerhalten. In diesem Fall könnte es hilfreich sein, beide Bedürfnisse zusammen anzugehen. Ich kann mich noch gut an einen Witz erinnern, den mir ein Elternteil mal erzählt hat: *Unser Vorspiel beginnt damit, dass mein Partner den Kindern morgens die Lunchbox zurechtmacht.* In einer wichtigen Beziehung könnte der eine dem anderen immer noch geben, was dieser will, auch wenn es sich bei dem, was er will, lediglich um eine Vorliebe handelt oder man so gar nicht verstehen kann, warum um alles in der Welt derjenige das will. Er könnte es einfach deshalb tun, weil, nun ja, derjenige ihm am Herzen liegt. Diese Herangehensweise verhindert, dass man sich über die jeweiligen Wünsche streitet, und führt zur Meta-Ebene der generellen gegenseitigen Fürsorge.

Das Erreichte festigen

Ist ein Problem gelöst, mag es verlockend sein, sofort das nächste in Angriff zu nehmen. Das aber könnte wieder ein Stich ins Wespennest sein, wenn die Dinge gerade begonnen haben, sich zu beruhigen. Da es häufig stressig und ermüdend ist, über Probleme zu sprechen, ist es klüger, das Erreichte erst einmal zu festigen und den anderen nicht zu überfordern, damit dieser in Zukunft nicht zögert, mit Ihnen auf eine Übereinkunft hinzuarbeiten. Größere Probleme lassen sich meist nur durch eine Reihe kleinerer Übereinkünfte lösen. Halten Sie im Kopf oder auf Papier einzelne Schritte fest, die aufeinander aufbauen, immer mehr an Dynamik gewinnen und währenddessen auch das Vertrauen zwischen Ihnen und dem anderen stärken.

Nicht eingehaltene Übereinkünfte ansprechen

Wurde eine Übereinkunft nicht eingehalten, ist es wichtig, das auch zu sagen – sonst wird die nicht eingehaltene Übereinkunft der neue Standard und das Einhalten von Übereinkünften in Ihrer Beziehung generell weniger wichtig. Waren Sie derjenige, der die Übereinkunft nicht eingehalten hat, sollten Sie das offen zugeben und sich der Übereinkunft entweder neu verpflichten oder eine überarbeitete Version vorschlagen, die Sie leichter einhalten können.

War es der andere, der die Übereinkunft nicht eingehalten hat, sollten Sie den Grund dafür herausfinden. Gehen Sie dabei vorsichtig vor, beginnen Sie nicht mit einem hitzigen Vorwurf. Gab es vielleicht ein Missverständnis bezüglich dessen, was genau vereinbart wurde? Für den einen ist der Zeitpunkt »Ende der Woche« zum Einreichen eines Berichts vielleicht Freitagnachmittag, während er für den anderen Sonntagabend ist. Gab es Faktoren, die der Einhaltung der Übereinkunft im Weg standen – beispielsweise der Feierabendverkehr, der den Einkauf verzögerte – und die in Zukunft berücksichtigt werden sollten? Hat jemand einfach etwas vergessen? Oder hat sich der andere der Übereinkunft nie wirklich verpflichtet gefühlt? Oder, schlimmer, sind ihm Versprechen Ihnen gegenüber schlicht egal? Auf diese Fragen brauchen Sie Antworten.

Wurde die Vereinbarung aufgrund eines Missverständnisses, eines unvorhergesehenen Umstands oder schlicht aus Vergesslichkeit nicht eingehalten, ist es normalerweise relativ einfach, sie vielleicht mit einigen Modifizierungen neu zu treffen. Zeichnet sich jedoch ab, dass der andere Vereinbarungen generell nicht ernst nimmt – vielleicht spielt er das gebrochene Versprechen herunter, verhält sich defensiv, gibt Ihnen die Schuld oder geht zum Gegenangriff über –, *steht dies fortan ganz oben auf der Liste der zu lösenden Probleme.* Sie können (relativ!) ruhig und zentriert bleiben, während Sie sich darum kümmern, und aus den Ressourcen zu Beginn dieses Buchs schöpfen. Manchmal macht jemand nur einigen Lärm … und hält sich in Zukunft dann doch an das Vereinbarte. Vielleicht müssen Sie einem Menschen gegenüber, der das Nicht-Einhalten von Übereinkünften für ein Kavaliersdelikt hält, ziemlich direkt, ja sogar sehr ernst sein. Bei der Arbeit könnten Sie dann beispielsweise sagen: *Ich bin nicht wie Ihr letzter Vorgesetzter. Wenn Sie mir sagen, dass Sie eine Aufgabe zu einem bestimmten Zeitpunkt erledigt haben, dann erwarte ich auch, dass genau das geschieht.* Zu Ihrem Partner könnten Sie sagen: *Könntest du deine Vereinbarungen mit mir und den Kindern bitte ge-*

nauso ernst nehmen wie deine Vereinbarungen bei der Arbeit? Je nach Situation müssen Sie vielleicht auch sehr deutlich werden: *Ich halte mich an unsere Vereinbarungen, kann dich aber nicht dazu zwingen, dich ebenfalls daran zu halten. Ich kann dir aber sagen, dass ich die Beziehung beenden werde, wenn du dich weiterhin nicht an Vereinbarungen hältst, weil ich dir dann einfach nicht mehr vertraue.*

Vereinbarungen sind wichtig. Sie zu respektieren und andere darum zu bitten, das ebenfalls zu tun, zeigt, dass auch Sie sich wichtig sind und gleichzeitig Ihren Mitmenschen Respekt entgegenbringen.

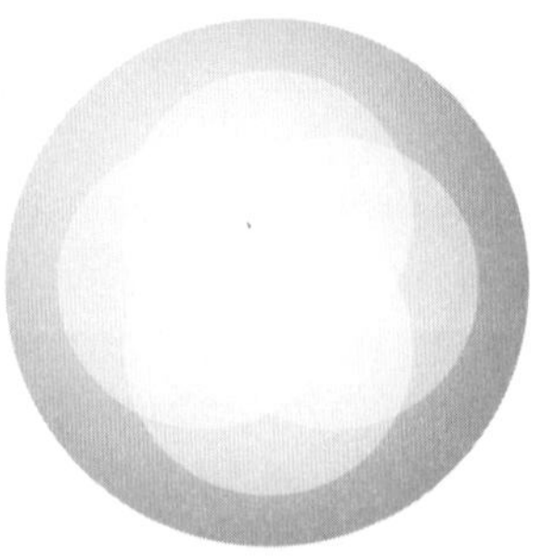

45

Beziehungen anpassen

Beziehungen haben ein Fundament, beispielsweise gemeinsame Sichtweisen und Werte. Ist die Beziehung gewissermaßen kleiner als ihr Fundament, ist dies eine Gelegenheit, die Beziehung auszuweiten, wenn Sie das möchten. Ist sie hingegen größer als ihre Basis, hält dies Risiken für Sie und vielleicht auch andere bereit.
Beziehungen in ihrem Umfang anzupassen ist ein ganz natürlicher Vorgang. Von einem flüchtigen Bekannten erfahren Sie vielleicht, dass auch er bestimmte gesundheitliche Probleme hatte, womit sich die Chance zu einer tieferen Verbindung ergibt. Vielleicht sagt Ihnen ein langjähriger Freund aber auch einen Monat, nachdem Ihr geliebter Hund gestorben ist, dass es nun langsam an der Zeit sei, nicht mehr zu trauern – dann wollen Sie sich von diesem Freund möglicherweise ein wenig zurückziehen. Manchmal bestehen auch grundlegende Unterschiede zwischen zwei Menschen. Dann ist weder der eine noch der andere im Recht oder Unrecht; dann wird der eine beispielsweise nur nie so extrovertiert oder so interessiert an Kunst und Musik sein, und man beschließt, fortan weniger Zeit miteinander zu verbringen.

Stellen Sie sich einen Kreis vor, der für alle gemeinsamen Möglichkeiten zu Beginn einer Bekanntschaft steht. Und dann geschehen Dinge, die nach und nach kleinere oder größere Segmente aus dem Kreis herausschneiden, die den Umfang der Beziehung und deren Auswirkungen auf Sie reduzieren. Etwa so:

Unsere politischen Ansichten befinden sich an den entgegengesetzten Enden des Spektrums, also sprechen wir lieber nicht darüber.

Beim ersten Date möchte ich keine romantischen Avancen.

Ich mag sie, möchte mit ihnen aber nicht gern in eine Bar gehen.

Ich habe keine wirkliche emotionale Unterstützung bekommen, als ich sie dringend brauchte, und werde denjenigen nie wieder darum bitten.

Ich will die Beziehung nicht beenden, aber eine Ehe kommt für mich definitiv nicht infrage.

Ich lasse alles so, wie es ist, bis die Kinder aus dem Haus sind; dann aber werde ich die Beziehung genau unter die Lupe nehmen.

Ich liebe meinen Vater und werde mich um ihn kümmern, aber bei uns wohnen wird er nicht.

Eine Beziehung in ihrem Umfang zu vergrößern oder zu verkleinern kann sie tatsächlich verbessern. Sie müssen nicht gleich den Kontakt abbrechen – können das natürlich aber –, Sie können die Beziehung auch anpassen und so gestalten, wie Sie es für richtig halten, so, dass ihr Umfang und ihre Form auf dem basieren, was Sie vom anderen wirklich erwarten können. Sie haben das Recht, die Dinge nach eigenem Ermessen anzupassen. Und wenn Sie wissen, dass Sie dieses Recht haben, fühlen Sie sich vielleicht auch wohler, wenn Sie den Umfang der Beziehung ausdehnen – denn Sie können ihn jederzeit ja auch wieder reduzieren. Dies erleichtert es enorm, bestimmte Beziehungen aufrechtzuerhalten, statt sie zu beenden.

Der Weg dorthin

Eine Bestandsaufnahme machen

Um den Kontext herzustellen, fragen Sie sich: *Wie will ich von anderen behandelt werden? Was steht mir in einer Beziehung zu? Wie soll eine gesunde und glückliche Beziehung bei der Arbeit und zu Hause, mit Freunden und Nachbarn aussehen?*

Denken Sie anschließend an eine für Sie schwierige Beziehung und überlegen Sie, welche Anpassung hilfreich wäre. Je nach Situation könnte das eine der folgenden sein: kürzere Treffen mit Verwandten, bei der Arbeit mit einem Kollegen einen Dritten dabeihaben, mit einem Freund nicht über Religion sprechen, ein freundliches Hallo im Flur (aber nicht mehr), eine flüchtige Bekanntschaft allmählich verblassen lassen, eine romantische Beziehung beenden, sich einem bestimmten Menschen gegenüber nie wieder auf eine bestimmte Weise verletzlich zeigen, jemanden nicht mehr zurückrufen oder die Hoffnung auf eine Versöhnung fahren lassen.

Denken Sie dann darüber nach, ob es Themen in dieser Beziehung gibt, die emotional besonders aufgeladen und stets eine Ursache für Reibungen sind. Bittet derjenige Sie beispielsweise immer wieder um Dinge, die zu geben Sie einfach nicht bereit sind? Oder ist es umgekehrt? Ist in bestimmten Situationen der Ärger vorprogrammiert? Haben Sie vom anderen mehr verlangt, als er geben konnte? Welche wiederkehrenden Quellen der Spannungen, Frustration und Enttäuschung gibt es? Wenn es hart auf hart kommt, wird der andere dann das Richtige tun?

Wann läuft die Beziehung andererseits gut? Worüber zu sprechen ist sicher? Inwiefern können Sie dem anderen vertrauen? Inwiefern kümmert er sich um Sie? Inwiefern verhält er sich Ihnen gegenüber loyal? Lernt der Betreffende sozial und emotional dazu? Wenn Sie die Beziehung gewissermaßen aus der Vogelperspektive betrachten, können Sie dann selbst etwas tun (siehe die vorherigen Kapitel in diesem Buch), das zur Lösung eines oder mehrerer der genannten Probleme beitragen würde, ohne dass Sie die Beziehung dafür »eindampfen« müssten?

Überlegen Sie, wie viel Ihnen diese Beziehung tatsächlich bedeutet. Müssen Sie durch die Arbeit oder aufgrund eines Verwandtschaftsverhältnisses mit der betreffenden Person gut auskommen (beispielsweise mit Ihrem Schwiegervater)? Wäre es für Sie andererseits auch in Ordnung, wenn Sie die Person nie wiedersehen würden? Wie viel Mühe wollen Sie in die Lösung eines anhaltenden Problems oder den Umgang damit investieren? Oder würden Sie diesen Teil der Beziehung lieber einfach ruhen lassen? Würden Sie sie ganz beenden wollen?

Es kann sehr ernüchternd, quälend und traurig sein, eine Beziehung auf diese Weise zu betrachten. Achten Sie darauf, keine voreiligen Schlüsse zu ziehen oder ein aktuelles Ereignis Ihre Sicht trüben zu lassen. Sie können klarsehen. Der beste Indikator für die Zukunft ist die Vergangenheit, und schon seit Langem existierende Muster verändern sich, wenn überhaupt, normalerweise nur sehr langsam. Neben der kühlen Klarheit, mit der Sie den anderen und Ihre Beziehung zu ihm sehen, können Sie jedoch trotzdem Dankbarkeit, Respekt, Liebe und Mitgefühl empfinden.

Reparieren Sie, was reparabel ist

Nachdem Sie auf diese Weise eine Bestandsaufnahme gemacht haben, bleiben Ihnen im Wesentlichen drei Möglichkeiten. Sie akzeptieren, was der andere sagt und tut, und lassen die Dinge ruhen. Sie versuchen, die Dinge zu reparieren. Oder Sie reduzieren den Umfang der Beziehung. Wenn Sie sich für Zweiteres entscheiden, können Sie auf das zurückgreifen, womit wir uns bisher in diesem Buch beschäftigt haben. Wenn Sie sich beispielsweise in einem bestimmten Bereich regelmäßig von jemandem im Stich gelassen fühlen – vielleicht werden Sie in Meetings immer wieder übergangen –, könnten Sie sagen, was Sie wollen, und versuchen, zu einer Übereinkunft zu gelangen (siehe die vorherigen beiden Kapitel).

Hat ein größerer Vertrauensbruch stattgefunden – wurde gelogen, war jemand untreu, ist es zu Drogenmissbrauch gekommen oder wurde gemeinsames Geld veruntreut –, gehören Verantwortungsgefühl und Reue vonseiten des anderen meiner Ansicht nach zum Reparieren der Dinge unbedingt dazu. Sie müssen davon überzeugt sein, *dass dies nie wieder vorkommen wird.* Spielt der andere herunter, was er getan hat, fällt zukünftiges Vertrauen schwer; dann ist die dritte der oben genannten Möglichkeiten wahrscheinlich die bessere.

Besteht eine grundsätzliche Meinungsverschiedenheit zwischen Ihnen und dem anderen – etwa bezüglich des Aufräumens und Putzens, inniger Gespräche oder des Bedürfnisses nach Sex –, könnten Sie versuchen, aufeinander zuzugehen und einen Kompromiss anzustreben. Zwar hat der Mensch seine natürlichen »Sollwerte«, doch ist er psychisch relativ flexibel und durchaus fähig, ein Interesse für viele verschiedene Dinge zu entwickeln. Unter diesem Aspekt wird das spezifische Problem selbst – Ordnung, Gespräche, Sex – sekundär, und die primäre Frage lautet: *Sind ich und unsere Beziehung dir so wichtig, dass du mir diesbezüglich entgegenkommen könntest?* Das ist der zentrale Punkt – der natürlich auf Gegenseitigkeit beruht. So könnten Sie beispielsweise – interessiert, nicht vorwurfsvoll – fragen: *Hat unsere Beziehung Priorität für dich? Könntest du mich etwas mehr über mich selbst fragen und dich für die Antworten auch wirklich interessieren? Könntest du dich, vielleicht einmal in der Woche, erotisch auf mich einstimmen und dich auf Intimitäten mit mir einlassen? Wärst du, weil ich dir wichtig bin, bereit, mir bei der ungeheuren Aufgabe zu helfen, meine Mutter in einer Einrichtung für betreutes Wohnen unterzubringen?*

Warten Sie anschließend ab, wie es läuft und was der andere daraufhin tut. Sie werden sehen, welche Probleme sich durch Ihre Bitten bessern. Sie werden sehen, ob der andere fähig ist, sich darum zu kümmern, ob er die Verantwortung für seinen Anteil am Problem übernehmen, Empathie für Sie entwickeln, höflich bleiben und generell über Probleme sprechen kann. Es ist ganz normal, dass Beziehungen hin und wieder »repariert« werden müssen. Ignoriert der andere Ihre diesbezüglichen Bemühungen oder bestraft er Sie dafür, bedeutet das auf jeden Fall Alarmstufe Gelb für die Beziehung. Versuchen Sie dann, wenn es möglich ist, darüber zu sprechen, warum es so wichtig ist, Reparaturarbeiten vorzunehmen. Sie könnten beispielsweise sagen: *Weil ich unsere Freundschaft schätze, versuche ich, ein Problem zu lösen, das sich zwischen uns entwickelt hat. Deshalb spreche ich das Thema an und hoffe, dass wir zielführend darüber reden können. Wollen wir es versuchen? Wie, denkst du, könnten wir das angehen?* Hoffentlich können Sie dann etwas bewirken. Verweigert der andere jedoch *ganz allgemein,* Reparaturarbeiten zuzulassen, heißt das: Alarmstufe Rot. Und die wiederum macht es beinahe unvermeidlich, den Kontakt zum anderen einzuschränken oder sogar abzubrechen.

Betrauern Sie den Verlust

Vielleicht kommt eine Liebesbeziehung, auf die Sie hofften, nicht zustande, oder der Traum vom gemeinsamen Leben, nachdem die Kinder aus dem Haus sind, platzt. Vielleicht wird Ihnen klar, dass ein Geschäft oder Projekt keinen Erfolg haben wird, weil die anderen Beteiligten nicht das nötige Talent oder den Antrieb besitzen. Vielleicht wird ein Freund nie verstehen, warum es Ihnen so wichtig ist, was Sie essen. Vielleicht wird Ihr Chef nie in Ihre Beförderung einwilligen.

Mit den Grenzen einer Beziehung konfrontiert zu werden kann uns wütend, ängstlich oder traurig machen. Und weil das häufig so schmerzhaft ist, versuchen wir, es durch Wunschdenken hinauszuzögern oder gleich ganz zu verdrängen. Hin und wieder bessern sich die Dinge dann tatsächlich von allein. Doch wie heißt es andererseits auch? *Hoffnung ist noch lange kein Aktionsplan.* Da ist es schon hilfreicher, ein wenig gesunde Enttäuschung zu empfinden, aufzuwachen und die Dinge klar zu sehen, auch wenn es wehtut.

In der Zwischenzeit sollten Sie es zulassen zu fühlen, wie Sie fühlen, mit Mitgefühl und Unterstützung für sich selbst. Als lockere (und vereinfachte) Richtlinien für diesen Prozess könnten Ihnen die klassischen Phasen bei der Konfrontation mit dem Tod dienen, die die Psychiaterin Elisabeth Kübler-Ross umrissen hat: Leugnen, Verhandeln, Wut, Verzweiflung und dann – hoffentlich – Akzeptanz. Erkennen Sie Ihren Verlust an. Und wenden Sie sich anschließend, wenn die Zeit dafür gekommen ist, dem zu, was *auch* wahr ist. Wenden Sie sich den Dingen in der Beziehung zu, die gut sind, auch wenn Sie sich gleichzeitig von den schlechten Dingen lösen. Wenden Sie sich dem zu, was in anderen Beziehungen und in der Welt im Allgemeinen gut ist. Damit verdrängen Sie keineswegs den Schmerz des Verlustes, im Gegenteil: Sie stärken sich, um das Schmerzhafte und Traurige besser ertragen zu können.

Eine spezielle Art von Verlust ist es, wenn andere den Umfang ihrer Beziehung zu *Ihnen* anpassen und Ihnen dies nicht gefällt. Wenn Sie mit demjenigen darüber sprechen und einen Kompromiss schließen können, ist das gut. Leider aber kommt der kalte und manchmal emotional brutale Kontaktabbruch schockierend oft vor. Vielleicht daten Sie jemanden, der Sie aus heiterem Himmel, ohne Vorwarnung plötzlich ghostet. Ihr Vater teilt Ihnen mit, dass er ab sofort nichts mehr mit Ihnen zu tun haben will. Ihre erwachsene Tochter geht nicht mehr ans Telefon, wenn Sie anrufen, und verbietet Ihnen jeglichen Kontakt mit Ihren Enkelkindern. Ihr Bruder oder Ihre Schwester erfindet Geschichten über Sie und weigert sich, mit Ihnen darüber zu sprechen. Verwandte lehnen es ab, sich mit Ihnen an einen Tisch zu setzen, weil Sie andere politische Ansichten vertreten. Bei dieser Art von einseitiger Entfremdung – einige dieser Situationen habe ich selbst erlebt – kann Folgendes hilfreich sein:

- Finden Sie so viel wie möglich darüber heraus, warum das geschehen ist.

- Machen Sie sich Ihren Anteil am Geschehen bewusst – sei er groß, klein oder nicht vorhanden.
- Versuchen Sie, mit dem anderen darüber zu sprechen.
- Finden Sie heraus, was im anderen vorgeht, auch unabhängig von Ihnen.
- Versuchen Sie, den Verlust zu akzeptieren, lassen Sie los und lösen Sie sich emotional von der Beziehung.
- Wenden Sie sich dem zu, was noch immer gut ist; vielleicht finden Sie beispielsweise heraus, dass Ihre wahren Eltern in diesem Leben nicht die sind, die Sie gezeugt haben.

Trotz alledem ist es sehr schmerzhaft, von jemandem, der einem am Herzen lag, verstoßen zu werden. Es könnte Jahre dauern, bis Sie Ihren Frieden damit gemacht haben. Manchmal bleibt uns nichts anderes übrig, als unser Leben in den anderen Bereichen so gut wir nur können fortzuführen und den Schmerz beim Gedanken an den anderen zu ertragen.

Setzen Sie Grenzen

Ein Schlüsselelement beim Anpassen von Beziehungen ist es, einen Aspekt der Beziehung mehr oder weniger aufzugeben, den anderen Menschen als ganzen dabei aber immer noch zu schätzen. Es kommt nur sehr selten vor, dass ein Mensch alles hat, was wir uns wünschen. (Das gilt umgekehrt natürlich auch für Sie; es wäre eine große Leistung, das anzuerkennen und vielleicht sogar darüber sprechen zu können.) Je nach Art der Beziehung befürworten Sie vielleicht nicht dieselbe spirituelle Praxis, können an einem bestimmten Projekt einfach nicht gemeinsam arbeiten oder haben guten, aber nicht wirklich tollen Sex miteinander. Vielleicht haben Ihre Bemühungen, etwas Bestimmtes herbeizuführen, die Beziehung belastet und Konflikte in ihr erzeugt.

Vielleicht befinden Sie sich aber auch in einer Situation, in der Sie den Kontakt zum anderen aufrechterhalten müssen, sich innerlich aber größtenteils von ihm lösen können. Dann könnten

Sie höflich und freundlich sein, es aber ablehnen, über bestimmte Themen zu sprechen, gemeinsam an Projekten zu arbeiten oder länger gemeinsam in einem Auto zu sitzen. Manche Menschen versuchen, durch Streitereien oder das Triggern einer emotionalen Reaktion Kontakt zum anderen aufzunehmen; ist das der Fall, können Sie sich weigern, die Ihnen zugedachte Rolle im Drehbuch des anderen zu spielen. Denken Sie dabei daran, wie Ihnen ein Köder zugeworfen wird und wie Sie sich früher dadurch in die Sache haben hineinziehen lassen: Was könnten Sie ab sofort tun, um nicht anzubeißen? Vielleicht müssen Sie sich auf bestimmten Familienfeiern zeigen, behalten sich gleichzeitig aber das Recht vor zu gehen, wenn jemand zu viel trinkt.

Viele der Grenzen, die wir setzen, setzen wir implizit, das heißt ohne sie anderen anzukündigen oder zu erklären. Häufig ist das in Ordnung und angemessen, teilweise auch deshalb, weil dies Konflikte darüber, warum Sie die Grenze setzen, vermeiden kann. Es kann aber auch sein, dass Sie sich erklären wollen. Dann wollen Sie vielleicht auch die Gründe dafür darlegen, obwohl es einfacher wäre, die Grenze zu setzen und basta. Je nach Beziehung könnten Sie beispielsweise Folgendes sagen:

Ich muss pünktlich um halb sechs von der Arbeit nach Hause gehen, um rechtzeitig zum Abendessen mit meinen Kindern da zu sein.

Ich kann dir kein Geld mehr leihen.

Ich bleibe mit __________ befreundet, obwohl du ihn nicht magst.

Wenn du noch einmal so ausfällig wirst, gehe ich.

Wenn du drohst, mich zu schlagen, wähle ich den Notruf.

Ich werde in dieser Familie nicht mehr als die Hälfte der Hausarbeit erledigen.

Wenn wir intim werden wollen, brauche ich vorher das Gefühl, von dir geliebt zu werden.

Nein, ich werde kein Erntedankfest mit dem Onkel feiern, der mich sexuell belästigt hat.

Ich möchte, dass du deine Enkelkinder siehst, bitte dich aber, unseren Regeln, was sie essen dürfen und was nicht, zu folgen.

Wenn ich Drogen in deinem Zimmer finde, spüle ich sie die Toilette hinunter.

Ich will nicht mehr über Gott sprechen.

Ich gucke nicht gern Fußball, und das ist auch völlig in Ordnung so.

Wenn Sie mit jemandem über die Grenze, die Sie setzen, sprechen wollen, ist es hilfreich, das, was Sie sagen möchten, vorher im Kopf durchzugehen oder aufzuschreiben. Ganz grundsätzlich haben Sie das Recht, Grenzen zu setzen und eine Beziehung in ihrem Umfang anzupassen. Von diesem Recht – dieser Macht – Gebrauch zu machen ist vor allem dann wichtig, wenn Ihre Grenzen in der Vergangenheit nicht respektiert wurden. Einen exzellenten Ratgeber zum Thema stellt Nedra Tawwabs Buch *Grenzen machen uns frei* dar; darin beschäftigt sich die Therapeutin und Beziehungsexpertin sowohl mit der entsprechenden inneren Haltung als auch damit, *wie* wir Grenzen setzen können. Beim Anpassen einer Beziehung kann es verlockend sein, Rache zu üben und den anderen zu bestrafen. Das fühlt sich kurzfristig vielleicht auch gut an, auf längere Sicht werden Sie dies jedoch bereuen. Ich zumindest habe das. Selbst wenn Sie sich vollständig von einem anderen Menschen lösen müssen, sollten Sie versuchen, so zu handeln, dass Sie nicht die Straßenseite wechseln müssen, wenn Sie ihm noch einmal begegnen.

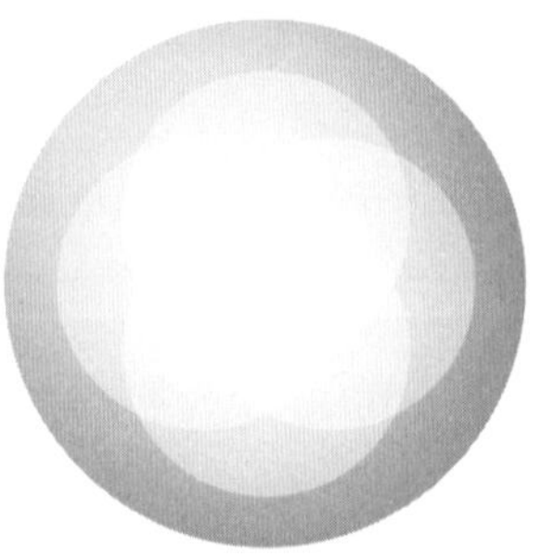

46

Vergeben

Vergebung hat zwei unterschiedliche Bedeutungen:

- Groll oder Wut loszulassen
- Ein Vergehen zu entschuldigen und es nicht mehr bestrafen zu wollen

Ich werde mich hier auf Ersteres konzentrieren, zu dem auch Situationen gehören, in denen Sie vielleicht (noch) nicht bereit sind, jemandem vollkommen zu verzeihen, in denen Sie jedoch Ihren Frieden mit dem, was geschehen ist, machen wollen. Vergebung schließt Gerechtigkeit nicht aus. Es ist durchaus möglich, eine Tat als moralisch verwerflich zu betrachten und sich gleichzeitig von der Wut auf denjenigen zu lösen, der sie begangen hat. Sie können traurig über die Auswirkungen der Tat auf sich und andere sein – und Schritte unternehmen, die sicherstellen, dass sie nie wieder geschehen wird –, und sich dennoch nicht mehr gekränkt fühlen, dem anderen keine Vorwürfe mehr machen oder nach Rache dürsten. Vergebung hört sich zunächst recht hochtrabend an, als käme sie nur bei großen Dingen wie Verbrechen oder Ehebruch zur An-

wendung. Aber meist richtet sie sich auf die kleinen Verletzungen im Alltag, wenn wir im Stich gelassen werden, wenn man unsere Pläne durchkreuzt oder uns unter Druck setzt oder wenn wir etwas einfach nur in den falschen Hals bekommen.
Derjenige, der am meisten von der Vergebung profitiert, ist häufig derjenige, der vergibt. Manchmal vergeben wir Menschen, die nie wissen werden, dass wir ihnen vergeben haben, die vielleicht noch nicht einmal wissen, dass sie uns Unrecht getan haben! Vergebung befreit uns aus dem Dickicht aus Wut und Vergeltung, sie befreit uns von der Besessenheit von der Vergangenheit, davon, das »Verfahren« gegen jemanden eröffnen zu wollen. Jemandem zu vergeben fördert die natürliche Güte in unserem Inneren nach und nach immer mehr zutage.

Der Weg dorthin

Sie *müssen* niemandem vergeben. Eine erzwungene, widerwillige oder nicht von Herzen kommende Vergebung ist keine Vergebung. Manchmal sind wir einfach noch nicht bereit dazu. Vielleicht ist es dafür zu früh, vielleicht ist das, was geschehen ist, unverzeihlich. Lassen Sie sich von anderen nicht dazu drängen zu vergeben, wenn es sich für Sie nicht echt anfühlt. Wenn Sie sich nach Vergebung sehnen, eine Blockade in Ihrem Inneren Sie jedoch davon abhält, könnten Sie diese Blockade näher erkunden. Vielleicht sagt sie Ihnen, dass Sie erst noch mehr über die Motive des anderen in Erfahrung bringen müssen, bevor Sie weitermachen können, oder dass Sie Ihrer Wut erst voll und ganz Raum geben müssen. Lassen Sie sich bei der Entscheidung, ob Sie zur Vergebung übergehen wollen, Zeit. Doch haben Sie sich dafür entschieden, können Sie es mit den folgenden Vorschlägen probieren.

Kümmern Sie sich um sich

Es fällt uns schwer zu vergeben, wenn wir von unseren Gefühlen überwältigt oder aktiv schlecht behandelt werden. Schützen Sie sich selbst und möglicherweise andere nach Kräften. Beheben Sie den Schaden, so gut Sie können, und passen Sie die betreffende Beziehung in ihrem Umfang an, falls das nötig ist. Führen Sie weiter ein gutes Leben. Sie können jemandem vergeben und die Beziehung zu ihm trotzdem reduzieren oder sogar beenden.

Holen Sie sich Unterstützung

Wir können in der Regel leichter vergeben, wenn andere anerkennen, dass uns Unrecht getan wurde. Vielleicht können diejenigen, die Sie unterstützen, an dem, was geschehen ist, nichts ändern, doch allein das Wissen, dass sie die Dinge wie Sie sehen, und dass Sie ihnen am Herzen liegen, kann enorm helfen.

Lassen Sie Ihre Gefühle zu

Zu vergeben bedeutet nicht, die eigenen emotionalen Reaktionen abzublocken. Geben Sie Ihren Gedanken, Gefühlen, Bedürfnissen und Wünschen Raum zum Atmen, gestatten Sie es ihnen, im Laufe der Zeit in ihrem eigenen natürlichen Rhythmus zu steigen und abzuebben. Sich in einem großen Raum des achtsamen Gewahrseins allen Erfahrungen zu öffnen kann uns dabei helfen, zu einem Gefühl des Abschlusses zu gelangen; das ist an sich gut und fördert zudem unsere Bereitschaft zu vergeben.

Überprüfen Sie Ihre Version der Geschichte

Hüten Sie sich davor zu übertreiben, wie schrecklich, wie bedeutungsvoll oder wie unverzeihlich das Geschehene gewesen ist. Hüten Sie sich auch vor Annahmen über die Absichten anderer (siehe Kapitel 20, »Die Dinge weniger persönlich nehmen«). In der heutigen Zeit sind viele Menschen gestresst und zerstreut, und vielleicht haben Sie den anderen unglücklicherweise nur auf dem falschen Fuß erwischt. Betrachten Sie das Geschehene in nüchternem Licht: War es wirklich eine so große Sache? Vielleicht ja – vielleicht aber auch nicht.

Machen Sie sich den Wert des Vergebens bewusst

Fragen Sie sich: *Welchen Preis hat es, wenn ich meinem Unmut Luft mache und mich in Vorwürfen ergehe? Welchen Preis hat dies für andere, die mir wichtig sind? Wie würde es sich anfühlen, wenn ich diese Last niederlegte?*
Überlegen Sie, wo Ihr Interesse wirklich liegt. Stellen Sie sich vor, Ihre Verärgerung, Ihre Entrüstung, Ihre Wut seien wie Steine, die Sie mit sich herumschleppten. Nehmen Sie wahr, wie schwer sie sind … und stellen Sie sich dann vor, wie es wäre, sie ins Meer zu werfen. Wie fühlt sich das an?

Sehen Sie den Gesamtzusammenhang

Ziehen Sie die zahlreichen Faktoren in Betracht, die Einfluss auf das Verhalten des anderen nehmen, etwa Kindheit, Eltern, Finanzen, Temperament, Gesundheit und viele weitere. Das soll nicht entschuldigen, was derjenige getan hat, oder ihn von jeglicher Verantwortung dafür befreien, sondern es *um Ihretwillen* in einen größeren Zusammenhang stellen. Werden Ihnen einige der vielen Kräfte bewusst, die an anderen zehren, können Sie deren Handlungen objektiver sehen; das macht sie vielleicht weniger verletzend – was nicht bedeutet, dass Sie sie deshalb gutheißen müssen. Versuchen Sie darüber hinaus, die vielen Dinge in Ihrem Leben zu sehen – in der Gegenwart, der Vergangenheit und in der möglichen Zukunft –, die gut und unberührt von dem sind, was der andere getan hat.

Die Wunden des Lebens akzeptieren

Es gibt da diese Zen-Geschichte, in der Meister Yunmen gefragt wird: *Wie ist es, wenn der Baum welkt und die Blätter fallen?* Er antwortet: *Nackter Körper in goldenem Wind.*
Einige der Tiefen in diesen Worten erkunde ich noch immer. Eine scheint klar: Um den goldenen Wind all dessen, was gut ist in unseren Beziehungen, zu genießen, müssen wir nackt, bloßgelegt, potenziell verletzlich leben. Wir werden alle verletzt, auf die eine oder andere Weise. Wir sind nichts als große Affen, die erst vor Kurzem von den Bäumen kletterten. Der Mensch baut manchmal Mist – was wiederum keine Entschuldigung sein soll, sondern eine schlichte Tatsache ist. Manchmal tut Ihnen jemand Unrecht und kommt ungestraft davon. Das ist falsch, passiert uns hin und wieder aber allen. Sieht man die Dinge so, sind sie weniger persönlich. So ist das Leben mit anderen menschlichen Wesen. Wir können uns der schlechten Behandlung durch andere entgegenstellen und sie, wenn sie geschieht, in Relation zu anderen Dingen betrachten.

Sagen Sie es sich – und vielleicht auch dem anderen

Wenn Sie bereit sind, jemandem zu vergeben, könnten Sie das laut zu sich selbst sagen und nachspüren, wie sich das anfühlt. Etwa so: *Ich vergebe dir … Ich lasse das los … Ich denke immer noch, dass es nicht richtig war, lasse mich davon aber nicht mehr ärgern.* Drücken Sie es so aus, wie es sich für Sie echt anfühlt.
Und dann könnten Sie es, wenn Sie möchten, auch dem anderen sagen. Hoffentlich kommt es an. Falls nicht, können Sie immer noch die Vorteile des Vergebens im eigenen Herzen genießen – während Sie den anderen noch klarer sehen.

TEIL 6

Die Welt lieben

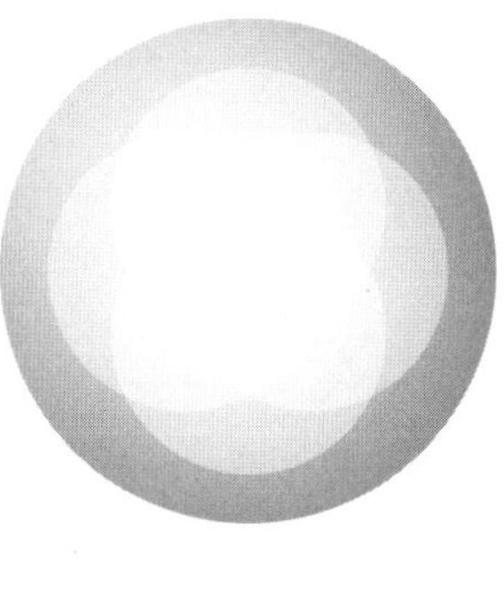

47

Lieben, was wirklich ist

In meiner Kindheit habe ich meine Familie und die Schulen, die ich besuchte, als wackligen Boden empfunden. Ich verstand häufig nicht, warum meine Eltern und viele der anderen Kinder reagierten, wie sie reagierten, oft nämlich mit großer Wut oder Angst auf augenscheinlich kleine Dinge. Auch in meinem Inneren fühlte sich alles schwankend an, ich verstand meine eigenen Gefühle und Reaktionen nicht. Sowohl das Außen als auch mein Innen wirkten haltlos, ungewiss, zermürbend.

Deshalb sah ich mich nach festem Boden um. Ich versuchte zu verstehen, was wirklich wahr war. Die Orangenhaine und die Hügel in der Nähe meines Zuhauses waren natürlich und tröstlich, sie suchte ich auf, wann immer ich konnte. Ich begann, Science-Fiction-Romane zu lesen, weil mir gefiel, dass man in einem wohlgeordneten Universum herausfinden konnte, warum das Raumschiff nicht flog, und es dann einfach reparierte.

Zudem versuchte ich zu ergründen, was in anderen und mir selbst vorging, was *wirklich* war. *Warum ist meine Mutter so schlecht gelaunt? Oh, sie ist wütend auf meinen Vater. Warum drangsaliert dieser Junge mich? Oh, er versucht, seine Freunde zu beein-*

drucken. Warum sieht dieses Mädchen so verletzt aus? Oh, weil ich etwas Gemeines getan habe. Warum bin ich in Gruppen so schüchtern? Oh, weil ich Angst davor habe, dass sie sich über das, was ich sage, lustig machen.

Heute, viele Jahre später, ist das Wirkliche mein Maßstab und meine Zuflucht. Natürlich gibt es noch immer Mysterien, und unsere Beschreibung des Wirklichen ist unvollständig und von der jeweiligen Kultur geprägt. Dennoch gibt es eine *Menge* Dinge, über die wir tatsächlich etwas wissen – von den Mikroben in unserem Darm über unsere Gedanken und Gefühle bis hin zu Erschütterungen in der Raumzeit, verursacht durch die Kollision zweier schwarzer Löcher.

Zusätzlich zum Wissen um das Wirkliche können wir es auch *lieben,* uns von seiner Existenz verblüffen lassen, und darauf vertrauen, die Dinge klarzusehen, ohne betrogen oder getäuscht zu werden. Wir müssen das Wirkliche nicht mögen, um seine Wirklichkeit lieben zu können.

Eines haben *problembehaftete* Individuen, Paare, Familien, Organisationen und Regierungen gemeinsam: Sie verbergen, verzerren oder attackieren die wirkliche Wahrheit der Dinge. »Familiengeheimnisse« beispielsweise sind ein klassisches Anzeichen von Problemen, bei denen gute Geschichten – *Ach, so viel trinkt Mama nun auch wieder nicht … Nein, Onkel Bob ist nicht unheimlich, er ist nur anschmiegsam* – schlechte Tatsachen kaschieren.

Und was haben andererseits *gesunde* Individuen, Paare, Familien, Organisationen und Regierungen gemeinsam? Sie wurzeln in dem, was wirklich ist. Sie streben nach Wahrheit und helfen auch anderen dabei, sie zu finden. Sie sagen die Wahrheit und kommen so gut sie nur können mit ihr zurecht.

Der Weg dorthin

Ich beginne gern mit physischen Gegenständen wie einem Stein in der Hand, Wasser in einem Glas oder einem Buch auf dem Tisch. Lassen Sie Ihre Wahrnehmung von Gegenstand zu Gegenstand wandern, sei er nun gesehen, gehört, berührt oder gedacht. Einer nach dem anderen, und alle wirklich … weiter bis zur Hand, die den Stein hält, und dem Gehirn, das die Empfindungen seiner Form und Textur konstruiert. Das alles ist real, das alles ist wirklich! Machen Sie sich einige Atemzüge lang oder länger eine wirkliche Sache nach der anderen bewusst: Gabeln und Löffel, Pflanzen und Tiere, Erde und Himmel, die Sterne oben und die Würmer unten … so viel Wirkliches. Wenn Sie sich entspannen und dem öffnen, kann eine Art wilde Ekstase in Ihnen aufsteigen, begleitet von Dankbarkeit und Ehrfurcht.

Wir alle werden von unzähligen wirklichen Dingen gestützt. Werden Sie sich beispielsweise beim Sitzen, Stehen oder Gehen gewahr, wie Ihre Knochen Sie aufrecht halten. Verlagern Sie Ihr Gewicht so lange, bis Sie sich fest gestützt fühlen, bis Sie das Gefühl des Aufrechtseins und der Stärke haben. Registrieren Sie diese ganze Erfahrung des sehr physischen Gestütztwerdens wirklich. Sie können viele Dinge finden, die Sie schützen, die Ihnen helfen, die Ihnen echte Freude bereiten, von stabilen Wänden und elektrischem Licht bis zu Blumen in einer Vase oder dem Bild eines Freundes. Sie könnten sich jemanden vergegenwärtigen, der Sie unterstützt, und sich einen Augenblick Zeit nehmen, um die Wirklichkeit dieser Person zu fühlen, ebenso wie die Wirklichkeit ihrer Unterstützung für Sie. Angesichts der Schwierigkeiten im Leben – zu denen auch Menschen gehören, die Sie *nicht* unterstützen – ist es wichtig, wahre Unterstützung wertzuschätzen, wann immer sie Ihnen zuteilwird.

Was immer Ihnen heilig ist, ist wirklich. Das kann mit Religion oder Spiritualität zu tun haben oder mit allem, was Ihnen lieb und teuer ist, ein uralter Küstenmammutbaum etwa oder das Leuchten in den Augen eines Kindes oder die innewohnende Güte im Herzen des Menschen. Vielleicht geht es Ihnen wie mir, und Sie sind sich nicht kontinuierlich dessen gewahr, was Sie am meisten lieben. Werden Sie sich dessen jedoch wieder gewahr – auf einer Hochzeit, einer Beerdigung, beim Blick auf das Meer –, haben Sie das Gefühl, nach Hause zu kommen, ein Gefühl von »Ja«, das Wissen, dass *das* wirklich wichtig ist und Ihre Liebe verdient.

Zu lieben, was wirklich ist, ist die fundamentale Dankbarkeit dafür, dass *Sie* existieren und dass *überhaupt etwas* existiert. Es ist Akzeptanz, Demut, Respekt. Viele Dinge, die wirklich sind, sind belastend oder ungerecht. Wir würden sie anderen nicht wünschen und wollen sie auch selbst nicht – und können doch das wirkliche Alles lieben, zu dem auch diese bestimmten Dinge gehören.

Zu lieben, was wirklich ist, macht es leichter, das zu sehen, von dem wir uns gern abwenden, Tatsachen über unsere Gesundheit beispielsweise, unsere Finanzen, unsere Beziehungen oder darüber, was im Keller unseres eigenen Geistes vor sich geht. Vielleicht denken Sie, wie ich seit Kurzem, über die wahren Auswirkungen des Mitgefühls oder der Wut auf andere nach, über die wahren Möglichkeiten, die verbleibenden Jahre und Tage dieses Lebens zu nutzen. Können Sie sich mit der Liebe zum Wirklichen etwas Wichtigem stellen und damit umgehen?

Eine Art zu lieben, was wirklich ist, besteht darin, es zu hören und zu sehen, wenn es von anderen zu uns kommt. Was geht in Ihren Freunden und in Ihrer Familie wirklich vor? Was brauchen sie? Wo tut es ihnen weh? Ebenso wie unsere Erfahrungen für uns wirklich sind, sind ihre Erfahrungen für *sie* wirklich, und das absolut und manchmal schmerzhaft. Sie können das Gewicht ihrer inneren Welt spüren. Und selbst wenn Sie nicht wirklich mögen, was im Bewusstsein des anderen herumschwirrt, so können Sie sich doch vor seiner Wirklichkeit verneigen – was es Ihnen wiederum erleichtert, Ihren Frieden damit zu machen.

Ob nun in der Familie oder im ganzen Land – die Wahrheit zu sagen und andere, die das ebenfalls tun, zu unterstützen ist eine aktive und mutige Art zu lieben, was wirklich ist. Manchmal ist das nicht sicher, etwa in Ländern, in denen offener Dissens bestraft wird. Und manchmal ist das nicht angemessen, etwa dann, wenn wir unsere alternden Eltern mit der vollen Wahrheit über ihre Auswirkungen auf uns als Kind belasten würden. Doch Sie können immer noch *sich selbst* die Wahrheit sagen, im Sanktuarium Ihres eigenen Geistes.

Das Wirkliche ist unsere kostbare Zuflucht. Auf das Wirkliche können wir immer zählen. Auch auf die wirkliche Güte in jedem von uns. Die wirklichen guten Wünsche für andere, die wirklichen Bemühungen Tag für Tag, das wirkliche innewohnende Wachsein. Sie können das, was in *Ihnen* wirklich ist, lieben und sich in dieser Liebe allem, was wirklich ist, überall öffnen.

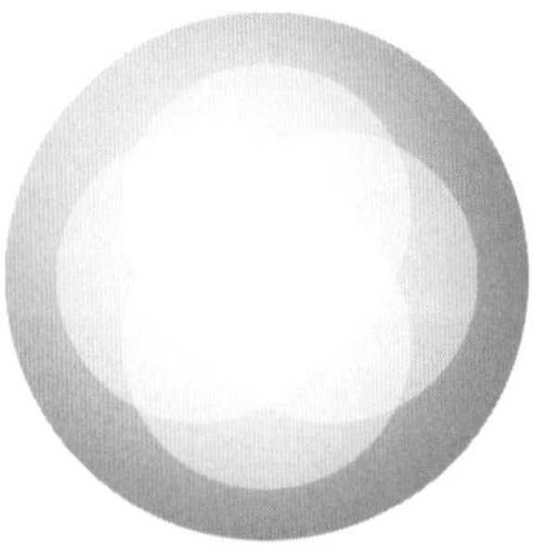

48

Mut fassen

Mit *Mut fassen* meine ich mehrere verwandte Dinge:

- Herz und Brust bewusst spüren
- In allem, was gut ist, Ermutigung finden
- In der eigenen Herzlichkeit, im eigenen Mitgefühl, in der eigenen Güte ruhen; in der Fürsorge von anderen ruhen; Liebe, die hineinströmt, und Liebe, die hinausströmt
- Mutig, aufrichtig und entschlossen sein; klug vorgehen, auch wenn man Angst hat; die eigene Wahrheit kennen und sie so gut man kann aussprechen

Wer Mut fasst, kann besser mit Schwierigkeiten wie dem Altern, Krankheit, einem Trauma oder Konflikten mit anderen umgehen. Außerdem kann er Chancen besser nutzen, mit Zuversicht und Charakterstärke.

Schon in ganz normalen Zeiten erfordert es Mut zu leben. Noch mehr ist das der Fall, wenn wirklich schwere Zeiten anbrechen. Dabei kann es sich um schlechte Nachrichten bezüglich Ihrer Gesundheit, den Tod eines Elternteils oder den Verrat durch

andere handeln. Oder es könnte mit Veränderungen in Ihrem Land und Ihrer Welt zusammenhängen, mit Sorgen darüber, wie diese sich auf Sie und andere auswirken könnten.
Es gibt so viele Beispiele für vorbildhafte Menschen, die großen Schwierigkeiten mit Würde, Prinzipien und Mut entgegengetreten sind. Sie haben es geschafft. Und wir können das auch.

Der Weg dorthin

Überstehen Sie zunächst den Sturm. Bei großen Ereignissen – ob sie nun auf dem Schulhof oder in einem Flüchtlingslager am anderen Ende der Welt stattfinden – ist es ganz normal, erst einmal beunruhigt oder schockiert zu sein. Dann ist es hilfreich, bei der nackten Erfahrung zu bleiben, den körperlichen Empfindungen, den Gefühlen im Innersten, den aufgewirbelten Ängsten, der Wut, und obsessive Gedanken über das Geschehene zu meiden. Was auch immer es ist: Es ist *Ihr* Erlebnis, und es ist völlig in Ordnung, wenn Sie mehr als andere davon betroffen sind. Sie können darauf achten, was durch den großen, offenen Raum des Bewusstseins zieht, es beobachten, ohne sich davon überfluten zu lassen.
Wird Ihnen der Boden unter den Füßen weggerissen, sollten Sie einfache Dinge tun, die Ihnen wieder in Ihre Mitte helfen und Ihnen den Halt wiedergeben. Machen Sie beispielsweise das Bett oder rufen Sie einen Freund an. Kümmern Sie sich um Ihren Körper, indem Sie sich etwas Gutes kochen oder versuchen, ausreichend zu schlafen. Atmen Sie einige Male tief ein und aus, meditieren Sie vielleicht ein wenig. Wenn es stimmt, machen Sie sich bewusst, dass es Ihnen hier und jetzt grundsätzlich gut geht – Sie atmen, Ihr Herz schlägt, Sie sind noch *da.* Spüren Sie das in diesem Moment und im nächsten und im nächsten … Suchen Sie sich irgendwo etwas Schönes, vielleicht den Geruch einer Orange oder das Gefühl von warmem Wasser auf der Haut. Blicken Sie auf Bäume und den Himmel, machen Sie sich eine Tasse Tee und sehen Sie in die Weite.

Hüten und lenken Sie Ihre Aufmerksamkeit. Es ist eine Sache, Tatsachen auszumachen und die bestmöglichen Pläne zu fassen. Etwas anderes ist es, sich von Nachrichten oder anderen Menschen ablenken oder ärgern zu lassen, die nichts Nützliches zu Ihrem Leben beitragen.

Fassen Sie Mut angesichts der vielen Dinge, die gut sind. Im Außen kann dies die Güte anderer sein, die Schönheit eines Blattes, die Sterne, die trotz ihrer Entfernung bis zu Ihnen leuchten. Während Sie diese Zeilen lesen, genau in diesem Augenblick, lachen überall auf der Welt Kinder voller Freude, setzen sich Familien an den Esstisch, kommen Babys auf die Welt und halten liebende Arme Menschen, die sterben. Und in Ihrem Inneren finden Sie Mitgefühl, aufrichtiges Bemühen, glückliche Erinnerungen, Fähigkeiten und vieles mehr.

Fassen Sie Mut mit anderen, teilen Sie Ihre Sorgen wie Ihre Freundschaft mit Ihnen und unterstützen Sie sich gegenseitig.

Tun Sie, was Sie können. Je turbulenter, alarmierender und unkontrollierbarer die Ereignisse, desto wichtiger ist es, sich auf Stabilität, Sicherheit und die eigene Handlungsfähigkeit zu konzentrieren, auf jede Ihnen zur Verfügung stehende Art und Weise.

Haben Sie Mut. Starke Mächte haben noch immer versucht, andere zu verwirren und zu ängstigen. Dabei können Sie sich jedoch Ihre innere Kraft bewahren, die sich in Ihrem Kern nie Angst einjagen lässt oder gebeugt wird.

Und schließlich fand ich es immer ausgesprochen hilfreich, die Dinge im richtigen Größenverhältnis zu sehen. Ohne kleinzureden, was geschehen ist, ist es doch auch wahr, dass Menschen wie Sie und ich schon seit 300 000 Jahren auf diesem Planeten wandeln. Die Bäume, das Land, der Ozean – alles schon vor mir dagewesen und noch lange da, wenn ich schon längst weg bin. Imperien steigen auf und gehen unter. Um Yeats zu zitieren, manchmal hält die Mitte nicht – eines Körpers, einer Ehe, einer Nation. Und trotzdem. Trotzdem lieben Menschen einander, scheuen keine Mühe für einen Fremden und staunen über einen Regenbogen. Daran kann nichts, *absolut gar nichts* etwas ändern. Wir setzen einen Fuß vor den anderen und richten uns dabei gegenseitig auf.

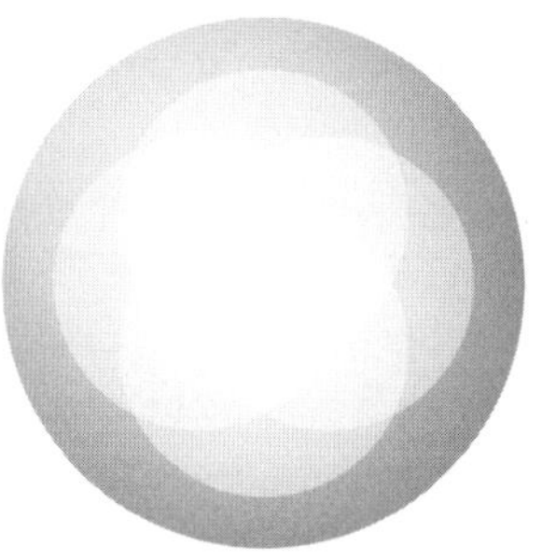

49

Wählen

Selbst in einer Welt mit Milliarden von Menschen beeinflussen wir uns mit dem, was wir tun, gegenseitig – im Guten wie im Bösen. Wir sind mit jedem anderen Menschen auf diesem Planeten verbunden. Und in einem Buch darüber, wie wir auf andere reagieren und mit anderen umgehen, ist es nur angemessen, auch unsere politischen Beziehungen in den jeweiligen Gesellschaften zu betrachten. Wie wir uns regieren, mag auf den ersten Blick abstrakt erscheinen, doch sind die Konsequenzen, die sich daraus ergeben, durchaus konkret und persönlich.

Vielleicht machen Sie sich Sorgen über die Wirtschaft, die Überschwemmungen und Dürren infolge des Klimawandels oder neue Krankheiten, die sich auf der ganzen Welt verbreiten. Vielleicht beunruhigt Sie der zunehmende Autoritarismus. Vielleicht sind Sie entsetzt, wie ich hier in Amerika, von der langen Geschichte der Sklaverei, des Rassismus und der sozialen Ungerechtigkeit in Ihrem Land. Vielleicht ängstigen Sie sich, welche Welt wir unseren Kindern und Enkelkindern hinterlassen werden.

Wenn bestimmte Dinge geschehen, wenn beispielsweise ein Schwarzer von einem weißen Polizisten ermordet wird, ist es nur natürlich, fassungslos und schockiert zu sein, sich hilflos zu fühlen. Oder von Wut oder Traurigkeit überwältigt zu werden. Und trotzdem können Sie inmitten all dessen achtsam sein – gewahr und gegenwärtig und sich nicht gänzlich vom Geschehen fortreißen lassen. Irgendwann atmen Sie dann tief ein und aus, sehen sich um und versuchen herauszufinden, was Sie tun sollen. Sie müssen *wählen.* Wir wählen auf vielerlei Weise. Abgesehen von dem, was wir an der Wahlurne tun, wählen wir auch – das heißt, wir treffen eine Wahl, die Konsequenzen hat –, wenn wir eine Petition unterschreiben oder für eine bestimmte Sache oder einen Kandidaten spenden. In einem weiteren Sinne geben wir auch unsere Stimme ab, wenn wir uns für jemanden, der schlecht behandelt wird, starkmachen. Im Kopf wählen wir, wenn wir moralisch Farbe bekennen. Die etymologische Wurzel des Wortes »wählen« ist »wollen«: sich auf etwas festlegen, Macht beanspruchen – und ausüben.

Vielleicht denken Sie jetzt: *Aber das spielt doch keine Rolle. Eine einzelne Stimme ist wie ein Tropfen im Ozean.*

Mag schon sein – *aber jede Wahl ist wichtig für die Person, die sie trifft.* Das Wissen, dass Sie einer Sache verpflichtet sind und sich selbst gegenüber Wort gehalten haben, fühlt sich für sich genommen gut an. Darüber hinaus ist es ein wirkungsvolles Gegenmittel, wenn Sie sich hilflos und verzweifelt fühlen.

Außerdem könnte es andere dazu inspirieren, dasselbe zu tun, wenn sie sehen, dass Sie aktiv werden. Und die allmähliche Anhäufung vieler kleiner Bemühungen kann Tropfen für Tropfen zu einem mächtigen Strom anschwellen. Ich wurde in den späten 1960er-Jahren volljährig und habe in meinem bisherigen Leben gewaltige Fortschritte in puncto Bürgerrechte, Umweltschutz, gleichgeschlechtliche Ehe und Frauenrechte gesehen. Diese Veränderungen waren das Ergebnis unzähliger »Stimmen«, die sich mit der Zeit summiert haben.

Wir haben noch einen weiten Weg vor uns. Die Wahl, die wir treffen – sei es nun an der Urne oder mit unseren Worten und Taten –, ist keine Garantie für Erfolg. Aber wählen wir nicht wieder und wieder, ist das Scheitern garantiert.

Der Weg dorthin

Fakten wählen

Sich über die Fakten nicht im Klaren zu sein ist wie mit geschlossenen Augen Auto zu fahren. Manche Menschen behaupten, wir könnten die Wahrheit über wichtige Angelegenheiten wie die Regierungen einzelner Länder oder den Klimawandel nicht wirklich wissen. Meiner Meinung nach spiegelt diese Einstellung Faulheit wider – bestenfalls. Die grundlegenden Fakten liegen meist relativ offen auf der Hand. Wer wird reicher, wer wird ärmer? Schmelzen die Gletscher? Wer stärkt die Demokratie, wer schwächt sie? In zehn bis zwanzig Minuten können Sie über verlässliche Quellen im Internet schon eine Menge erfahren, insbesondere dann, wenn die Quellen übereinstimmen. Je nachdem, worüber Sie sich informieren wollen, finden Sie gute Zusammenfassungen für die allgemeine Öffentlichkeit beispielsweise auf den Webseiten von Universitätsinstituten, wissenschaftlichen und Fachorganisationen, überparteilichen gemeinnützigen Organisationen, Wikipedia und großen Nachrichtenagenturen. Diese Quellen sind zwar nicht unfehlbar, aber dennoch glaubwürdig, denn sie konkurrieren miteinander um Genauigkeit und korrigieren sich, wenn sie doch einmal Fehler machen.

Das, was dort draußen geschieht, hat großen Einfluss auf uns, sei es nun im privaten Bereich oder in den Hallen der Macht. Sagt Ihnen jemand: *Mach dir keine Sorgen, du musst die Wahrheit nicht wissen, du musst dir darüber keine Gedanken machen …* ist meist genau das Gegenteil der Fall. Menschen, die lügen, um an ihrer Autorität festzuhalten, verdienen diese nicht. Jede Einzelperson, Gruppe oder Regierung, die behauptet, Fakten seien irrelevant, die den Zugang zu Fakten erschwert oder die Desinformationen verbreitet, um die Wahrheit zu verschleiern, zersetzt das Fundament einer jeden gesunden Beziehung.

Geben Sie Ihre Stimme ab

Beim Wählen geht es ums Teilnehmen – und *die Teilnahme an sich ist nicht parteiisch.* Bei den US-Präsidentschaftswahlen machen sich etwa zwei von fünf Wahlberechtigten nicht die Mühe zu wählen. Besonders desinteressiert scheinen jüngere Menschen zwischen 18 und 25 zu sein, obwohl sie von den Auswirkungen der globalen Erwärmung, der Vermögensungleichheit und anderer ernsthafter gesellschaftlicher Probleme am meisten betroffen sein werden. Meiner Ansicht nach ist es unerlässlich zu wählen. Oder wie der Abgeordnete John Lewis einige Tage vor seinem Tod schrieb: »Die Demokratie ist kein Zustand. Sie ist eine Handlung.«

Lügen bekämpfen

Es ist eine Sache, sich in gutem Glauben über Politik zu streiten. Dann interessieren sich beide für die tatsächlichen Fakten und spielen nach gemeinsamen Regeln. Wie wir gesehen haben, bilden die Wahrheit zu sagen und fair zu sein das Fundament aller Beziehungen, von den beiden Menschen eines Paars bis zu den Millionen Menschen in einem Land. Etwas ganz anderes ist es, wenn man dabei lügt und betrügt. Ein solches Verhalten wird im Sport und im Geschäftsleben nicht toleriert – warum also akzeptieren wir es in der Politik?

Was Sie dagegen tun können, hängt von der jeweiligen Situation ab. Vielleicht ignorieren Sie einen Troll auf Facebook oder bitten einen Freund, der andere Ansichten vertritt, vorsichtig darum, mit Ihnen anders über Politik zu sprechen.

Sobald klar ist, dass Ihr Gegenüber keinerlei Interesse an einem fairen Gespräch hat, könnten Sie etwa Folgendes sagen: *Welchen Zweck verfolgst du hier wirklich? Du sagst andauernd Dinge, die nicht wahr sind oder nichts mit dem zu tun haben, worüber ich gerade spreche. Du versuchst nur, das Thema zu wechseln, statt dich mit dem, was ich sage, auseinanderzusetzen.* Selbst wenn Sie mit der betreffenden Person nicht weiterkommen, so hören Sie doch auf, Ihre Zeit zu verschwenden. Und vielleicht hat das, was Sie sagen, ja auch gute Auswirkungen auf diejenigen, die zuhören.

Sich für andere starkmachen

Ich kann mich noch gut daran erinnern, wie schockiert ich war, als ich 1963 – ich war gerade zehn Jahre alt – in North Carolina an einer Tankstelle auf die Toilette musste und dort drei Türen mit den folgenden Beschriftungen vorfand: Männer … Frauen … Farbige. In meinem Leben gab es auch Schwierigkeiten, doch als weißer Mann genoss und genieße ich in vielerlei Hinsicht Vorteile. Wenn ich auf mein Haus und meine Ersparnisse blicke, weiß ich, dass sie das Ergebnis dreier Dinge sind: persönliche Anstrengung, Glück (oder auch Pech, siehe die Genlotterie) und Vorteile, die aus der *Benachteiligung anderer* erwachsen. Ein Teil dessen, was ich besitze, entstammt der gegenwärtigen und früheren Diskriminierung von Frauen, People of Color und anderen marginalisierten Gruppen. Ein Teil – sicherlich nicht 100 Prozent, aber sicherlich auch nicht 0 Prozent. Doch wie groß der Anteil auch immer ist: Er ist ein unrechtmäßig erworbener Gewinn.

Die meisten Menschen gehen nicht morgens mit der Absicht aus dem Haus, andere zu benachteiligen. Es geht mir hier um Bedauern, nicht um Schuldgefühle, um Mitgefühl und die Verpflichtung zur Gerechtigkeit. Und diejenigen unter uns, die wie ich von systemimmanenten Vorteilen profitiert haben, haben diesbezüglich meiner Meinung nach eine besonders große Verantwortung. Während wir mit unseren Gedanken und Worten eine Wahl treffen, können wir dem anderen wirklich zuhören, das volle Gewicht dessen, was gesagt wird, spüren, versuchen, etwas zu erfahren, statt nur anzunehmen, die Auswirkungen auf andere sehen, unabhängig davon, was unsere Absicht gewesen sein mag, den aufrichtigen Wunsch hegen, ein Verbündeter zu sein, und uns schließlich bemühen, ein noch besserer Verbündeter zu sein. Beim Gang zur Wahlurne können wir uns für Politiker und politische Strategien entscheiden, die die Jüngsten schützen, ethnische Ungerechtigkeit bekämpfen und Chancen für jeden Einzelnen schaffen.

Im Inneren wählen

Tief in unserem Innersten haben wir alle die Macht zu sehen, was wir sehen, wertzuschätzen, was wir wertschätzen, und unsere eigenen Pläne zu machen. Manchmal ist es nicht sicher oder förderlich, das laut auszusprechen. Wir können es uns aber immer noch selbst sagen.

Auch das ist eine Art zu wählen. Ganz gleich, was da draußen in der Welt geschieht, in unserem Kopf können wir immer wählen. Als befände sich dort eine innere Wahlurne. Und wir können Zuflucht nehmen in dem sicheren Wissen, was wir dort tun.

Ich beziehe Führung und Kraft von Menschen, die es in ihrem Leben viel, viel schwerer hatten als ich und die von dem, was wir in unserem Inneren tun können, mit der Autorität ihres eigenen Leids und ihres eigenen Schmerzes sprechen. Die meisten dieser Menschen sind nicht berühmt, trotzdem haben ihre Worte enormes Gewicht. Einige von ihnen sind gut bekannt, darunter etwa der Dalai Lama. In einem Interview beschrieb er einmal die schreckliche Misshandlung der Tibeter in ihrem eigenen Land. Dabei verwies er mit seiner Mimik, seinem Tonfall und seinen Worten auf die unantastbare Freiheit des Menschen Ausdruck, seine Wahl zu treffen, seine Macht zu beanspruchen und sie zu nutzen – weise zu nutzen –, mit Mitgefühl für alle Geschöpfe.

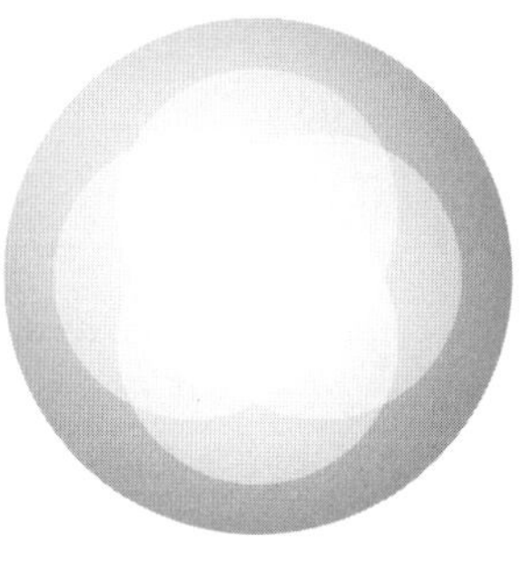

50

Die Erde hegen

Unser Gehirn verfügt über drei primäre Motivationssysteme – Schaden vermeiden, Belohnungen anstreben, die Nähe der Menschen suchen, die uns am Herzen liegen –, die auf unzählige neurale Netzwerke zurückgreifen, um ihre Ziele zu erreichen. Und seit Kurzem beginne ich zu ahnen, dass allmählich ein viertes Motivationssystem entsteht.

Unsere Jäger-und-Sammler-Vorfahren konnten ihrer Welt kaum Schaden zufügen und wussten vermutlich auch wenig darüber, wie sie sich auf sie auswirkten. Mittlerweile aber besitzt die Menschheit ein ungeheures Potenzial zu heilen und zu verletzen – und wir wissen nur allzu gut, was wir unserer eigenen Heimat antun. Acht Milliarden Menschen strapazieren das Rettungsboot Erde ganz gewaltig. Während sich der Planet immer mehr aufheizt, während viele, zu viele Arten aussterben und während Ressourcen wie Trinkwasser schwinden, mag uns die kulturelle und vielleicht auch biologische Evolution zum Wohl, zum Überleben unserer Spezies dazu aufrufen, *die Erde zu hegen.*

Denn die grundlegendste aller Beziehungen ist die zwischen uns und unserem gemeinsamen Planeten. Ich finde es passend, dass wir uns diesem Thema im letzten Kapitel dieses Buchs widmen.

Der Weg dorthin

Die Welt ist ganz in unserer Nähe, in der Nahrung, die wir zu uns nehmen, in der Luft, die wir atmen, und im Wetter und Klima, das uns umgibt. In sich weitenden Kreisen umfasst sie immer mehr komplexe Lebensräume zu Lande, zu Wasser und in der Luft. Wenn wir die Erde hegen, *wertschätzen* wir sie und *kümmern* wir uns um sie.

Suchen Sie also nach Gelegenheiten, sich an verschiedenen Dingen in der Natur zu erfreuen und sie zu schätzen. Das, was gleich nebenan ist – blühende Blumen, ein Baum, der Schatten spendet, eine Biene, die von Blüte zu Blüte fliegt –, ebenso wie das riesige Nest, das uns alle schützt, etwa durch den Austausch von Sauerstoff und Kohlendioxid, mit dem Tiere und Pflanzen einander Atem schenken. Wir können das zufällige Ereignis schätzen, als unser felsiger Planet die frühe Entstehung eines Sonnensystems überlebte und eine Umlaufbahn fand, die ihm flüssiges Wasser auf seiner Oberfläche ermöglichte … und das noch erstaunlichere Ereignis der Geburt dieses Universums – das größte aller Nester, das atemberaubende Wunder, in dem wir unsere Tage beginnen und beenden.

Suchen Sie nach Möglichkeiten, unsere verletzliche und kostbare Welt zu schützen und zu nähren. Wir sind alle in Systeme des Abbaus und der Verschmutzung involviert, wir alle stecken in dem schweren Stiefel im Nacken unzähliger anderer Spezies. Niemand kann alles tun, aber jeder kann etwas tun. Suchen Sie sich etwas aus, das Ihnen wichtig ist, vielleicht weniger oder gar kein Fleisch mehr zu essen, das Licht in Räumen auszuschalten, in denen Sie sich gerade nicht aufhalten, oder jeden Tag eine kleine Summe für Projekte zur CO_2-Kompensation zu spenden. Pflanzen Sie einen Baum, recyceln Sie, wo Sie nur können, und unterstützen Sie Menschen und Parteien, die es mit dem Erreichen der Klimaziele ernst meinen.

Im Kern ist die Frage doch folgende: Worin besteht unsere Beziehung zu diesem Planeten? Sehen wir ihn als Gegenstand, der ausgebeutet werden kann, als Feind, als entfernten Bekannten? Oder schätzen wir ihn wie einen Freund, einen fragilen Zufluchtsort, ein geliebtes Zuhause?
Lassen Sie uns hier und dort und überall gemeinsam in einer Welt leben, die wir lieben.

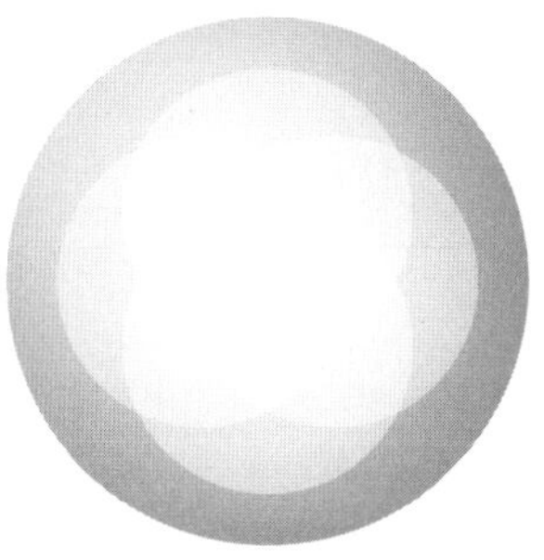

Danksagung

Da wir von jedem, mit dem wir in einer Beziehung stehen, etwas über Beziehungen lernen, ist es mir, fürchte ich, unmöglich, sie alle angemessen zu würdigen. So möchte ich einfach sagen, dass meine Frau und meine Kinder meine größten Lehrer sind.

Darüber hinaus habe ich auch viel von lieben Freundinnen und Freunden gelernt, darunter von Peter Baumann, Stuart Bell, Adhimutti Bhikkhuni, Tom Bowlin, Tara Brach, John Casey, Caren Cole, Mark Coleman, Andy Dreitcer, Daniel Ellenberg, Pam Handleman, John Kleiner, Marc Lesser, Roddy McCalley, Rick Mendius, John Prendergast, Henry Shukman, Michael Taft und Bob Truog. Für mich als schüchternen und unbeholfenen Studenten der UCLA waren verschiedene Mentorinnen und Mentoren ausgesprochen wichtig, vor allem Carol Hetrick, Chuck Rusch, Mike Van Horn und Jules Zentner.

Die Psychologie hat sich in aller Tiefe mit Beziehungen beschäftigt; in diesem Buch greife ich auf die Bindungstheorie, die Familiensystemtheorie und die Theorie der gewaltfreien Kommunikation zurück – ebenso wie auf meine 35 Jahre Erfahrung in der Einzel- und Paartherapie. Ich bin jedem zutiefst dankbar, der mir als Berater je genug vertraut hat, um zu mir zu kommen und mit mir zu sprechen. Auch in den kontemplativen Traditionen findet sich viel praktische Weisheit, darunter auch in der, die ich am besten kenne, im frühen Buddhismus. Leslie Booker und

Mamphela Ramphele haben mir dabei geholfen, mir meiner Privilegien und Vorurteile bewusster zu werden und kompetenter zu kommunizieren.

Dieses Buch enthält – inhaltlich, nicht wörtlich – einige der kurzen Essays, die ich für meinen kostenlosen wöchentlichen Newsletter *Just One Thing* verfasst habe. Im Laufe der Jahre haben mich viele hilfreiche Kommentare meiner Leserinnen und Leser erreicht – danke!

Charlotte Nuessle hat ihr wachsames Auge über das Buch schweifen lassen, und auch meine geduldige und kluge Redakteurin Donna Loffredo hat zahlreiche sehr wertvolle Vorschläge und Korrekturen beigetragen. Diana Drew hat ungeheuer gründlich schlusslektoriert, und überhaupt hat es sehr viel Spaß gemacht, mit der ganzen Mannschaft von Penguin Random House zusammenzuarbeiten. Meine Freundin und Agentin Amy Rennert hat mich mit ihrer wundervollen Mischung aus Freundlichkeit und Expertise das ganze Buch hindurch begleitet. Zum Team von Being Well, Inc. unter der Leitung von Stephanie Veillon gehören Forrest Hanson, Michelle Keane, Sui Oakland, Paul Van de Riet, Marion Reynolds und Andrew Schuman – eure Beziehung zu mir und anderen ist wahrhaft achtsam und erfüllt, und das schon von Anfang an!

Ich danke jedem Einzelnen von euch. Mögen unsere aufrichtigen Bemühungen zu einer Welt führen, in der wir alle in Frieden miteinander leben können.

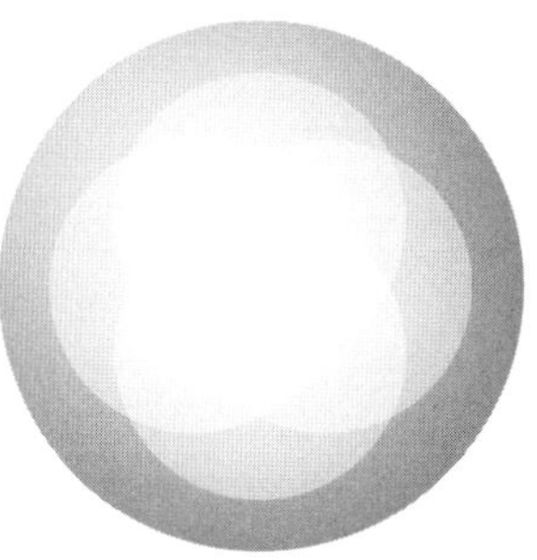

Über den Autor

Dr. Rick Hanson ist Psychologe, Senior Fellow am Greater Good Science Center der University of California, Berkeley, und *New York Times*-Bestsellerautor. Seine sieben Bücher – *Das Gehirn eines Buddha, Der achtsame Weg zu erfüllten Beziehungen, Achtsam wie ein Buddha, Das resiliente Gehirn, Denken wie ein Buddha, Just One Thing* und *Mother Nurture* – wurden in 30 Sprachen veröffentlicht und haben sich allein auf Englisch über eine Million Mal verkauft. Sein kostenloser Newsletter hat 250 000 Abonnenten, für seine Onlinekurse gibt es Stipendien für weniger finanzkräftige Teilnehmer. Sein Podcast »Being Well«, den er gemeinsam mit seinem Sohn Forrest moderiert, wird jedes Jahr mehrere Millionen Male heruntergeladen. Er hat Vorträge bei der NASA, bei Google sowie in Oxford und Harvard gehalten und hat in Meditationszentren weltweit unterrichtet. Der Experte für positive Neuroplastizität hat seine Arbeit bei CBS, im NPR, in der BBC und anderen großen Medien vorgestellt; sein Artikel »Learning to Learn from Positive Experiences« erschien vor Kurzem im *Journal of Positive Psychology.* Rick Hanson meditiert seit 1974 und ist Gründer des Wellspring Institute for Neuroscience and Contemplative Wisdom. Er lebt mit seiner Frau, mit der er zwei erwachsene Kinder hat, im nördlichen Kalifornien und liebt die ursprüngliche Natur, wo er sich zwischendurch immer wieder gern von seinen Mails erholt.